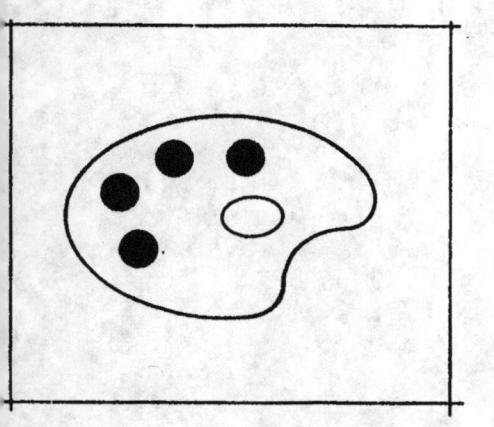
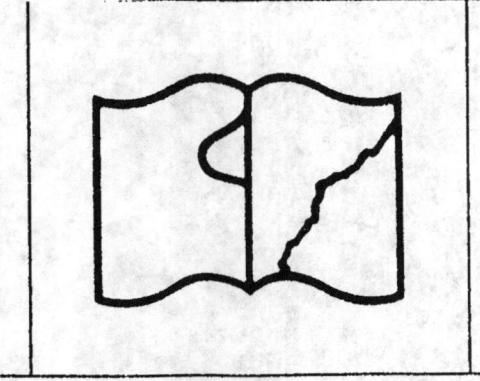

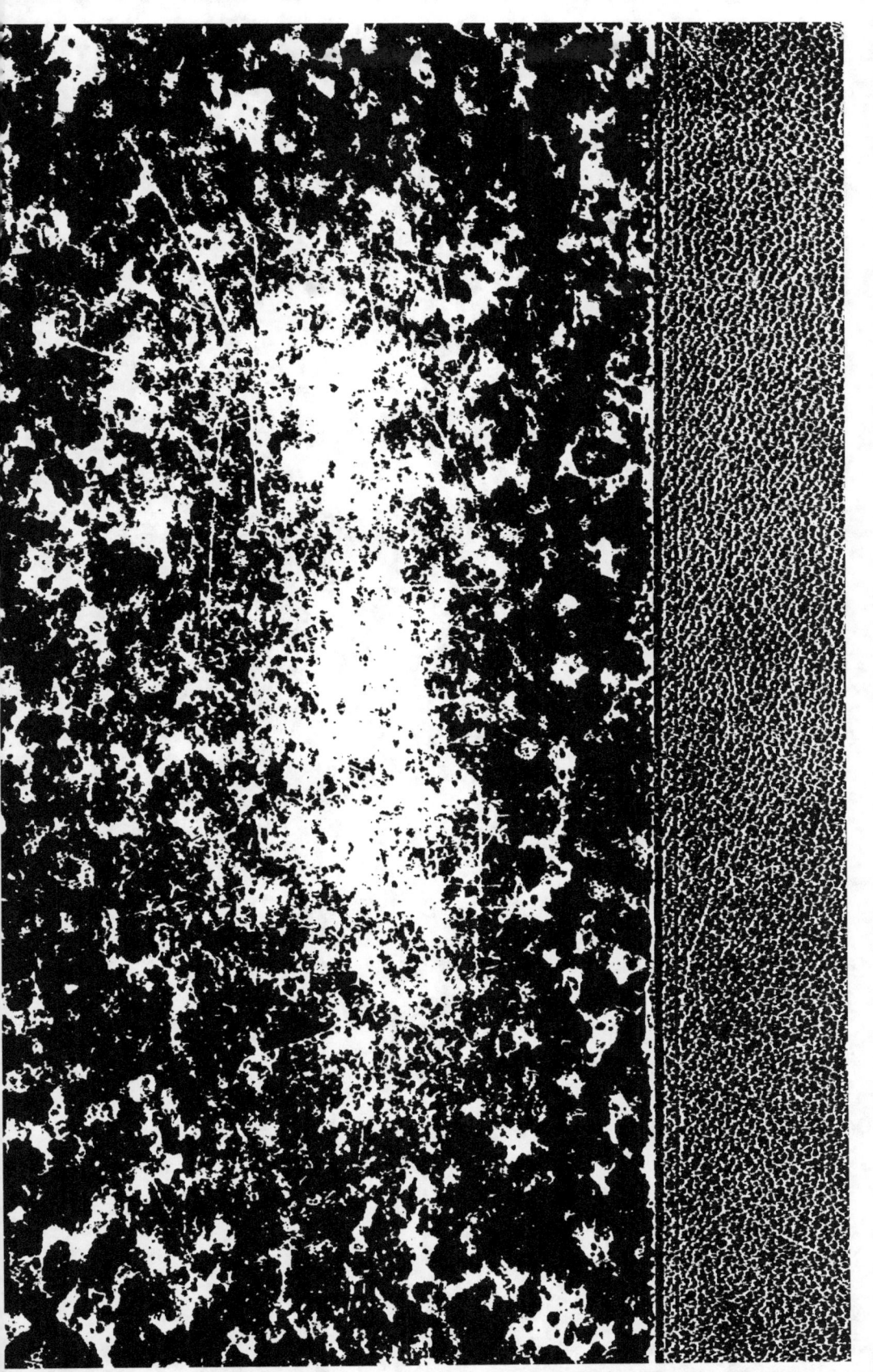

SOUVENIRS
DE
M. DELAUNAY
DE LA COMÉDIE-FRANÇAISE

RECUEILLIS PAR

LE COMTE FLEURY

PRÉFACE DE M. JULES CLARETIE
DE L'ACADÉMIE FRANÇAISE

AVEC UN PORTRAIT EN HÉLIOGRAVURE

PARIS
CALMANN LÉVY, ÉDITEUR
3, RUE AUBER, 3

SOUVENIRS
DE
M. DELAUNAY
DE LA COMÉDIE-FRANÇAISE

OUVRAGES DE M. LE COMTE FLEURY

	fr. c.
CARRIER A NANTES. 1897. 2ᵉ édition. In-18. Librairie Plon.	4 »
LOUIS XV INTIME ET LES PETITES MAITRESSES. 1899. In-8°. 2ᵉ édition. Librairie Plon.	6 »
LES GRANDES DAMES PENDANT LA RÉVOLUTION ET SOUS L'EMPIRE. 1900. In-8°. Vivien.	5 »

SOUVENIRS DU COLONEL BIOT. In-8°. 1900. Vivien.	7 50
SOUVENIRS DU CONGRÈS DE VIENNE. In-8°. 1901. Vivien.	7 50
SOUVENIRS DE LA COMTESSE DE MONTHOLON. In-12. 1901. Émile Paul.	3 50

POUR PARAITRE PROCHAINEMENT

LE PALAIS DE SAINT-CLOUD. Grand in-8°, illustré de 90 gravures. Laurens.	20 »
LA FRANCE ET LA RUSSIE EN 1870, d'après les papiers du général Fleury. 1901. Émile Paul.	4 »
L'ÉDUCATION DU DUC DE BORDEAUX. Mémoires du général marquis d'Hautpoul. In-8°. Plon.	7 50
CHRÉTIENNE. Roman néronien de Kraszewski, adapté du polonais. Éditions du *Carnet*, avec illustrations.	3 50

LE CARNET HISTORIQUE ET LITTÉRAIRE. Revue mensuelle illustrée, 5ᵉ année, 12, rue Eblé, Paris.	
France.	22 »
Étranger.	25 »

Droits de reproduction et de traduction réservés pour tous les pays, y compris la Suède, la Norvège et la Hollande.

IMPRIMERIE CHAIX, RUE BERGÈRE, 20, PARIS. — 16338-9-01. — (Encre Lorilleux).

M. Delaunay
dans le rôle de Fortunio
d'après une photographie inédite de Vallou de Villeneuve (1850)
Album appartenant à M. Delaunay

SOUVENIRS
DE
M. DELAUNAY

DE LA COMÉDIE-FRANÇAISE

RECUEILLIS PAR

LE COMTE FLEURY

PRÉFACE DE M. JULES CLARETIE
DE L'ACADÉMIE FRANÇAISE

PARIS
CALMANN LÉVY, ÉDITEUR
3, RUE AUBER, 3

PRÉFACE

Mon premier souci, lorsque j'eus l'honneur d'être nommé administrateur de la Comédie-Française, fut de retenir l'admirable artiste dont M. le comte Fleury vient de recueillir et publie aujourd'hui les *Souvenirs*. Et cet épisode, tout à l'honneur de M. Delaunay, servira de préface au volume qui va désormais prendre place parmi les Mémoires toujours si attirants et captivants des comédiens illustres.

Je ne connaissais alors M. Delaunay que pour l'avoir applaudi sur la scène et pour l'avoir rencontré quelquefois, en chemin de fer, lorsque j'allais de Paris à Viroflay, lui, continuant son voyage jusqu'à Versailles. Je dis de Paris à Viroflay, parce que d'ordinaire lorsqu'il se rendait de Versailles à Paris, aux beaux jours d'été, M. Delaunay faisait volontiers la route à pied et, par les bois, étudiait ses rôles, de la rue des Missionnaires à la rue de Richelieu. L'artiste était donc pour moi le prestigieux comédien qui incarnait à la fois Molière et Musset, et jouait, comme on ne les jouera plus peut-être, Horace de *l'École des Femmes*, *le Menteur* de Corneille, et Perdican, Fortunio et Cœlio. Il était aussi, — je vais lui rappeler ce souvenir de reconnaissance — le diseur merveilleux qui, en wagon, avait donné des leçons de diction à mon fils tout enfant et lui avait appris à « dire » sa fable. Oui, de Viroflay à Paris, le futur avocat avait eu la bonne fortune de prendre cette leçon du grand comédien et c'était à M. Delaunay, son professeur improvisé, que le futur avocat devait son prix de récitation et aussi de savoir, grâce au merveilleux diseur, tout ce qu'il y a de délicieux dans une fable de La Fontaine.

Lorsque j'entrai à la Comédie, M. Delaunay avait donné sa démission deux ans auparavant et ne demeurait au théâtre que dans l'espoir de jouer le rôle de *la Souris* qu'Édouard Pailleron avait spécialement écrit pour lui. Bien résolu à la retraite — ce qui était un malheur pour le public — il ne restait que pour attendre *la Souris* et incarner ce charmeur dont lui parlait souvent l'auteur du *Monde où l'on s'ennuie*. Ma première lettre administrative fut, il m'en souvient, pour mon ami Édouard Pailleron. Je le priais avec instance de me donner *la Souris*, qui était achevée, afin d'avoir, lui-disais-je, le prétexte de retenir Delaunay par le fil d'or d'un grand succès. Édouard Pailleron me répondit poste par poste : « Mon cher ami, je ne donnerai de pièces nouvelles à la Comédie que lorsque la Comédie ne laissera pas dormir mes anciennes. » J'étais un peu surpris. On avait officiellement reproché à mon prédécesseur, M. Perrin, de trop jouer *le Monde où l'on s'ennuie*. *L'Étincelle* était au répertoire. Le *Dernier Quartier* figurait souvent sur l'affiche. J'ignorais alors la difficulté qu'il y a à composer pendant trois cent soixante-cinq jours des spectacles avec la nécessité de tenir compte des morts et des vivants, du répertoire et des nouveautés, des auteurs classiques et des auteurs militants, des chefs-d'œuvre et des levers de rideaux, des illustres et des impatients, des débutants et des héritiers. L'année n'a qu'un nombre de journées limité. On donnerait des Matinées tous les matins qu'on ne satisferait pas toutes les ambitions, j'allais dire — et en bonne part — tous les appétits.

Quoi qu'il en soit, Édouard Pailleron ne voulait apporter sa comédie nouvelle qu'après certaines reprises de ses œuvres. Il attendrait. Il attendit tant que M. Delaunay, qui, devenu mon collaborateur, avait appris à me connaître comme j'avais eu la joie de l'apprécier mieux encore à l'avant-scène et au Comité, mettant en scène *le Parisien* de Gondinet comme il avait monté *l'Ami Fritz*, donnant pour une déclaration d'amour des conseils à M. Coquelin aîné qui les écoutait avec autant d'attention, lui, le grand artiste, que le petit écolier dans le wagon pouvait apprendre comme on récite une fable; — et, au Comité, apportant toujours des avis excellents et des opinions sûres, — M. Pailleron attendit tant, je le répète, que M. Delaunay donna définitivement sa démission et partit. Je n'ai pas à conter pourquoi il démissionna avec M. Got et M. Coquelin, parce que « l'affaire Dudlay », oubliée aujourd'hui, mit le feu aux poudres. Tout ce que je puis dire, c'est que M. René Goblet, d'un côté, moi, de l'autre, et les auteurs et les amis, Ernest Legouvé, Auguste Vacquerie, tout le monde fit le possible pour retenir l'admirable artiste qui persista dans sa résolution et donna finalement sa représentation d'adieu.

Mais voilà qui va faire bien connaître cet homme de conscience droite et ce sociétaire modèle. Lui, parti, M. Pailleron ne voulait plus livrer à la Comédie cette pièce dont il destinait à M. Delaunay l'unique rôle masculin.

Et comme il répétait volontiers que M. Delaunay seul pouvait jouer ce personnage, Victor Koning, alors directeur du Gymnase et uniquement préoccupé des intérêts de son théâtre, alla trouver Pailleron, lui offrit une prime considérable, en offrit ou en fit offrir une pareille à M. Delaunay et employa toute son éloquence à décider l'interprète rêvé de *la Souris* à venir jouer *la Souris* au boulevard Bonne-Nouvelle. L'auteur ne détestait pas un tel déplacement; mais le comédien refusa. L'argent n'a jamais joué un rôle dans sa vie. On ne le vit point dans les soirées privées. Il pouvait répéter ce que M. Got me disait à moi-même : « Je ne suis pas un comédien pour noces ». Malgré les offres de Koning, il se montra irréductible.

— Je n'ai pas quitté, disait-il, la Comédie-Française pour jouer ailleurs qu'à la Comédie-Française. Si j'avais voulu rester au théâtre j'y serais resté, mais dans ma Maison.

Rien ne put fléchir sa volonté, et ce fut M. Worms qui joua *la Souris* avec toute sa passion chaleureuse. Les arguments sonnants de Koning n'étaient point cependant à dédaigner. Mais quoi ! M. Delaunay, professeur au Conservatoire — où nous l'avons vu, un jour, plus alerte que jamais, donner une réplique du *Menteur* à un élève de vingt ans certainement moins jeune que lui — M. Delaunay, retiré dans son logis de la rue des Missionnaires où la grande porte s'ouvre sur un jardin ombreux que l'artiste cultive lui-même, M. Delaunay, revivant sa vie de succès et de gloire de l'Odéon en 1848 jusqu'à cette soirée de 1886 où j'eus le chagrin de le voir s'éloigner, Delaunay, repassant dans sa mémoire les grands triomphes d'autrefois, les soirs de Fortunio, de Valère, de Lélie, de Valentin, des *Effrontés*, du *Fils de Giboyer*, de *Jean Baudry*, du *Damis* de Piron, d'*Henriette Maréchal*, du *Lion amoureux*, de *Paul Forestier*, d'*Hernani*, de la *Nuit d'Octobre*, du *Misanthrope*, des *Caprices de Marianne*, du *Marquis de Villemer*, de *Daniel Rochat* — je cite au hasard ces noms de victoires, — Delaunay se consolait avec ses souvenirs, affiches des *premières* et des galas de jadis, lettres d'auteurs reconnaissants ou d'élèves devenus célèbres et ce tableau représentant sa classe du Faubourg-Poissonnière, œuvre de son fils, deux fois artiste, peintre et comédien et de la grande école du devoir — comme son père — ce tableau où des jeunes gens, aux noms célèbres depuis lors, M. Albert Lambert et mademoiselle Marsy sont représentés répétant *Psyché* en vêtements de ville; toute cette atmosphère de dévouement et d'affection qui l'entoure, une compagne exquise, des amitiés sincères, tout cela parlait du passé et du plus fier et du plus pur passé au grand artiste que j'ai surtout apprécié et plus admiré encore quand je l'ai vu à l'œuvre.

M. le comte Fleury, qui habite Versailles et qui là, sollicité par toutes les curiosités, par les personnages les plus divers, que ce soit Carrier, de Nantes, ou une maîtresse de Louis XV, écrit des livres d'histoire singulièrement vivants, se lia tout naturellement avec ces Versaillais illustres, l'acteur Lafontaine, M. Delaunay. Il nota avec un soin jaloux les propos du comédien *causant* sa vie. Les pages du *Carnet* qu'il publie chaque mois pour la joie des érudits s'étaient enrichies déjà de lettres adressées à M. Delaunay, entre autres des impressions vraiment éloquentes d'une femme remarquable, mademoiselle Émilie Leroux, de la Comédie-Française. M. le comte Fleury eut l'idée de faire un livre avec les causeries de M. Delaunay comme M. G. Bapst en a fait un avec les propos du maréchal Canrobert. Toutes les batailles ont leur intérêt poignant et qui passionne. Et voilà pourquoi paraissent aujourd'hui ces *Souvenirs* de l'admirable comédien que j'ai eu — pendant trop peu de temps — l'honneur d'avoir pour compagnon de labeur.

Rien n'est plus captivant que ces *Mémoires*, dont notre époque est si avide. Nous voulons tout savoir et les moindres épisodes nous attirent. Nous avons hâte de pénétrer dans les petits appartements et les coulisses de l'histoire. Même lorsque nous savons tout, nous voulons apprendre plus encore. Ce que nous eût dit de Waterloo le général Marbot n'eût pas modifié le sort, mais nous regretterons toujours la page que devait consacrer à cette journée le brillant conteur d'épopées. M. le comte Fleury a pensé que les souvenirs d'un artiste tel que M. Delaunay ne devaient pas être perdus et, comme un intermède à ses travaux, entre deux chapitres de son histoire du palais de Saint-Cloud que nous lirons demain, il nous a donné ce livre qui va nous charmer aujourd'hui. Qu'il en soit remercié profondément.

Grâce à lui, une des plus hautes et des plus honorables figures du théâtre va revivre et il y aura un coin de bibliothèque où l'on ira chercher les impressions sincères du plus charmant des jeunes premiers, celui dont une femme put dire avec vérité lorsqu'il fit entendre pour la première fois les sanglots de la *Nuit d'Octobre :*

— Vraiment Delaunay a été Musset ce soir !

J'ai dit quelle probité d'honnête homme s'unissait chez lui à la probité de l'artiste. Toute la vie de M. Delaunay est un exemple. Il combattit toujours pour l'honneur. Ce n'est pas une exception, du reste, parmi les comédiens si calomniés pour la plupart. Et si tous ressemblaient à celui-ci, la corporation serait une élite. C'est peut-être en disant, lors de l'inauguration de la statue de Houdon à Versailles, les vers improvisés par moi — et pour lui — à l'occasion d'une représentation à Trianon, que M. Delaunay a paru pour la dernière fois en public. Il jeta ces rimes en plein air avec une juvénilité ardente et un art incomparable.

Et c'est la dernière fois que je l'entendis. Mais je l'ai revu, je l'ai retrouvé, surtout au lendemain d'une catastrophe où, si les attaques des ennemis comptaient peu, les poignées de main des braves gens comptaient double. Je n'oublierai ni son émotion, ni sa tristesse.

Les *Souvenirs* de M. Delaunay sont comme un chapitre de l'histoire de cette Comédie-Française qu'il a si bien servie et si fort honorée! On n'y trouvera que la vérité. Un personnage du xviii° siècle, l'abbé Dubos, assurait qu' « *un peu de vision fut de tout temps l'apanage des gens de théâtre.* » Ici, la vision est exacte et le coup d'œil très net. M. Delaunay apporte en ses Mémoires la même sûreté qu'à ses rôles. Et l'on peut dire que, grâce à M. le comte Fleury, nous apprenons à mieux connaître et à plus profondément aimer le grand artiste que la première scène française regrette encore et regrettera toujours.

JULES CLARETIE.

9 novembre.

AVANT-PROPOS

Depuis longtemps je m'efforçais d'obtenir de M. Delaunay, mon aimable voisin de Versailles, quelques notes ou souvenirs sur la Comédie-Française. Le tout charmant sociétaire m'avait bien confié quelques lettres — combien spirituelles ! — de Suzanne Brohan que j'ai publiées naguère, mais il s'était toujours montré rebelle à tout ce qui, de près ou de loin, sentait les « mémoires d'un comédien ».

L'incendie de la Comédie-Française a été pour moi l'occasion d'une nouvelle tentative, et ma bonne fortune m'a permis d'obtenir communication de quelques notes de M. Delaunay, et de toute sa correspondance; chose plus précieuse encore, j'ai pu recueillir des impressions bien personnelles. Du moment que je n'exigeais pas de mon « auteur » un ordre trop chronologique, il répondait à mon questionnaire par une suite intéressante de détails et d'anecdotes. Il ne me restait plus qu'à coordonner ces glanes avant de les présenter au lecteur.

La mort récente de Madeleine Brohan nous incitait l'un et l'autre à prendre souci d'abord d'une artiste aimée. Parler de Madeleine, c'est évoquer, à bâtons rompus, plus de quarante ans de théâtre français.

Outre les lettres de Suzanne, j'avais à ma disposition celles de Madeleine. C'est donc par les Brohan que j'inaugure la série, laissant la parole à M. Delaunay.

COMTE FLEURY.

SOUVENIRS
DE
M. DELAUNAY

I

Les débuts de Madeleine Brohan. — Les *Contes de la reine de Navarre.* — La barbe de Got. — *Mademoiselle de la Seiglière.* — La Beauté fatale de Maillart. — Le sommeil de Changarnier. — Un faux pas légitime. — Fugues en Russie. — *La Fiammina.* — Arnould-Plessy. — *Les Effrontés.* — Grasses et maigres. — Lettres découragées. — Esculape et Thalie. — Madeleine donne sa démission. — *Le Marquis de Villemer.* — *Il ne faut jurer de rien.* — Lettres de Suzanne. — Thiron.

Les portraits de Suzanne et de Madeleine Brohan sont accrochés aux murs de mon cabinet de travail : Suzanne, en tenue de ville, une simple lithographie, du temps où elle était déjà malade mais encore charmante, avec ces mots écrits de sa main: *A l'idéal des gendres, sa vieille admiratrice et belle-mère manquée* (j'expliquerai pourquoi ma vieille amie qui me traitait en fils se donnait cette appellation).

Madeleine, en robe blanche à volants bleus, costume de fantaisie du *Chandelier*, aquarelle signée d'Eugène Lamy avec quelques mots affectueux du modèle.

Une cruelle actualité veut que parmi tant de souvenirs qui commencent à s'entremêler dans ma mémoire, le premier qui se présente soit celui de ces deux femmes, charmantes à divers titres, auxquelles me lia une amitié de près de cinquante ans.

Au mois d'octobre 1850, il n'était bruit dans le monde du théâtre que d'une jeune fille de dix-sept ans qu'on savait belle et spirituelle, comédienne comme mademoiselle Mars elle-même. En fait d'esprit, elle avait de qui tenir, étant la fille de Suzanne, la sœur d'Augustine. *Brohan suis*, telle était la devise de la famille, et Madeleine n'y contredisait pas. On disait: « l'esprit des Brohan » comme on dit : « l'esprit des Mortemart ».

Élève de Samson, elle arrivait en droite ligne du Conservatoire, où elle avait remporté haut la main le premier prix de comédie. Arsène Houssaye, alors directeur, voulait la faire débuter par Célimène. Scribe, qui la guettait, avait écrit pour elle un rôle de reine; il la demanda pour *les Contes de la reine de Navarre*, auxquels avait collaboré Legouvé.

Donc Madeleine, pour ses débuts, fut reine, et personnifia, le 13 octobre 1850, la séduisante Marguerite.

Ah! cette soirée des *Contes de la reine de Navarre*, quel triomphe! « Un simple cadre pour cet admirable portrait », avait dit humblement Scribe, et, en fait, la comédie s'effaça modestement devant la comédienne; l'artiste, doublée d'une femme délicieuse, porta aux nues une pièce qui n'était que passable. On a tout dit sur ces débuts à fracas : de Jules Janin à Paul de Saint-Victor, les critiques furent unanimes à louer le calme, la sincérité de diction, le port de déesse, les lignes pures, la grâce, le sourire malicieux, enfin la beauté vraiment sensationnelle de la débutante. De peu de femmes on peut dire ce qu'on disait de Madeleine : « Elle a tout pour plaire. » — J'ai dans ma bibliothèque ces panégyriques faits en son honneur, et je ne les relisais jamais sans émotion, car mieux que personne je me rappelle ces inoubliables soirées. Aux côtés de Madeleine je jouais Henri d'Albret, et, ma foi, j'avais pris mon rôle au sérieux : j'étais amoureux fou.. J'avais vingt-quatre ans, j'étais depuis deux ans au Théâtre-Français et sociétaire, Suzanne pensait à nous marier...

L'étoile ne daigna pas faire descendre ses regards sur le ver de terre amoureux; mais, si l'amour ne vint pas, la jolie débutante me donna son amitié qui ne s'est jamais démentie. Que de fois avec Suzanne — qui le soir de la première pleurait toutes les larmes de son corps (on dit que les comédiens ne sentent rien !) — ou avec Madeleine, nous nous sommes remémoré ce début qui promettait tant et qui n'a tenu qu'une partie de ce qu'il promettait!

Madeleine s'en souvenait encore lorsqu'en 1885, en réponse à une lettre où je déplorais sa retraite définitive, elle m'écrivait : « Oh! Marguerite de Navarre! Trente-cinq ans de cela! Est-ce que vous voulez demander une troisième scène d'amour à Legouvé? Nous avons eu assez de peine à nous tirer de la deuxième! »

Voici à quoi Madeleine faisait allusion. Vers la cinquantième représentation, M. Legouvé, trouvant sans doute le duo intéressant et voulant le bien souligner, s'avisa d'ajouter une scène tout entière de déclarations d'amour. Qu'arriva-t-il? Ce fut une surprise pour la claque qui, interloquée, applaudit à faux; il y eut un peu de gêne dans la salle et sur la scène... Scribe, qui coupait tout ce qui était inutile à l'action — c'était son mot — arriva avec ses grands ciseaux, et la scène disparut.

Il y aurait bien encore des souvenirs sur cette comédie[1]: Got qui jouait le rôle du borgne Babiessa, courrier de cabinet, offrant à la reine de Navarre un radis rose en guise de fleurs; puis encore ceci : un soir, au foyer, on sonne pour le « trois »; Got, dont le rôle comportait une barbe (on en était encore, à l'époque, aux barbes attachées par des fils de fer), n'a pas le temps de rajuster le disgracieux accessoire; il entre carrément en scène sans barbe...; en revanche, au cinquième acte, il était de nouveau pourvu de son postiche... Il n'y eut ni

---

1. Samson avait composé un admirable Charles-Quint à la glace, Geffroy, dans François Ier, se montrait amoureux et chevaleresque; ne pas oublier, dans deux rôles à côté, mademoiselle Fix et mademoiselle Favart.

réclamation ni étonnement... Got, du reste, en ce temps-là, n'était pas ennemi d'une douce gaieté et s'offrait parfois des plaisanteries anodines...

Sur l'heure, la beauté éclatante de Madeleine fut un éblouissement; de son talent même, Rachel, prétend-on, prit un instant ombrage, tant à l'étranger, où elle était, on le lui avait fait voir avec des verres grossissants... Il n'était nullement question de supplanter Rachel, mais Madeleine était la Célimène de l'avenir; elle eût pu, avec de l'étude et de la persévérance, prendre possession définitive des grands premiers rôles, occuper à elle seule une place qu'elle s'est vu disputer par des comédiennes qui ne la valaient pas.

Mais n'anticipons pas sur les déboires que rencontra Madeleine au cours de sa carrière : les uns vinrent de la jalousie que n'avaient pu manquer de faire naître un début trop éclatant; pour les autres son indolente et superbe indifférence y était pour beaucoup... puis encore les attaques auxquelles l'exposait sa beauté.

Et certes, elles ne manquèrent pas, et dès les premiers jours. Je me rappellerai toujours, chez Suzanne, le docteur Véron, qui se croyait irrésistible et dont l'immense col à la Garnier-Pagès ne fit que faire rire Madeleine. Il y en eut d'autres plus dangereux que je ne nommerai pas, excepté celui qui devint son mari... mais l'heure n'était pas venue. Elle aimait être aimée; elle s'endormait dans le bien-être de la louange et du succès, et cela lui suffisait.

Après la *Reine de Navarre*, la série se continua bonne. Ce fut *le Verre d'eau, les Caprices de Marianne, les Demoiselles de Saint-Cyr*, enfin le grand succès de l'année 1851 : *Mademoiselle de la Seiglière*.

Madeleine, qui avait pour amoureux l'excellent Maillart en Bernard Stamply, y fut tout simplement adorable. On n'était pas à la fois plus naturelle et plus enjouée. On a repris ce rôle, depuis, de différentes manières, toutes plus savantes et plus compliquées, on n'a jamais fait oublier Madeleine.

A côté d'elle, Samson jouait le marquis, Régnier, Destournelles (les créateurs étaient parfaits, mais, depuis, Thiron et Monrose ont été également bons). J'y jouais aussi un rôle, celui de Raoul de Vaubert, l'amoureux glacial aux papillons; je l'avais accepté à mon corps défendant et pour complaire à Régnier, l'un des auteurs de la pièce, qui s'est toujours montré charmant pour moi. Maillart, je l'ai dit, était très bon : énergie, souplesse, flamme communicative; il était, de plus, beau cavalier et fait pour rendre vraisemblable l'amour de Madeleine-Seiglière. Cela me rappelle une plaisanterie de Brohan : elle évoquait, il y a quelques années, des souvenirs d'antan, amoureux ou amis, que le temps avait quelque peu changés : « Et le bon Maillart, dont nous parlions l'autre jour ! Nous nous sommes ri au nez en pensant à la dernière fois que nous nous sommes vus à la scène d'amour de la Seiglière. Nos « beautés fatales » sont altérées, il faut en convenir »...

A une des représentations de *Mademoiselle de la Seiglière*, peu avant le coup d'État, assistait le général Changarnier. Je ne le connaissais pas.

— Voulez-vous le voir? me dit un de mes camarades. Tenez, le voilà aux fauteuils; c'est celui qui dort...

Le lendemain, Changarnier était arrêté.

Le mardi 1ᵉʳ décembre, veille du coup d'État,

on jouait *les Demoiselles de Saint-Cyr* : deux cent quarante-trois francs de recette. Après quelques jours de relâche, la Comédie reprit... Les recettes avaient sensiblement monté...

... Je reviens à Madeleine, dont la beauté et l'esprit faisaient toujours sensation, qui venait de remporter un vrai succès de charme dans *Mademoiselle de la Seiglière*, à qui il ne manquait que bien peu de chose pour jouir d'une position indiscutable.

Dans le courant de 1852, elle était nommée sociétaire après deux ans de présence. Mais... le sociétariat, c'est l'Institut des artistes... Cela ne veut pas dire : cesser de travailler. Il ne fallait pas s'endormir sur les lauriers facilement conquis...

Heureuse nature, disait-on, bien douée, délicieuse, elle se maintiendra au premier rang, si elle travaille. Travailler, c'était le cadet des soucis de Madeleine. Travailler, quand on a dix-neuf ans et qu'on est belle, belle à faire damner quelques saints, que les succès défilent les uns au bout des autres avec leur cortège de soupirants et d'adorateurs sérieux ! Elle n'y pensait guère, la bonne Madeleine, heureuse de rire et de faire rire, jetant ses mots aux quatre vents de la salle et de la scène, pensant fort peu à l'avenir, jouissant de l'heure présente en fille indolente et satisfaite de son sort.

Du moment que l'art n'était pas son unique but, les folles équipées allaient commencer. La plus grave fut son mariage. Pourquoi, au milieu de tant d'autres, avoir choisi Mario Uchard, presque un inconnu alors, homme de Bourse qui se piquait de lettres et fréquentait la Comédie? Le « faux pas légitime » de Madeleine, comme on l'a appelé, ne fut pas heureux. A peine le temps de donner naissance à un fils ; une incompatibilité d'humeur complète entre les deux époux amenait des scènes violentes ; ... et ce ne fut pas sans quelque bruit que M. et madame Uchard se séparèrent.

Avec l'assentiment de la Direction, Madeleine partit pour Saint-Pétersbourg, où l'appelait un brillant engagement. Comme Arnould-Plessy, elle s'était laissé tenter.

Fort heureusement pour elle, elle n'imita pas complètement celle qui devait devenir sa plus intime... rivale, et ne fit en Russie qu'un court séjour. La Comédie, comme on va le voir, ne devait pas lui tenir rigueur de sa fugue.

Entre temps, le nom de l'absente avait quelque peu retenti à Paris, car le mari s'était constitué auteur dramatique et, coup sur coup, avait écrit deux pièces. La première, le *Retour du Mari*, n'était reçue qu'à corrections ; il eut l'idée d'en proposer un autre, *la Fiammina*, où, sous des masques italiens, il racontait plus ou moins ses propres aventures. On lut la pièce qui fut reçue d'acclamation et passa aussitôt, reléguant aux calendes *le Retour du Mari*, qui ne vit la rampe que plus tard et fut, du reste, un four complet.

Peu de temps après, c'était en 1857, Madeleine débarquait à Paris. Les sociétaires eurent le bon goût d'ouvrir les bras tout grands à l'enfant prodigue, et la Comédie se mit d'accord avec le Ministère pour passer l'éponge sur son absence.

Son rôle de rentrée fut celui de Silvia, du *Jeu de l'Amour et du Hasard*. Étrange coïncidence : un des héros de la pièce, le frère de Silvia, qu'un imbroglio fait prendre pour son soupirant, s'appelle Mario. Quand Madeleine eut à prononcer ces mots que personne n'avait pensé à couper : « Depuis que j'ai quitté Mario », on peut s'imaginer l'hilarité de la salle. Un peu gênée d'abord, Brohan prit le parti de faire comme le public, elle se mit à rire.

Madeleine était bien rentrée ; il s'agissait de gagner de nouveaux éperons et de conserver la faveur du public. Elle joua, elle fut applaudie ; mais, il faut bien l'avouer, sa réputation avait peine à grandir. Du moment que le talent réel ne venait pas, on avait pris son parti de ne jamais la voir arriver, et si l'on continuait à aimer la « bonne Madeleine », la charmante et belle Madeleine, on s'habituait à ne pas la traiter en artiste.

Il n'y avait pas là uniquement de sa faute, et l'indolence de son caractère n'était pas seule en cause. Madame Arnould-Plessy était revenue de Russie après dix ans d'absence et, bien que rentrée comme pensionnaire avec appointements fixes, ce qui était plus avantageux pour elle, elle se trouvait par son âge, son expérience, son talent très réel et en pleine maturité, plus en vedette que Madeleine. Bientôt celle-ci s'habitua à doubler Plessy, et à force de doubler, elle descendit au deuxième rang.

Une pièce présentée en 1861 aurait pu

non seulement la faire sortir de la pénombre, mais la jeter en pleine lumière. C'étaient les *Effrontés*, d'Émile Augier. L'auteur lui apporta lui-même son rôle, celui de la comtesse abandonnée par Sergine. Le rôle ne plut pas à Madeleine qui, nerveuse, s'écrie :

— Je ne suis pas encore d'âge à jouer les femmes qu'on quitte.

Augier se fâche pour de bon, et monté comme un crin, va trouver Plessy qui, tout en minaudant, accepte le rôle bien en vue qu'a bénévolement refusé sa rivale.

La comédie est portée aux nues... Je me la rappelle comme si c'était hier, cette représentation du 10 janvier 1861. L'Empereur et l'Impératrice étaient dans leur loge et donnaient le signal des applaudissements. C'est moi, qui jouais le rôle d'Henri Charrier et qui fus chargé d'annoncer le nom de l'auteur. Plessy triomphe, et du coup, elle emporte toute une série de rôles qui auraient pu échoir à Madeleine, mieux avisée, dans *le Fils de Giboyer*, *Maître Guérin*, etc.

Entre temps, Madeleine jouait du classique, jouait *les Caprices de Marianne*, où elle était toujours charmante, mais... ainsi que son héroïne, elle restait « comme la rose de Bengale, sans épine et sans parfum ». Pas de création qui la mît hors de pair. Elle courait la vie en insouciante... mais elle ne travaillait guère et engraissait — elle qui avait toujours été portée à l'embonpoint. Dans le chœur des « grasses » (il n'en manquait pas à ce moment : mesdames Nathalie, Provost-Ponsin, Edile Riquer, Granger, Guyon), elle faisait sa partie. L'heure des roseaux penchés, des « ibis énigmatiques » n'était pas encore arrivée, mais le danger l'environnait. Plessy avait accaparé tous les grands rôles et l'on commençait à prendre en goût Marie Favart à qui échurent, en place de Madeleine délaissée, des rôles importants dans *Galilée*, *Paul Forestier* et *les Faux Ménages*, le premier grand succès de Pailleron. Pas de nouveautés pour Madeleine, si ce n'est *les Doigts de Fée* de Scribe, *le Lion amoureux* dont je reparlerai et, en 1869, un acte de Déroulède, *Juan Strenner*, que je jouai avec elle.

L'arrivée, avec la direction Perrin, des femmes minces, celles qu'après Sarcey, j'appelais tout à l'heure les « ibis énigmatiques » — de Sarah Bernhardt à Broisat — rejetait bien loin les femmes trop grasses sur qui la quarantaine commençait à peser.

Madeleine devait être une des premières à souffrir de cet état de choses. Elle eut bien, avec *le Chandelier*, en 1872, un regain de succès (elle écrira plus tard bien gentiment à Fortunio : « Savez-vous le rôle que je regrette le plus ? Jacqueline ») ; Alcmène d'*Amphitryon* lui valut des louanges, mais dans le théâtre moderne, il n'y avait pas de place pour elle, et elle semblait vouée à Célimène (ce n'était pas son meilleur rôle) à Philaminte des *Femmes savantes*, à Elmire de *Tartuffe*. Ailleurs, toutes les places étaient prises, et la lutte était belle entre Plessy et Favart, Sarah Bernhardt et Croizette. A moins de se constituer vieille avant l'âge, pas moyen de sortir de l'impasse.

« Je m'ennuie trop au Théâtre-Français, m'écrivait-elle en 1875. Quoi qu'elle en dise, madame Plessy n'a aucunement dessein de partir. Je sais pertinemment ce qui se mijote entre madame Sand, madame Plessy, etc... Je ne veux pas subir le camouflet du réengagement, je prends les devants... Remarquez que je trouve un très grand talent à madame Plessy... Mais pour jouer ce qu'elle ne veut pas... vous avez ce qu'il faut, mais, moi, je ne veux pas... Croyez bien que les choses se passeront comme je vous le dis. Je ne veux pas passer ma vie à refuser ce qu'on me demande... et pourtant je ne peux pas de gaieté de cœur prendre mon parti de le faire. »

De plus, Madeleine avait fort mal au larynx et était menacée de perdre la voix. Son délicieux organe était devenu rauque, pourrait-elle jamais le recouvrer ? Découragée, malade, telle était ma pauvre amie au printemps de 1875. Elle avait formellement prévenu M. Perrin qu'elle donnerait sa démission le 1er septembre pour être libre l'année suivante à la même date. Il fallait intervenir, remonter son moral, la forcer à se soigner d'abord, puis l'amener à changer diamétralement de système.

« J'arrangerai les choses », avait dit et redit Perrin à Madeleine, mais les choses, — c'est-à-dire la rivalité avec madame Plessy — n'étaient pas faciles à arranger. Tout le monde se préoccupa pourtant de cette démission, qui se présentait sérieuse : Perrin, les camarades, amis ou indifférents. L'administrateur commença par refuser la démission ; j'eus le bonheur de me montrer persuasif et de prouver à Madeleine qu'elle devait patienter.

Elle fut touchée d'insistances aussi vives,

elle consentit à attendre... sans engager l'avenir. « Ce n'est pas assez du remerciement officiel que je viens de vous envoyer, m'écrivait-elle le même jour. Je veux vous dire merci, à tous et à chacun. » Elle revenait pourtant à ses moutons :

«... Je croyais pouvoir demander ma liberté. Sérieusement, je suis malade et très gravement.. J'ai la voix perdue... (elle exagérait)... Reviendra-t-elle? C'est assez douteux à mon âge (ceci n'est point une lettre de coquette, je ne l'ai jamais été et il est un peu tard pour commencer)... Si je guéris, je finirai mon temps, mais si la voix ne revient pas, j'écrirai d'ici à quelque mois au Comité pour demander ma mise à la retraite comme *invalide*, comme je l'écris à Got... La voix est souvent rauque, souvent faible, et, de plus, j'étouffe absolument et ne peux dire une longue phrase... Je souffre très réellement, et si vous saviez quel supplice ça été pour moi ! J'écrivais : « Je peux » jouer ! » puis je ne pouvais pas, c'est odieux ! J'en rêvais... Je me réveillais le matin en disant des phrases de mon rôle, et quelle voix ! Puis je me mettais à pleurer, comme feu ma pauvre patronne... Rien de plus énervant que cette sorte de maladie. On étrangle... Me voilà calme, disait-elle en concluant. Si nous étions en 1820, je dirais que j'invoque Esculape et Thalie... »

Bref, elle céda à nos instances réunies, et je m'en réjouis bien sincèrement. Si Madeleine, plus tard, me remercia vivement d'avoir remonté son moral, Suzanne, sa mère, ne manqua pas non plus de m'exprimer sa gratitude. Quand, à mon tour, je voulus donner ma démission en 1882, Suzanne, pour m'en garder, m'écrivait :

« Rappelez-vous ce que vous disiez à Madeleine, lorsque, ennuyée, justement découragée, elle voulait absolument quitter le théâtre. Votre amitié, votre éloquence l'ont persuadée, et c'est à vous que l'on a dû le retrait de sa démission... Dans l'intérêt de Madeleine et des siens, vous avez fait une œuvre pie, et j'en ai, quant à moi, une sincère reconnaissance. Elle a joliment bien fait de vous écouter, pas vrai ! Eh bien, répétez-vous ce que vous lui disiez alors... »

Eh oui ! Madeleine fit bien de nous écouter et d'invoquer à la fois « Esculape et Thalie ».

Sa voix n'était pas si malade qu'elle le disait, elle lui fut rendue ; au souffle des voyages, ses blessures d'amour-propre s'évanouirent. Au bout de quelques mois de congé nécessaire, Madeleine revenait d'Italie avec une fraîcheur nouvelle, de la gaieté plein le cœur et... l'exagération de ses charmes diminués... Ce n'était pas une sylphide, mais la marée montante était calmée grâce au système Banting.

Madeleine a maigri, elle est guérie. Elle se met à travailler autrement, donne un charme nouveau à ses rôles classiques, — Molière et Marivaux, — et va en créer de modernes qui feront sensation.

Elle a abordé carrément les rôles marqués. C'est d'abord la marquise dans *le Marquis de Villemer*; elle a pour fils Worms, qui fait ses débuts et remporte un grand succès; l'autre fils, c'est l'ancien amoureux des *Contes de Navarre* et du *Chandelier*. Dumas lui a donné, entre temps, le rôle de la marquise de Rumières dans *l'Étrangère*; elle a repris le rôle de la mère dans *les Caprices de Marianne*; elle joue la baronne dans *Il ne faut jurer de rien*.

Quel joli billet me valut, un lundi d'avril 1881, la représentation de la veille où j'avais joué avec Madeleine, en matinée, *Il ne faut jurer de rien*. Je ne puis résister à en citer des extraits, car il n'y est pas parlé que de moi, le billet de Suzanne rappelle les autres interprètes : Madeleine si parfaite en baronne, Reichemberg si charmante en Cécile.

« En sortant dimanche du Théâtre-Français, je me sentais toute rajeunie... Que c'est bon de voir jouer la comédie comme cela, et quel bijou que cette pièce montée ainsi ! » C'était le moment où je songeais à quitter la Maison : « Vous envoyez votre démission ? » et de trop aimables louanges sur ma jeunesse, ma taille... et l'estime en laquelle me tenait le public. L'âge de Suzanne lui permettait de ne pas ménager mon amour-propre et elle ne m'épargnait guère les compliments. Elle continuait :

« Pourquoi songer à quitter ce bon public qui vous aime, qui ne vous voit jamais assez ? Et aussi, est-ce que vous pourriez quitter ce bon petit oncle... de Hollande... si rond, si gai... si drôle dans ses essais de colère, si facilement ému ? (c'était Thiron)... et ce sublime abbé Got, si occupé... si grââve et si comique, chère douce bête à bon Dieu. Vous êtes adorables tous les trois. Je ne parle pas, par modestie et parce que c'est moi qui l'ai faite, de cette belle et fantasque baronne, si bonne et si folle, ni de cette fine ingénue Cécile, parce qu'elle est ma filleule et qu'elle fut longtemps mon écolière et ma quasi fille ; mais enfin, Madeleine et Suzanne (Reichemberg) donnent gentiment la réplique et ne gâtent point un ensemble qu'on ne trouverait nulle part ailleurs ». Sans fausse modestie pour la Maison je confirmerai le dire de Suzanne. L'ensemble était tout à fait bon.

Et puisque le nom de Thiron, de ce fin et charmant comédien revient sous ma plume, que de souvenirs n'aurais-je pas à évoquer ! Joyeux, spirituel, bon camarade, pourquoi est-il parti si vite ? Il est un de ceux qu'il a été et sera longtemps difficile de remplacer. Sous son portrait, à côté de quelques billets j'ai écrit ces mots que je relis souvent : « Oh ! mon pauvre et cher Thiron, quelle joie c'était de jouer avec vous *Il ne faut jurer de rien* et *On ne badine pas avec l'amour* ». J'aurais dû ajouter : « Quel inimitable marquis de la Seiglière ! »

II

Le Monde où l'on s'ennuie. — *L'Étincelle* et Samary. — Triomphe de Madeleine. — Maladie de Brohan. — Lettres intimes. — La cérémonie. — Le maréchal Canrobert et Charles Edmond. — Mon *Adorée.* — Mort de Bressant. — Mort de Suzanne. — Dernières années de Madeleine.

J'ai hâte d'arriver au *Monde où l'on s'ennuie.* Notons que ce rôle de la duchesse de Réville, qu'elle avait commencé par refuser, fut le triomphe de la carrière de Madeleine, en 1881. Il avait été d'abord destiné à madame Plessy, que Pailleron voulait faire rentrer au Théâtre-Français. Au dernier moment, les pourparlers n'avaient pas abouti. *Faute de mieux,* on s'adressa pour la remplacer à Brohan, qui, dépitée, manquant de confiance pour le rôle dont elle a fait une création incomparable, s'obstina à refuser ce qu'elle appelait « les restes de Plessy ».

Insistance de Perrin, qui me délégua pour vaincre les mauvaises dispositions de Madeleine. Enfin, elle céda. Les répétitions n'allèrent pas toutes seules. Pailleron avait fort mauvais caractère et le montrait souvent à Brohan, qu'il avait subie malgré lui ; tandis que celle-ci, encore incertaine, témoignait peu de bonne grâce.

— Qui vous a vendu de la patience, Delaunay ? me disait Perrin, un jour d'orage...

Tout s'apaisa pourtant et la pièce marcha bien.

Personnellement, depuis *les Faux Ménages*, où il m'avait donné un très bon rôle, j'étais fort bien avec Pailleron. Il avait également pensé à moi pour ce bijou, qui avait nom *l'Étincelle*. Cette ravissante partitionnette renouvelée de Musset, — l'auteur s'en défendait... mais mal, et acceptait volontiers, en somme, le patronage, — avait été fort bien jouée dans son ensemble. Qui ne se rappelle l'éclat et le charme avec lequel Sophie Croizette tenait le rôle de cette jeune tante, soudain éveillée à l'amour ? C'était une Camille rajeunie, bien moins cruelle et coquette que le modèle d'*On ne badine pas*, et qui aime de façon moins compliquée, partant plus vraie. Elle aime parce qu'elle croit que son neveu aime sa filleule, et elle n'attend pas, comme dans la comédie de Musset, que l'irréparable soit venu. Rosette n'y meurt pas de chagrin, et elle se console tout facilement, en épluchant des noisettes, et avec la perspective d'être la femme d'un notaire, de l'idée que le néo-Perdican épousera sa marraine. Moi, l'officier poète, aimé par deux femmes de diverse manière, je ne pouvais me croire à plaindre, et c'est avec empressement — puisque l'auteur, qui m'avait lu d'abord sa pièce, me trouvait encore d'aspect assez jeune pour faire illusion — que je jouai *l'Étincelle* entre Croizette, vraiment éblouissante alors, et la bonne, gentille, sémillante Jeanne Samary.

Presque une Brohan pour le talent, celle-là, et, du reste, pour de bon, nièce de Suzanne. Pailleron avait fait le rôle pour elle, le lui avait pour ainsi dire insufflé lui-même... L'école du quai Malaquais valait bien les cours du Conservatoire, et la jeune fille, intelligente et docile comme pas une, allait tous les jours chez Pailleron étudier jusqu'aux moindres inflexions.

Ce n'était pas un esprit inventif, mais un clavier dont on pouvait tirer tous les partis. Avec son nez en l'air, ses cheveux en broussaille, son rire perlé, elle était charmante. Elle avait admirablement réussi dans un rôle de jeune fille simple et simpliste, peu disciplinée et pourtant facile à mener, sans aucun principe d'éducation et en même temps remplie de sentiments élevés...

Son rôle dans *le Monde où l'on s'ennuie* était de même sorte ; elle y fut délicieuse de naturel, en regard des prétentions de la comtesse ou de la demoiselle de compagnie anglaise. Avec la duchesse de Réville, c'était le meilleur rôle de la pièce. Les rôles épisodiques — de la sous-préfète, tout à fait finement joué par Suzanne Reichemberg, du sous-préfet, qui « ne doit pas dire du mal du Gouvernement, mais... qui peut en entendre », joué au début par Coquelin — valaient beaucoup mieux que le personnage savamment composé, mais trop « portrait » et même « caricature », de Bellac. Got, qui avait accepté le rôle, s'y sentit mal à l'aise et le rendit après la seizième représentation ; Proudhon le reprit et s'y fit assez remarquer pour être, aussitôt après, nommé sociétaire.

Je ne parle que pour mémoire du rôle assez ridicule de demi-savant dont m'avait affublé Pailleron ; aucun ne me déplaisait davantage, mais j'ai dit quelles bonnes relations j'entretenais avec l'auteur, je ne crus pas devoir lui refuser d'essayer de sauver la moins bonne partie de l'ouvrage.

En résumé, l'ensemble était excellent, Madeleine était parfaite. Ce que fut son succès avec ses cheveux blancs de douairière, ses mots à l'emporte-pièce dits avec sa charmante bonhomie, tous s'en souviennent. Elle a joué le rôle deux cent cinquante fois sans avoir été remplacée un seul jour.

Est-ce pour cela qu'elle désira baisser le rideau plus tôt qu'on ne s'y attendait ? En plein regain de popularité, elle recommença à parler de démission, et bientôt, elle allait la donner réellement.

Madeleine était souffrante : faiblesse des bronches, diabète, embonpoint de nouveau envahissant (elle était bien forte en duchesse de Réville, mais sa démarche pesante convenait à son rôle d'autoritaire bienfaisante). « J'étouffe, je suffoque, insistait-elle ; je ne puis rien supporter comme toilette, la moindre émotion m'enroue et me congestionne les bronches.

» Impossible de songer, et ceci sérieusement, à rejouer, même une fois... Reparaître simplement pour pleurnicher comme les bonshommes du ballet des *Grosses Têtes*, point. C'est fini, c'est fini... Je vous redis à vous, comme j'ai dit à Perrin, la phrase des médecins : « Je ne » suis ni assez jeune, ni assez vieille pour bien » me porter. » J'enverrai donc ma lettre au Comité... Je vous redis ici amicalement ce que je vous ai déjà dit : j'aurai trente-cinq ans de service le 1er septembre prochain ; après-demain, je demande ma mise à la retraite... Je ne donnerai pas de représentation, je n'y pourrais point paraître. Je demanderai ce qu'on a donné à Favart, dix mille francs... Voilà, mon cher ami, mes résolutions irrévocables ; j'ai tout annoncé à Perrin. »

Ah! elle s'entêtait, la bonne Madeleine; et cette fois, ni prières ni instances n'y pourraient rien. Sans doute, elle avait raison quand elle m'écrivait : « Théâtralement parlant et à supposer que je puisse rejouer — ce qui n'est pas, — qu'on me donne un rôle genre Réville : Ah! c'est toujours la même chose. — Un autre genre ? — Ah ! ce n'est plus cela. Merci ! »

Elle avait connu « le monde et la foule et l'envie » ; elle avait commencé par l'envie, et maintenant que le monde était juste pour elle, elle voulait le quitter bien discrètement avant qu'il criât : Assez.

Elle avait vu M. Perrin en juillet 1885, le jour de son départ pour Louveciennes. « Cela m'a fait de la peine, m'écrivait-elle, tant il était horriblement changé. » Madeleine avait été parfois en frais avec M. Perrin ; les lignes suivantes sont donc bien à l'honneur de son cœur : « Comme homme, je l'aime bien, vous le savez ; et, comme directeur, je trouve que nous lui devons tous une grande reconnaissance. Je ne varierai jamais en ceci. En rien, du reste... »

Comme c'était à prévoir, Perrin, si malade qu'il fût, s'opposait fortement au départ de Brohan : « Je ne veux pas que vous partiez ! » Madeleine le vit si faible, si nerveux, qu'elle coupa court, disant : « Ne parlons pas de cela... Je ferai ce que vous voudrez. » Elle cachait la vérité pour calmer le malade. « Depuis, continuait-elle, je lui ai écrit, en lui disant que je ne voulais rien faire sans le prévenir, mais que j'étais résolue non seulement à renouveler ma démission au mois d'octobre, mais à demander ma mise à la retraite, me fondant sur l'article du décret de Moscou, lequel dit que la retraite est un droit... quand on peut prouver l'impossibilité où l'on est de remplir ses *devoirs artistiques*. (O Prudhomme, pardonne-moi ! mais je n'ai jamais pu trouver d'autre fin de phrase et « mandat » frisait la politique...) »

Moi qui songeais à la retraite, moi qui avais tant déploré que Bressant eût voulu se survivre à lui-même, étais-je bon avocat pour empêcher Madeleine de partir ? J'y tâchai pourtant, n'admettant pas qu'une femme de son talent et qui n'avait en somme que cinquante-deux ans ne fût pas capable de rendre encore des services appréciables à la Comédie ; j'y tâchai, mais n'y réussis pas.

Madeleine était pénétrée de l'idée de se retirer à la campagne : « O mon ami, m'écrivait-elle, quelle jolie fable que *le Meunier, son fils et l'âne*. Je la répète. Ça avec *l'Alouette, ses petits et le maître d'un champ* et *le Laboureur et le serpent*, c'est la vie... »

Et elle me répétait encore son impossibilité

de parler, sa crainte de se montrer inférieure à elle-même.

A l'heure assignée par elle, Madeleine quitta le Théâtre-Français ; comme elle l'avait demandé, ne se croyant pas en état de paraître devant le public, et, malgré les chaudes instances de M. Claretie, il n'y eut pas de représentation de retraite, mais l'on ne marchanda pas à la duchesse de Réville l'indemnité à laquelle ses services lui donnaient droit.

Au moment de prendre son congé définitif (elle venait de faire parvenir sa lettre collective à ses camarades), elle m'écrivait : « Il me tarde que tout soit fini, car une fois les choses réglées (questions d'affaires où elle s'était montrée très désintéressée), je compte absolument retourner à la *Maison*. Vous savez que je l'aime et que si je suis écœurée de certaines gens... j'ai de la sympathie pour tant d'autres, que ceci fera passer sur cela... »

Eh bien ! non, quoi qu'elle en dît, elle n'y revint guère dans ce théâtre qu'elle avait si peu quitté depuis trente-cinq ans, et où elle avait récolté tour à tour succès et déboires... Elle était partie sur un succès, un grand succès, et elle n'eût pu oublier les déconvenues semées sur sa route de comédienne imprévoyante et désintéressée.

Lors de ma représentation de retraite, en mai 1887, j'eus l'idée bien naturelle de rappeler au public celle de mes anciennes camarades avec laquelle j'entretenais les rapports de la plus étroite amitié. Je proposai à Madeleine de figurer dans la Cérémonie qui devait suivre le *Mariage de Figaro*, bien sûr que la rentrée, pour un soir, d'une artiste aimée, serait chaleureusement saluée. « Vous entreriez en comtesse et vous auriez un succès tout particulier. — Je ne veux pas, me répondit-elle : quand on est parti, c'est fini. — Vous parliez autrement, jadis. — Oui, mais je me trompais. Il ne faut froisser personne... ni faire parler de soi quand on n'existe plus. — Sincèrement vous avez tort. Le public vous aime; le rôle de la duchesse de Réville vous a faite populaire et on vous acclamerait. » Madeleine tint bon, elle ne vint pas. Je le regrettai. J'aurais été heureux de procurer à Madeleine une dernière ovation. Ce fut Got qui en bénéficia : comme la Comédie défilait devant moi, ayant à mes côtés madame Broisat sous les traits de la comtesse, j'allai vivement à la rencontre de

Got en citant le vers du *Menteur*, légèrement modifié :

Ah ! voici le plus cher de mes vieux camarades,

et le public d'applaudir l'accolade donnée au doyen tant fêté...

« La spirituelle Madeleine », ai-je dit après tout le monde, et je m'aperçois que je n'ai cité aucun de ses mots, hors ceux de ses lettres. A quoi bon ? Les uns sont des épigrammes un tantinet mordantes ou des « à double sens » qui sembleraient grivois, — il y a de la Sophie Arnould dans les Brohan et leurs ripostes sont parfois osées ; les autres sont connus de la plupart et sont devenus, pour ainsi dire, historiques...

Du nombre de ces derniers, il y a la réponse au maréchal Canrobert, qu'on peut bien rappeler. C'était le soir, au foyer des artistes, à la première de *l'Étrangère*. Le maréchal était venu féliciter. Après avoir causé avec Sarah Bernhardt et Croizette, il vint près de Madeleine (rôle de la marquise de Rumières) qui semblait mal à son aise. Il l'interrogea. Madeleine répondit simplement : « J'ai peur. — Peur, peur, répéta le maréchal ayant l'air de ne pas entendre. — C'est vrai, dit Brohan, reprenant son assurance, vous ne comprenez pas... Vite un dictionnaire pour expliquer au maréchal le mot *peur*. »

Cet autre mot qui n'est pas connu, je le tiens de Charles Edmond, qui le racontait fort bien en distillant l'histoire qui amenait la chute finale. Il faudrait une mimique expressive pour dépeindre l'attitude de Madeleine, tandis que Charles Edmond lui contait imperturbablement le bruit qui courait de l'union projetée entre Chevreul qui venait d'avoir cent ans et Suzanne Brohan qui en avait quatre-vingt-sept.

Elle faisait semblant de prendre la chose au sérieux, niait avec réticences... enfin avouait la vérité de la nouvelle : « Eh bien oui, puisque vous m'y forcez, je l'avoue. C'est vrai, il en a été question, fortement question... — Ah, vous voyez bien... mais? — Faut-il vous le dire? — Je vous en prie. — Eh bien, au dernier moment, tout a craqué... les parents n'ont pas donné leur consentement. »

Madeleine avait ce don de garder son sang-froid très longtemps, et ses plaisanteries de « pince-sans-rire » étaient souvent renversantes.

Ce qu'on ne peut pas rendre, ce sont ces ripostes d'à-propos, ces réponses du tac au tac, cet esprit « du moment même » qu'elle possédait au même degré qu'Augustine. On ferait un volume de leurs bons mots à toutes deux.

J'ai à peine prononcé le nom d'Augustine, qui devint progressivement aveugle et se retira de bonne heure du théâtre (en 1868), qui se maria et que je revis peu. Impossible pourtant de ne pas dire quelle irrésistible Toinette, quelle incomparable Lisette fut la reine des soubrettes.

Je viens de dire un mot de l'esprit de Madeleine, voici qui prouvera son bon cœur.

Comme Perrin, après une cruelle maladie, venait de mourir, en octobre 1885, elle m'écrivait ces lignes qui lui font honneur :

« J'ai gros cœur, mon cher Delaunay. La Comédie perd un grand administrateur et, moi, je perds un ami. Voilà qui diminue encore pour moi les regrets du départ... Nous étions un peu en froid, le pauvre Perrin et moi, et je me le reproche. J'étais décidée à partir; par intérêt pour moi sans doute, il ne le voulait pas, voilà tout. Je l'ai vu avant son départ pour Louveciennes et je pensais bien qu'il ne pourrait pas revenir. S'il reste, le corps disparu, quelque chose, et je le crois, ce doit être pour sa pauvre âme une chose pénible que de voir ceux qui ont été mal pour lui couvrir sa tombe de fleurs. »

Dans cette même lettre, elle parlait de sa mère, *mon adorée*, comme j'avais coutume d'appeler Suzanne : « Je reviens de Fontenay voir votre *adorée* qui va bien, grâce au ciel, mais qui est toujours émue quand un contemporain disparaît. Elle vient de me dire quelque chose qui m'a remuée : « J'ai été injuste quelque-
» fois avec toi, mais je te le dis, à cette heure
» que j'ai encore toute ma tête, tu as été une
» bonne fille !... Je me suis sauvée... »

Madeleine est bonne pour sa mère, bonne pour ses amis, elle est aussi bonne camarade. Elle n'a pas abandonné Bressant, terrassé par la paralysie et qui se mourait lentement, par fractions, pour ainsi dire. Quand ce beau diseur et ce roi des premiers rôles commença à bredouiller (tandis que son bras gauche était affligé d'un tremblement sénile), nous avions obtenu à grand'peine qu'il se retirât alors qu'il en était temps encore... La paralysie fit rapidement des progrès effrayants. C'est dans ce triste état que Madeleine continue à le visiter :

« Je vais voir ce pauvre Bressant cette semaine. Quelle fin, mon Dieu ! Je leur apporte, disent-ils, un peu de gaieté. J'en suis heureuse, si cela leur fait un peu de bien. Comme je vous le disais l'autre jour chez Maubant, la parole devient de plus en plus difficile, à peine quelques mots et des regards navrés... Plus un mouvement... C'est épouvantable à voir... Il faut bien remercier Dieu quand il vous épargne ces épreuves cruelles... C'est ce que je disais tantôt à votre *adorée*... Elle va bien, mais se désespère parce que les violettes russes ne sont pas belles cette année. »

C'est bien là Suzanne : les violettes et les roses, la passion de ses dernières années ! Que de fois elle m'en a envoyé de ces fleurs cueillies par elle dans le jardin de Fontenay !

En novembre 1885, elle me faisait ses doléances personnelles ; les champs de Fontenay, d'ordinaire si généreux et parfumés, sont demeurés stériles... « C'est un grand dommage pour le pays ; c'est un grand ennui pour moi qui ne puis, cette année, vous envoyer des violettes d'automne .. Si belles et si... russes ! »

D'avance je l'avais remerciée de ces fleurs promises, et continuant le ton de badinage que me permettaient mon âge et l'amitié de la charmante vieille femme, j'avais terminé ma lettre par ces mots : « Je vous adore. » — Elle me répondait : « Je vous adore... Tout simplement! Dame, à cet aveu si tendre et si net, j'ai senti tressaillir d'aise mes soixante et dix-neuf printemps, d'aise et d'orgueil, oui-dà, et, dans le premier moment, ma foi, j'étais toute prête à accepter votre main, mais la réflexion est venue. D'abord, Molière, notre divin patron, l'a dit : *La polygamie est un cas pendable*, puis il me peinait d'affliger cette bonne madame Delaunay par une rivalité aussi extraordinaire ; bref, je me suis décidée à me tenir coite... »

Les violettes nous ont entraîné loin de Bressant à la suite de Suzanne. Un autre billet de « mon adorée » nous ramène à Almaviva.

Bressant venait de mourir dans sa petite propriété de Saint-Pierre-lès-Nemours âgé de soixante-dix ans. Après avoir rappelé comment il avait succédé à Brindeau dans la faveur du public, Suzanne en quelques lignes traçait ainsi son portrait :

« Bressant était beau, distingué, élégant ; il

possédait une sorte de grâce molle qui plaisait beaucoup. Sa voix sombre, molle aussi, ne manquait pas de charme ; c'était un Almaviva incomparable, un délicieux marquis Louis XV... un homme à bonnes fortunes, parfait... Dans beaucoup de pièces, il fut charmant ; mais il ne lui fallait pas de rôles ou d'une grande envergure ou d'un sentiment puissant, car cet aimable comédien, le *gracieux* par excellence, ne possédait ni puissance ni passion. Vous le rappelez-vous dans *le Lion amoureux* de ce pauvre Ponsard, dans *le Misanthrope*, ce lion amoureux de Molière ?... »

Avant tout aimable et gracieux, comme le dit Suzanne, Bressant excellait dans les rôles de charme et de délicatesse ; il manquait peut-être de force dans les rôles âpres qu'il avait tort de jouer et où il faisait regretter Samson. Ses premières années s'étaient écoulées sur de petites scènes, il n'était pas passé par le Conservatoire, d'où des lacunes dans son éducation théâtrale. Mais comme il a racheté cela en travaillant à l'âge où d'autres croient tout savoir ! comme il s'est incarné dans Almaviva, dans Gaston de Presle, dans le Bolingbroke du *Verre d'Eau*, dans *le Jeune Mari* de Mazère, dans l'amiral d'une *Chaîne*, dans lord Dudley de *la Fiammina !*

Comme il était excellent dans *les Fausses Confidences* et dans *les Jeux de l'Amour et du Hasard !* Il était trop aimable pour jouer Alceste ou le marquis d'Auberive du *Fils de Giboyer*, et ne pouvait se résigner à ne pas adoucir les angles des personnages antipathiques ou simplement désagréables : pas assez colère dans le Carnioli de *Dalila*, pas assez brutal dans le cynique rôle de Clavaroche. Tel quel, c'était, au théâtre et à la ville, un des plus séduisants comédiens de son temps.

En juin 1887, Madeleine me donnait des nouvelles de sa mère qui avait failli mourir et qui devait vivre encore deux mois.

« Soignez-vous bien, mon cher ami. Votre amoureuse préfère ne vous voir que dans quelques jours... Je la ferai belle... Grâce au ciel, la tête revient, il n'y a plus que quelques absences; je suis arrivée à la faire manger un peu. J'ai roulé son fauteuil auprès de sa fenêtre, et, en voyant les roses et les choses familières de son jardin, elle perd l'idée fixe : la maison Dubois... Je vous ai dit comment

Carraby l'avait trouvée il y a dix jours: sa tête penchée, ne parlant presque plus... Il est reparti cinq minutes après son arrivée, navré. Je m'attelle à cette tâche de lui faire remonter le courant, à la pauvre femme, et je suis bien heureuse du résultat déjà obtenu... »

Le 17 août, autre lettre :

« Elle est morte, votre vieille amie, Delaunay. Nous l'emportons tout à l'heure à Fresne. Elle m'a dit de vous remercier d'être venu, de l'avoir aimée... Je ne vous parle pas de ma douleur. vous savez ce que je dois souffrir !... Elle est morte dimanche 14, à six heures du soir. Son dernier cri a été mon nom et je tenais sa chère tête dans mes mains, quand elle nous a quittés. Elle a râlé pendant deux jours et a gardé toute sa connaissance jusqu'à la fin. Plaignez-moi. »

Oui, je la plaignais, car j'aimais d'amitié vraie ma belle-mère « idéale » dont le cœur était aussi parfait que l'esprit était resté jeune.

J'ai dit que j'avais un souvenir de Suzanne Brohan, une gravure avec une dédicace charmante et des vers fleuris de louanges. De Madeleine aussi j'ai de petits mementos. En dehors de ses portraits, dans la chambre aux souvenirs discrets, je possède un cadre qui ne laisse pas d'intriguer mes amis en visite : un portrait gravé d'Alfred de Musset que m'avait donné, longtemps après la mort du poète, son frère Paul, avec cette dédicace :

A DELAUNAY,

FORTUNIO, PERDICAN, VALENTIN.

Offert par le plus ému et le plus enchanté de ses spectateurs.

PAUL DE MUSSET.

Au-dessous, de la main du chantre des *Nuits :*

Approuvé l'écriture ci-dessus

ALFRED DE MUSSET.

Pourquoi cette bizarrerie? Le petit cadre a une histoire. Je ne possédais pas une ligne de *mon* auteur, qui pourtant, m'avait toujours témoigné une sincère amitié. Madeleine, dans une charmante pensée, avait voulu combler cette lacune; emportant un jour la gravure, elle avait fait glisser dans la marge rouge qui encadrait l'image les mots et la signature bien authentiques d'Alfred de Musset, le tout découpé sans doute dans un de ces billets à ordre dont le poète était coutumier. Grande avait été ma surprise en trouvant le portrait ainsi paraphé; grande aussi fut ma joie... Je ne me lasse pas de montrer ce souvenir précieux, attention délicate de Madeleine...

Les dernières années de Madeleine ne furent pas exemptes de tristesse. Je viens de dire le chagrin éprouvé par l'excellente fille à la mort de sa mère. Il y en avait encore d'autres, d'ordre moral et d'ordre physique. « Je suis bien à plaindre, — m'écrivait-elle un jour, croyant sa vue atteinte, comme Suzanne, comme Augustine. — Je suis prise par les yeux. Combien de temps pourrai-je y voir sans risquer l'opération ? L'avenir seul le dira, mais avec le diabète, c'est toujours une chance, et je ne me risquerai que lorsque je n'y verrai plus du tout. J'ai peut-être deux ans devant moi ; d'ici-là, « pas de tristesse », disent les médecins.

» ... J'ai eu un cruel chagrin de la mort de ma pauvre mère, je l'ai encore...; beaucoup d'autres sujets de tourments, c'est là ce qui a augmenté le mal... Si l'on ne vous parle pas de mes yeux, n'en dites mot.

« Cette pauvre Madeleine », je ne veux pas de ça !

Heureusement pour elle, Madeleine ne dut pas recourir à l'opération; elle n'inspira pas la pitié, ce qu'elle craignait par-dessus tout, et jusqu'à la fin elle resta entourée de nobles amitiés fidèles et dévouées.

Peu à peu, par suite de ma retraite devenue de plus en plus étroite, nos relations devinrent moins fréquentes. Ses lettres se faisaient plus rares; je n'allais guère à Paris que pour le Conservatoire, ses visites à elle s'espaçaient. Parfois, pourtant, en été ou en automne, un petit billet m'avertissait qu'elle viendrait le lendemain me demander à déjeuner: « N'oubliez pas la galette », ne manquait-elle pas de mander. Ayant le diabète, la pâtisserie lui était défendue... et naturellement elle en était très friande.

... Depuis deux ans Madeleine ne quittait plus son appartement de la rue de Rivoli, où elle résidait depuis nombre d'années. Le 1er janvier dernier, je reçus encore d'elle un petit mot triste. Après les souhaits : « Que pourrais-je dire qui ne fût douloureux pour ceux qui ont un peu d'affection pour moi ? Quand arrivera le grand départ pour moi, j'en serai bien heureuse. »

Madeleine est morte quelques semaines avant l'incendie du théâtre. Cette dernière douleur lui a été épargnée !

III

Ponsard. — *L'Honneur et l'Argent.* — *Charlotte Corday.* — La Politique et la Pièce. — Le Prince Président et Arsène Houssaye. — Jugement d'Alfred de Musset. — *Le Lion amoureux.*

Le hasard fait que j'ai rempli un rôle, grand ou petit, dans presque toutes les pièces de Ponsard (j'en excepte *Lucrèce* qui est d'avant moi et *la Bourse* qui fut jouée en 1856 à l'Odéon). Dans les autres, de *Charlotte Corday* à *Galilée*, je tins ma partie. Je glisse rapidement sur *Agnès de Méranie*, où je figurais à l'Odéon en 1845, sur *Ulysse*, où je jouais Télémaque, rôle écrit pour un travesti.

Je passe à *l'Honneur et l'Argent*, comédie de mœurs, qui, d'abord à l'Odéon en 1853, puis aux Français en janvier 1862, remporta un succès étourdissant. Les sentiments désintéressés exprimés par Georges, rôle dans lequel je succédai à Laferrière, ne frapperaient plus juste aujourd'hui, et cette protestation contre la souveraineté des écus semblerait une déclamation stérile. A l'époque, ce fut un triomphe, et c'est, sans nul doute, la meilleure perle de l'écrin de Ponsard, celle qui avec *le Lion Amoureux* et *Charlotte Corday* devra sauver son nom de l'oubli.

Pour un moment, l'auteur tant discuté, mais en même temps tant prôné de son vivant, est sorti de sa tombe. Beaucoup, aujourd'hui, s'étonnent qu'à des œuvres qui peuvent paraître surannées, surfaites, poncives (l'épithète de poncif a toujours escorté le nom de Ponsard!), on ait fait à leur apparition l'honneur d'une discussion.

Vingt, trente ou quarante ans après, on nie le succès; on oublie que la moitié du succès des pièces (hormis les chefs-d'œuvre) vient de l'opportunité du temps, des idées ambiantes, de la vogue des artistes; on nie le talent — parce que l'école opposée a pour un temps remporté la victoire, — on rougit d'avoir adoré une étoile et on l'accable sous une dédaigneuse indifférence. Sans parler des grands, parmi les moyens, les Arnault, les Ducis, les Lemercier, les Delavigne, les Empis, les Doucet, pour ne citer que les moins oubliés, ont connu de ces réactions cruelles qui changent en nuits éternelles les plus rayonnantes aurores.

Ponsard semble avoir échappé à cette nuit complète qui a enveloppé tant de ses prédécesseurs ou de ses contemporains — on pourrait ajouter bon nombre de ses successeurs. Il faut savoir gré à ceux qui l'ont ressuscité, malgré les difficultés politiques, alors qu'il en était encore temps.

En 1850 aussi, il surgit maintes difficultés dont on conçoit aisément les raisons. C'était sous l'administration Arsène Houssaye. J'aurai l'occasion de dire quels services il rendit à la Comédie. Il eut des hardiesses, se sentant soutenu par le gouvernement, secondé par Rachel et les nombreux partisans de la grande tragédienne. Jouer *Charlotte Corday* fut une de ces hardiesses. Mais avant d'arriver à la première représentation, il y eut bien des tâtonnements, des reculs et des pourparlers. Bien des fois, la partie put paraître ajournée, c'est-à-dire perdue.

Ponsard, l'homme inquiet et impatient par

excellence, était pressé : « On ne sait ce qui peut arriver, écrivait-il à Bocage, et ma pièce commencée sous la Monarchie, terminée sous la République, pourrait bien être représentée sous autre chose. »

Le comité de lecture du Théâtre-Français n'avait pas été favorable à la pièce qu'il jugeait dangereuse en raison de la situation politique ; elle fut reçue pourtant grâce à Rachel, d'abord enthousiaste, grâce à Houssaye, qui mettait son romantisme de côté. Reçue, mais pas encore près d'être jouée. Le ministre Ferdinand Barrot se montrait rebelle, craignant que le public s'indignât de voir Marat sur la scène.

Comme il n'y avait pas alors de censure officielle, on convint de donner une lecture publique dans les salons du ministère. Le 5 mars 1850, cette réunion d'académiciens, de hauts fonctionnaires et d'artistes, entendit *Charlotte Corday*, lue par Ponsard. Le langage révolutionnaire parut inoffensif à l'auditoire gagné par quelques belles scènes, et l'on jugea la pièce sans inconvénients.

Qui jouerait le rôle de celle qu'on a appelée « l'ange de l'assassinat » ? Rachel, pouvait-on croire après son premier enthousiasme. Rachel se déroba. Eut-elle peur, comme l'a soutenu Houssaye, de se trouver à la scène « au milieu de toutes ces images tachées de sang » ? Il est certain que le docteur Véron et d'autres républicains appréhendaient fort cette évocation des scènes de la Révolution. Voulait-elle se faire pardonner ses condescendances pour le gouvernement provisoire et la *Marseillaise* chantée, un drapeau à la main, le 6 mars 1848, après une représentation de *Lucrèce*? Craignait-elle, au contraire, qu'on lui reprochât ses nouvelles intimités avec l'Élysée? Bref, elle refusa carrément le rôle dont elle ne voulait plus.

Ponsard avait la mort dans l'âme... Le lendemain, réunion du comité. Malgré l'opposition de Samson et de Provost, la pièce fut reçue. Rachel alla féliciter Ponsard qui se reprit à espérer. Elle embrassa même le poète, mais en lui jetant ces mots glaçants : « Non, je ne jouerai pas Charlotte, car je serais détestable. Du parterre on me crierait : « Va chercher » ton peplum ». On me sifflera pour mes opinions présentes, pour mes opinions passées ou futures... Prenez Judith, celle-là n'a pas de personnalité. »

Rachel avait sans doute raison. A son point

de vue personnel, elle échappait à un rôle qui ne peut être franchement sympathique. L'assassin — même d'un des plus beaux monstres qu'ait produits l'humanité — est toujours un assassin, et, contradiction des passions politiques mise à part, on ne saurait faire de cette grande virago, venue de sa province pour tuer le plus hideux des tribuns, une intéressante figure.

Au point de vue du théâtre, Rachel avait marqué une trop vive empreinte dans l'esprit public par les rôles d'Hermione, de Camille, de Phèdre, pour se rendre populaire dans celui de Charlotte. Elle craignait de rester trop antique dans un rôle moderne.

Elle persista dans son refus; Houssaye se rabattit sur Judith. Tragédienne médiocre, mais belle créature avec de la prestance et de l'éclat, sachant composer un rôle, celle-ci tira du personnage tout ce qu'on pouvait en tirer.

Pour les révolutionnaires en vedette, autre difficulté. Qui aurait le courage de personnifier Marat que guettaient les antipathies du public? Geffroy s'offrit en victime et fit une magnifique création du monstrueux « ami du peuple »:

diction, science théâtrale, attitude, costume, tout était à souhait.

Il avait été un instant question d'engager Bocage pour le rôle de Danton. Ce fut un jeune comédien, Bignon, que recommandait plutôt sa carrure que son talent, qui l'interpréta. Silvain qui joue actuellement ce rôle est bien supérieur à Bignon, comme Albert Lambert en Barbaroux est meilleur que son devancier. « Vous verrez comme j'entrerai dans la peau du bonhomme », se plaisait à dire Bignon pendant les répétitions. Danton, bonhomme ! Ce n'est pas précisément l'idée que consciencieusement on peut se faire de Danton : il y a l'homme de « l'audace et toujours de l'audace » dont la statue s'élève boulevard Saint-Germain, et puis il y a l'homme des massacres de Septembre. Suivant d'ordinaire l'histoire assez exactement, quitte à s'en trouver parfois gêné pour le développement des intrigues, Ponsard semble avoir bien compris la dualité du Conventionnel, quand, dans le salon de madame Roland, où l'a amené Sieyès, il le représente obligé, devant le mauvais accueil de quelques-uns des Girondins, d'expliquer sa conduite en 92. Barbaroux, Louvet et

Buzot refusaient sa main, tandis que Vergniaud et Petion l'acceptaient. J'avais beau jouer le rôle de Louvet, je ne saurais m'immiscer dans la question de savoir qui a raison de Lamartine qu'a suivi Ponsard ou de M. Edmond Biré qui a détruit la légende des peu intéressants Girondins.

Le rôle peu important de Robespierre avait été d'abord offert à Régnier puis joué par Fonta. La scène du quatrième acte se passait entre les triumvirs. « On pense aux maîtres et aux plus grands », a pu dire Nisard, en lisant l'admirable scène où Danton, Robespierre et Marat délibèrent sur ce qu'ils feront de la République tombée entre leurs mains. Cette scène avec l'apparition des Girondins chez madame Roland était de celles qui devait effrayer et le Ministère, et l'Assemblée, et les partis politiques. Car tout le monde s'en préoccupa.

Républicain modéré, Ponsard avait blessé les révolutionnaires à outrance et l'on craignait tapage dans la salle, interpellation à l'Assemblée.

Le président de la République, ému du bruit fait autour de la pièce avant la première, fit venir Arsène Houssaye, demanda à lire la pièce ; après l'avoir lue il ne se montra pas d'abord très désireux de la voir représenter, puis finit par céder en en laissant la responsabilité à l'administrateur. Celui-ci un instant n'avait-il pas donné sa démission ?

Le péril conjuré à l'Élysée, il fallut compter avec l'Assemblée où Ponsard comptait de nombreux amis, mais aussi pas mal d'adversaires. Les monarchistes étaient très inquiets et accusaient Ponsard, en réveillant ces grandes ombres, d'insuffler aux plus tièdes la fièvre révolutionnaire.

Le ministre écouta toutes les réclamations, Charles Blanc opéra quelques coupures pour complaire à ses amis républicains... et la pièce passa.

Ce fut un triomphe, ne l'oublions pas. Victor Hugo écrivait au chef de l'École du Bon Sens une lettre de louanges. Alfred de Musset émit cette hyperbole : « Pareil langage ne s'est pas entendu depuis Corneille » et devant les récriminations des critiques au foyer, il ajoutait : « Oui, messieurs, on n'a rien fait de plus grand, vous entendez, de plus grand, je maintiens le mot. »

Le *Lion Amoureux*, l'avant-dernière pièce de

Ponsard, ne vit le jour qu'en 1866. Il y travaillait depuis longtemps, l'ayant refaite trois fois sous le titre conservé au théâtre, après l'avoir conçue sous le nom de *Robespierre*. « Ces scènes de la Révolution me trottaient par la tête et m'enflammaient le cerveau », écrivait-il en 1864, à Jules Janin. Madame Tallien, Tallien et la mort de Robespierre, voilà ce qui l'avait d'abord tenté. Il eut peur du bruit que pourrait causer l'évocation de Maximilien; le drame devint comédie historique, et Robespierre et madame Tallien ne furent plus les héros principaux, mais des personnages épisodiques chargés de maintenir la pièce sur les confins de l'histoire.

Le succès du *Lion Amoureux* fut grand le 18 janvier 1866, et se continua pendant toute la saison. Succès de circonstance, a-t-on dit, et que la pièce n'a pas retrouvé depuis. Il était curieux, en effet, de voir sur la scène, amenés de façon opportune, royalistes et républicains, au moment même où le gouvernement qui les avait remplacés rayonnait au plus haut point.

Entre une marquise de Maupas imaginaire et le général-conventionnel Humbert se modulaient les longs duos d'un amour passionné, auquel les divergences politiques et sociales apportaient leur aimant.

L'intrigue assez fade expliquait la pièce, mais ce n'était pas sur elle seule que se portait l'intérêt.

Le tableau d'une république athénienne et le salon de madame Tallien, l'opposition entre de glorieux parvenus républicains et les partisans vaincus de la royauté, la résurrection de toute une époque avec son défilé de célébrités militaires ou politiques, voilà ce qui charmait le public de 1866 et ce qui fit excuser la faiblesse de la trame.

Les élans poétiques — et il faut être juste, Ponsard, dans *le Lion Amoureux* s'éleva en quelques endroits à la hauteur des idées de réconciliation et de patriotisme qu'il avait voulu exprimer — les élans poétiques firent passer sur les passages *creux*, sur les scènes de remplissage ou de raccord. On applaudit à tout rompre les tirades de la marquise plaidant devant son père la cause de l'alliance du passé et de l'avenir; on applaudit, on voulut même faire bisser les professions de foi patriotiques de Humbert qui, selon l'histoire, du reste, ne fut pas quelconque (on pourrait noter que Ponsard a confondu deux Humbert, l'un conventionnel, l'autre général commandant en Irlande et en Vendée); on applaudit aussi le vicomte de Vaugris, le jeune émigré amoureux de sa cousine, qui représente l'ancienne société avec ses malheurs et ses illusions, son ardeur chevaleresque, son royalisme et sa foi. Le public se montra sympathique et ému, quand, après Quiberon, le vicomte fait prisonnier est amené devant le conseil de guerre. Hoche lui fera-t-il grâce comme il a fait grâce au comte d'Ars, père de madame de Maupas? Non, il faut un exemple : Vaugris a bravé ses adversaires vainqueurs, il mérite la mort... Il meurt en gentilhomme, le sourire aux lèvres, cherchant encore du regard, au moment où le peloton d'exécution vient le chercher, la noble cousine qui finira par épouser le républicain Humbert.

Les acteurs? Humbert, c'est Bressant, séduisant, trop distingué peut-être pour le rôle du conventionnel; madame de Maupas, c'est Madeleine Brohan qui se taille un succès de charme et de beauté dans un rôle médiocre mais sympathique. Coquelin jouait avec brio le personnage du farouche républicain Aristide;

de petits rôles étaient bien tenus par mesdames Provost Ponsin, Lloyd et Angelo. Madame Tallien, c'était madame Édile Riquer, fort jolie, fort attrayante et qui ne rencontra jamais mieux que ce rôle pour faire valoir ses qualités de diction et de grâce. Le deuxième acte se passait dans son salon où défilaient tour à tour, à côté des Muscadins et des Merveilleuses, Barras (Guichard), Bonaparte (Prudhon), Hoche (Leroux).

Véritable lanterne magique de l'époque avec ce groupement de personnages véritables, la plupart célèbres, qui encadrent le duo d'amoureux, cet acte assura le succès que d'avance on pouvait supposer douteux : Ponsard surtout, malade, très malade (il devait mourir l'année suivante), avait les plus grandes appréhensions. Il ne put venir au théâtre qu'après le 25 janvier; il n'avait même pas surveillé les répétitions, Émile Augier s'était chargé de ce soin. L'auteur des *Effrontés* avait montré là une parfaite obligeance, car sa pièce à lui, reçue sous le nom du *Baron d'Estrigaud*, ne put être répétée aux Français et passait les ponts pour être, sous le nom de *la Contagion*, représentée à l'Odéon. Résigné, mais pas ravi de ce contre-temps ! Je me rappellerai toujours le ton d'une tristesse comique avec laquelle Augier me dit à moi-même pendant les répétitions du *Lion :* « Allons, il faut que j'aille à l'Odéon ! »

Augier eut du moins la consolation d'avoir Got pour principal interprète. A la suite d'événements qu'il serait trop long de raconter, Got, mécontent de certaines nominations, avait donné sa démission de sociétaire. Refus du Comité de l'accepter, interdiction de jouer sur une autre scène; il fallut l'intervention de l'Empereur lui-même pour que se terminât ce qu'on a appelé « le procès de la *Contagion* ». Got put s'absenter quelques mois, créer à l'Odéon *la Contagion* et courir la province à la tête d'une troupe spéciale, puis rentrer au Théâtre-Français dont il est demeuré jusqu'à sa retraite une des colonnes.

Quelle salle, le 18 janvier 1866, pour applaudir *le Lion amoureux !* L'Empereur et l'Impératrice avec la princesse de Hohenzollern entre eux ; la princesse Mathilde, le prince Napoléon et la princesse Clotilde, les princesses Bonaparte, les princes Murat, les ministres, les ambassadeurs, le comte de Nieuwerkerke, les deux Dumas, le général Fleury, le marquis de Pomereu, Jules

Sandeau, Émile Augier, Désiré Nisard, Lambert Thiboust, Decourcelle, Assollant; les critiques, qui s'appelaient alors Gautier, Janin, Saint-Victor, Monselet, Jouvin, Ulbach, Sarcey... Et encore? Des artistes, des publicistes, des membres du Jockey et du Cercle Impérial; détail piquant: le docteur Cabarrus, fils de madame Tallien, et le comte des Roys, petit-fils de Hoche.

Très ami de l'art dramatique et du Théâtre-Français, très favorable au républicain Ponsard, qui avait résisté longtemps à ses avances, le souverain semblait radieux d'un succès qu'il avait pour ainsi dire forcé. Il avait fallu, en effet, son intervention personnelle pour que la Comédie représentât une pièce où Humbert célébrait en vers pompeux les hauts faits de la Révolution et même de la Convention. La « tyrannie » avait de ces condescendances qu'en sens contraire n'ont pas toujours eues les régimes, variés sous même étiquette, qui lui ont succédé...

Mais je me laisse entraîner bien loin, moi pauvre émigré fusillé à Quiberon! Le rôle de Vaugris était charmant de distinction et de délicatesse; les émotions du public m'ont prouvé que je l'avais rendu suivant son désir. Je ne m'y étendrai pas, et laisserai la parole à Suzanne Brohan qui, en 1887, ayant dans une lettre prononcé le mot de *Lion Amoureux*, conclut si gentiment :

« Et à propos de cette pièce de Ponsard que l'on jette aux orties (auteur et pièce) vous souvient-il d'un certain vicomte de Vaugris, un jeune gentilhomme gai, brave, amoureux, bien Français celui-là. Pour cause de... pacification en Vendée, il allait être passé par les armes. On lui offrait la vie à condition de renier sa foi royaliste ; sans répondre, avec une indicible noblesse, il ôtait son chapeau, et avec une dignité simple, d'une voix grave et douce, il disait : « Vive le roi ! » C'était la mort sans phrase. Et à ce moment là un frisson d'effroi et d'admiration courait dans toute la salle... »

Si je m'en souviens! Un succès étourdissant qui fut la dernière lueur de ce pauvre Ponsard (*Galilée* pièce rationaliste et jugée antireligieuse tomba à plat l'année suivante), car le *Lion* fut joué cent fois jusqu'en juin.

IV

Mes premiers directeurs. — Bocage. — Le Théâtre Montmartre. — A l'Odéon. — Propositions de Lockroy. — Débuts à la Comédie-Française. — *La Vieillesse de Richelieu.* — La leçon d'escrime. — Dernières années de Bocage. — Lockroy et Seveste. — Arsène Houssaye. — Rachel et *Adrienne Lecouvreur.*

De mes premiers directeurs, il me faut bien dire quelques mots.

Bocage, le premier de tous, est *tout à fait* mort, bien que de son vivant il se soit employé à défrayer le plus possible la chronique théâtrale. « C'était bien, comme l'a dit un critique, le capitaine d'aventures du moyen âge. Il avait toujours une riposte prête aux coups du sort, se relevant au moment où on le croyait écrasé, plein de sang-froid, d'aplomb et d'audace, réalisant la plus étrange figure du drame moderne. »

Acteur, directeur, Bocage avait toujours le chef couronné de ce panache qui fit la fortune de l'âge romantique.

En quelques mots, il est bon de rappeler les « états de service » de ce convaincu, aujourd'hui oublié, qui connut les extrêmes de la vie théâtrale : la célébrité et la misère.

Il commença par la misère, mais notons que ce fut le théâtre qui l'en fit sortir. Ouvrier cardeur à Rouen, avec salaire de dix sous par jour, mourant de faim, sur le point d'allumer un réchaud de charbon, il s'avisa qu'il était né comédien et, de but en blanc, après une préparation sommaire, il se présenta au Conservatoire. Un premier refus ne le rebuta pas. Comme il fallait vivre, il se fit garçon épicier; peu après, montant en grade, il devenait clerc d'huissier.

Une occasion s'offrait pour lui de réaliser son rêve; il suivit une troupe ambulante qui courait la province. Il s'y débrouilla, travailla, et, au retour, se présenta à la Comédie-Française. Son début dans *l'Abbé de l'Épée* ne l'ayant pas satisfait, il s'échappa de nouveau en province jusqu'au jour où un engagement à l'Odéon le fit définitivement rester à Paris. Il passa ensuite à la Gaîté, créa le rôle du curé dans *l'Incendiaire*. Cette fois, c'était une victoire bientôt suivie à la Porte-Saint-Martin des triomphes d'*Antony* et de *la Tour de Nesle*.

La Comédie-Française accueille alors Bocage à bras ouverts mais... pas pour longtemps. Il n'était guère fait pour chausser le cothurne, et Bocage, découragé, de retourner à la Porte-Saint-Martin.

Rentrée à l'Odéon en 1843; triomphe avec la *Lucrèce* de Ponsard et l'*Antigone* de Vacquerie et Paul Meurice, et succès de *la Main droite et la Main gauche* de Gozlan. Après une vogue très réelle, l'Odéon allait décliner; c'est alors que Bocage eut la pensée, tout en restant comédien, de prendre la direction du théâtre.

En cette année 1845, au moment même où il avait sa nomination en poche, Bocage excursionnait dans les théâtres des faubourgs pour chercher des sujets.

J'étais encore au Conservatoire et, pour m'entraîner, je jouais à droite et à gauche, sous le nom de Daunay : c'étaient Dorante du *Menteur*, qui par la suite fut un de mes rôles de prédilection, *le Menuisier de Livonie* de Duval, une *Dame de l'Empire* d'Ancelot, comédie très proche parente de *Madame Sans-Gêne*. Je jouais cette pièce certain soir au théâtre de Montmartre, lorsqu'on vint me chercher de la part de Bocage.

J'accours, fort intimidé :

— M'avez-vous vu jouer dans *la Tour de Nesle ?* me dit Bocage à brûle-pourpoint.

— Non, monsieur, répondis-je avec regret.

— Où habitez-vous ?

— Rue Bourbon-Villeneuve.

— C'est loin, reprit Bocage... Pourtant vous pourriez jouer à l'Odéon... Je vous paierais vos omnibus.

Ma timidité avait disparu. Quitter Montmartre pour l'Odéon avec le seul appât des omnibus, c'était peu tentant, et je ne m'abouchai pas avec le directeur magnifique.

Quelques jours après, un matin, arrive Léon Moisson de Brécourt, régisseur général de l'Odéon, qui fut le premier beau-père de M. Sardou :

— Eh bien, décidez-vous. Pourquoi n'entrez-vous pas à l'Odéon ?

— Toujours pour les omnibus ? dis-je en souriant.

— Non, je vous apporte un engagement si vous voulez le signer.

Il m'expose les propositions de Bocage : il s'agirait de signer un contrat de trois années, à dater du 1ᵉʳ juin, stipulant que la première année j'aurais quatre-vingts francs par mois, deux cents la seconde année, trois cents la troisième. C'était beau, c'était bien tentant. Je signai pour trois ans. Il y avait bien en queue plusieurs clauses qui m'échappèrent, plus un dédit de douze mille francs en cas de rupture d'engagement. Sur l'heure je n'y pris garde.

A ma sortie du Conservatoire, je débutai à l'Odéon dans le rôle de Dorante du *Menteur;* plus tard j'abordai Mario du *Jeu de l'Amour*, et Horace de *l'École des Femmes*, pendant que se poursuivaient les succès d'*Agnès de Méranie*, d'*Échec et Mat* d'Octave Feuillet et Paul Bocage, et de *Diogène* de Félix Pyat. Parmi mes partenaires d'alors, presque tous ont fait leur chemin : Clément Just qui mena une carrière plus qu'estimable dans le drame, Barré qui devint un des plus honorables artistes de la Comédie, Blaisot, du Gymnase, qui obtint un prix au Conservatoire pendant que j'y gagnais un accessit. Parmi les femmes : madame Moreau-Sainti, qui fut célèbre comme coquette; Araldi, la tragédienne; madame Naptal, mariée depuis à Arnault, qui régna au boulevard du Temple puis au Théâtre-Michel à Saint-Pétersbourg.

Je poursuivais en paix ma carrière classique, lorsqu'au bout d'un an, Bocage me fit appeler pour signer un nouvel engagement avec diminution sur ce qui avait été stipulé entre nous et dûment paraphé.

Le « qui trompe-t-on ici ? » n'était même pas discutable. Je ne me laissai pas duper, et, en protestant hautement, j'obtins gain de cause.

Sur ces entrefaites, le commissaire royal me fait demander chez Provost, qui me propose de me faire entrer au Théâtre-Français aux appointements de deux cent cinquante francs. L'honneur était grand, les avantages à peu près équivalents, mais qui aurait payé mon dédit ? Je ne pouvais songer à quitter encore l'Odéon et je signai un nouvel engagement. Le 3 novembre, je jouais Ludovic dans *l'Univers et la Maison*, de Méry.

D'où ce paragraphe étrange dans la préface de l'auteur : après avoir donné des louanges hyperboliques à Bocage sur la mise en scène, Méry ajoutait : « C'est encore lui qui a préparé par des leçons de maître, le triomphe de ce brillant Delaunay qui s'est révélé avec un éclat inouï dans le rôle de Ludovic... Ce monde d'élite, qui remplissait la salle et qui applaudissait si chaleureusement le jeune artiste, ne savait pas que Bocage était au moins de moitié dans cette longue ovation ». Il y aurait pas mal à discuter dans ces appréciations de Méry dictées par Bocage.

A une des représentations suivantes, Lockroy, qui venait d'être nommé directeur du Vaudeville, entrait dans ma loge et me tenait ce petit discours :

— Si vous le voulez, je vous engage pour cinq ans au Vaudeville aux appointements de six mille francs qui pourront s'élever progressivement jusqu'à dix mille francs.

— Je suis engagé pour deux ans à l'Odéon et... le dédit est de douze mille francs.

— Je paierai le dédit.

— Ensuite je suis engagé au Théâtre-Français et... le dédit est de dix mille francs.

— Diable! dit Lockroy, cela fait vingt-deux... Eh bien, continua-t-il, je paierai les deux dédits.

— Laissez-moi le temps de réfléchir, répondis-je. Je vous écrirai demain.

Dire que j'ai dormi cette nuit-là ne serait pas l'exacte vérité. C'était la fortune qui venait ! Mais avais-je ou non raison de succomber à la tentation ?

Le lendemain, je prenais ma meilleure plume de Tolède, moi qui n'aime guère à écrire, et j'écrivis à peu près ceci :

« Tout en regrettant de ne pas travailler avec vous et quelque flatteuses que soient vos offres, je ne saurais discréditer ma carrière en brisant ainsi deux engagements, signés librement ».

Lockroy ne me tint pas rigueur de ma décision et se montra toujours mon ami. Je me plais à le rappeler en toute reconnaissance. Bocage, lui, aurait été enchanté de « palper » le dédit et il ne sut pas me cacher son regret de ma détermination.

Malgré sa bonne troupe, malgré ses efforts constants, Bocage commençait à perdre du terrain à l'Odéon. De plus, son double métier de directeur et d'acteur l'épuisait. Accablé de fatigue, il passa la main à Augustin Vizentini qui tint haut le drapeau de la seconde scène française. Il adjoignit à la troupe de Bocage, Ballande et Marie Laurent.

Mon temps d'Odéon expiré, j'entrais à la Comédie où m'appelait mon engagement. Ici une parenthèse qui est bien à la louange de l'Administration (Buloz était commissaire royal) : mes appointements, dès l'entrée, avaient été portés à quatre cents francs.

Arriva la révolution de Février. Le théâtre resta fermé quelques semaines, puis le sceptre directorial échut au même Lockroy qui avait témoigné tant d'empressement à me posséder dans sa troupe.

J'avais débuté, le 25 avril, dans *l'École des Maris* : le spectacle se composait, en outre, d'une tragédie avec Rachel et de *la Marseillaise*. Le 26, deuxième début dans *le Menteur* ; troisième début, le 2 mai, dans Horace, de *l'École des Femmes*... Tragédie avec Rachel... et encore *la Marseillaise*. Enfin, pour mon quatrième début, je jouai le chevalier dans *le Distrait*, de Regnard. Il fallait y danser, y chanter... d'aucuns espéraient que je m'y casserais les reins.

Lockroy monte *Il ne faut jurer de rien*, il pense aussitôt à moi pour Valentin et me donne le rôle. Mais Brindeau, chef d'emploi, pousse des cris aigus, l'affaire s'envenime. Desnoyers, le collaborateur de Beauvallet, alors régisseur, me conjure de me montrer conciliant ; je cède.

Il était dit que je retrouverais Bocage. L'ancien Antony-directeur avait fait une rentrée à la Comédie-Française, dans *la Vieillesse de Richelieu*, d'Octave Feuillet et Paul Bocage. La pièce, qui n'eut qu'un demi-succès, me rappelle un souvenir à « panache ». Bocage jouait le maréchal et moi je tenais le rôle d'un fils naturel que Richelieu ne connaissait pas. Au cinquième acte, le fils et le père en venaient aux mains pour les beaux yeux d'une dame. Pendant les répétitions, comme on réglait le duel, Bocage, qui se piquait de bien manier l'épée et qui avait en face de lui un novice de l'escrime, ne se gênait pas pour me taquiner et m'émoustillait par des railleries répétées.

— Vous n'y arriverez pas, jeune homme, on ne me touche pas, moi !... Si vous m'aviez vu dans Buridan... On ne sait plus tirer au théâtre, etc.

Et tout le répertoire romantique tintait à mes oreilles tandis que je lançais des « coupés » plus ou moins heureux. Cela m'agaçait à la fin... Je m'exerçai, je pris des leçons, et,

un beau jour, au moment où il s'y attendait
le moins, je fondis sur Bocage qui n'eut pas le
temps de faire sa parade ordinaire de prime,
et, un peu trop vigoureusement peut-être, je le
piquai à la main. La douleur lui fit s'écrier :
« Maladroit !... » Et depuis, il ne me railla
plus.

Un dernier souvenir sur ce romantique parfois étrange. Son engagement aux Français
expirait le 31 décembre 1848. Ce soir-là même
Bocage avait fait traîner le spectacle plus
encore que d'ordinaire, car personne mieux que
lui ne prenait des « temps » et n'apportait plus
de lenteur dans la diction. On n'y comprenait
rien, ne connaissant pas le but de l'acteur. Le
spectacle dura jusqu'à minuit dix. Bocage alors,
entrant pompeusement dans le cabinet du
directeur, s'écriait :

— Eh bien ! nous y voilà encore pour un
an !

La plaisanterie ne fut point goûtée du secrétaire général qui ne renouvela pas l'engagement de Bocage.

Il eut la chance, sous la Présidence, de
rentrer à l'Odéon, comme directeur nommé
pour trois ans, gratifié cette fois d'une subven-

tion de cent mille francs, mais à la condition qu'il ne paraîtrait plus sur les planches. Il remporta un succès avec *François le Champi* et semblait en voie de retrouver une série heureuse. Son républicanisme farouche, qui lui faisait préparer des manifestations dans la salle, grâce à des billets dits de faveur distribués gratuitement, lui valut des remontrances du Ministère. M. Baroche le révoqua en juillet 1850, et il s'en alla, l'orgueil un peu abaissé, diriger le théâtre Saint-Marcel. Sans Larochelle, qui le sauva, il eût été déclaré en faillite.

Encore une fois il redevint acteur et connut de nouveaux succès au Vaudeville, à Beaumarchais et à la Porte-Saint-Martin. Après avoir créé en 1862 *les Beaux Messieurs de Bois Doré*, à l'Ambigu, il mourait, à soixante et un ans, laissant la réputation d'un artiste supérieur, quoique mal équilibré et qui a caractérisé une époque. Son jeu sobre, sa mimique expressive, son verbe moins déclamatoire que celui de ses confrères à panache ont fait école, et cela, justement ; il obtenait des effets de voix sourde étonnants... Ce qu'on doit moins admirer, c'est sa malheureuse habitude de tourner le dos au public pour lancer des tirades. Là aussi, il a fait école, et je le déplore. Il est bon de se rapprocher du naturel — autant que faire se peut dans un art plus conventionnel que les autres ; — encore faut-il que ce ne soit pas au détriment de la raison et du bon sens : le public n'entend rien quand un acteur lui tourne le dos... Mais à quoi bon prêcher dans le désert ?

Pendant ce temps, à la Comédie, les choses allaient fort mal.

Ni Lockroy, ni Séveste, directeur provisoire, nommé par les Comédiens, n'avaient pu remonter le courant : les événements politiques étaient plus forts que les bonnes volontés. En dehors des habitués fidèles, qui continuaient à se pâmer devant les pièces de Viennet, de Collin d'Harleville, de Mazères, de Wailly, d'Empis et autres pâles imitateurs des auteurs classiques, le public avait déserté le théâtre. Sauf deux fois par semaine, où Rachel jouait la tragédie, loges et galeries étaient vides. Il n'y a pas là d'exagération : les recettes en font foi. Tel soir où jouaient les sociétaires d'alors, Samson, Régnier, Augustine Brohan et madame Allan, on encaissait trois cents francs ; un tantinet plus pour entendre Rachel dans *Hermione* ou *Phèdre*, encore à la condition que ces représentations ne fussent pas trop fréquentes — et presque rien les lendemains. On a souvent plaisanté d'une soirée qui avait rapporté au théâtre *cinquante-trois francs*. Je ne puis désigner le jour de cette faillite mémorable ; ce que j'ai vu de mes yeux, c'est le chiffre de cent et quelques francs, un soir où se jouaient *Charles VII chez ses grands vassaux* et *le Bonhomme Jadis*.

Ces lugubres résultats allongeaient les mines des sociétaires et du directeur intérimaire, désaffectaient complètement le public de la Comédie.

Pour comble, la zizanie régnait à l'intérieur. Comme on était en République, l'élément républicain prenait le dessus.

C'est alors que le gouvernement de la Présidence intervint. Il s'agissait de restaurer le pouvoir monarchique tout en rentrant dans les termes du décret de Moscou. L'administrateur élu par le Comité n'ayant aucune autorité, il fut résolu, en principe, qu'un directeur serait nommé par le Ministère.

Qui choisirait-on ? Un académicien ? Empis qui plus tard devait tâter du pouvoir ? Mazères, auteur médiocre mais remuant, qui se crut un instant nommé et le chanta trop haut ? Arsène Houssaye enfin, qui avait carrément posé sa candidature ?

Ce dernier était connu de tous. Écrivain agréable, directeur de *l'Artiste*, fort répandu dans le monde des lettres, des arts et des affaires, très lié avec Dumas et Théophile Gautier, le futur Mécène magnifique de l'avenue Friedland comptait des amis dans tous les clans, romantiques, classiques, ou simplement éclectiques comme il l'était lui-même. Il était, de plus, *persona grata* à l'Élysée ; enfin il était hautement patronné par Rachel, Rachel qui avait empêché le théâtre de sombrer tout à fait et qui, à juste titre, gardait une grande influence.

La grande tragédienne plaida bien la cause de son candidat qui, de son côté, travaillait ouvertement, et, grâce à l'entourage immédiat du Prince-Président[1], elle put emporter d'assaut la signature du ministre Ferdinand Barrot encore hésitant. Quant aux détails de sa candidature, Houssaye nous les a donnés, plus ou moins élégamment brodés, dans ses *Confessions*, et il n'est pas nécessaire de les rappeler.

---

1. Voir les *Souvenirs du général comte Fleury*, t. I, Plon, 1897.

Nommé, c'était bien. *L'Officiel* avait parlé, les félicitations étaient arrivées, les dames de la Halle avaient apporté leur traditionnel bouquet, enfin Charles Blanc, directeur des Beaux-Arts, et très hostile, avait dû se résigner à prévenir messieurs les comédiens qu'un directeur leur était imposé... Les difficultés ne faisaient que commencer ; tout prouvait que les sociétaires n'accepteraient pas sans résistance ce passage de l'anarchie au gouvernement autoritaire.

Il y eut réunion de nuit, discours très violents de Samson, de Beauvallet, de Régnier, appel, en sens contraire, d'Augustine Brohan ; la majorité résolut d'envoyer une assignation par huissier à l'intrus pour lui enjoindre de quitter la place et de restaurer Seveste dans le poste qu'on lui avait confié. Résistance héroïque de parlementaires vaincus d'avance. Houssaye tint bon, montra les dents... et, le soir même, il prenait possession du fauteuil directorial et faisait le répertoire.

Le répertoire ! Grave question dont pouvait dépendre, en ses mains, le salut de la Comédie, vouée à certains auteurs médiocres.

Romantique convaincu, mais en même temps d'esprit ouvert à toutes les novations comme aux résurrections utiles, Houssaye ne tarda pas à montrer que, s'il savait tailler, il savait aussi recoudre.

Les exécutions ne devaient pas aller sans force cris de rage. Ceux qu'on appelait les « pleurards » de la Comédie voyaient avec désespoir leur dernière heure arrivée. En dehors des auteurs attitrés, les Mazères et les Empis surtout, le directeur n'aurait-il pas à lutter contre Samson et Beauvallet, défenseurs du vieux système, auteurs eux-mêmes à leur heure? Il faut rendre à Houssaye ce qui lui est dû : il fut tantôt diplomate et tantôt autocrate, tint bon contre les orages, l'orage de certain public et celui d'une partie de la *Maison*, renouvela radicalement le répertoire, et, tout en laissant une place importante aux purs classiques très négligés depuis quelques années (en dehors des tragédies de Rachel), il introduisit en peu de temps nombre de pièces nouvelles. Il décida Rachel à jouer Hugo et Dumas, il garda Scribe et Legouvé qui avaient la faveur du public, il fit des offres à Ponsard, à Augier, à Sandeau (il savait aider les auteurs par des primes avant la représentation de leurs pièces), il mit Musset en honneur et, en dehors d'*Il ne faut jurer de rien* qui était au répertoire, il osa jouer *le Chandelier*.

Les débuts de la direction Houssaye furent marqués par des difficultés avec les auteurs. Sur la liste des pièces reçues, le directeur trouvait deux tragédies de Viennet, plus une comédie, *la Migraine*, deux pièces d'Empis, un drame de Samson et un autre de Beauvallet, sans compter des demandes de lectures pour *Bataille de Dames*, de Scribe et Legouvé, *la Niaise*, de Mazères (qui fut un four complet).

En attendant *Bataille de Dames*, on reprit *Adrienne Lecouvreur*, de Scribe et Legouvé, qui devait fournir à Rachel une occasion de jouer le drame moderne. Elle réussit pleinement dans Adrienne. Il n'y eut pas que la fameuse tirade de *Phèdre*, jetée violemment à la face de la duchesse de Bouillon, qui fit valoir son génie dramatique. Rachel avait composé son rôle jusque dans les moindres détails, comme si c'eût été un de ses chefs-d'œuvre habituels. Certaines scènes, jouées par d'autres, peuvent passer inaperçues ou paraître des hors-d'œuvre.

Celle par exemple, où, au foyer des artistes, elle répète son rôle en ânonnant, faisait un effet électrisant. Je n'étais pas de la pièce, donc je l'écoutais mieux, et j'ai encore dans les oreilles ces vers :

> ... Que le sérail soit à jamais fermé
> Et que tout rentre ici dans l'ordre accoutumé

dits avec une majesté imposante.

Et... les *Deux Pigeons !*...

> Bon souper, bon gîte... et le reste.

« Et le reste »... adressé à Maurice de Saxe donnait un doux frémissement.

Et puis l'acte chez la duchesse de Bouillon (madame Allan se tirait parfaitement de ce rôle délicat et scabreux...) Et enfin la mort si empoignante à une époque où l'on n'était pas encore blasé sur les dénouements tragiques.

Le rôle d'Adrienne, sympathique par lui-même et humainement dramatique, a été souvent bien joué, notamment par mesdames Plessy, Favart et Bartet (je n'y ai pas vu Sarah qui ne l'a pas joué aux Français). Si j'insiste sur la manière dont Rachel l'a sincèrement vécu, c'est que l'immortelle artiste, si parfaite dans les évocations classiques, ne réussissait qu'à moitié dans les drames modernes. Dans *Mademoiselle de Belle-Isle*, par exemple, représentée l'année suivante, son amour pour Richelieu, beaucoup trop tragiquement exprimé, sonnait faux. Quand, au contraire, comme dans *le Moineau de Lesbie*, elle avait pu se refaire antique, elle s'était montrée admirable.

Parmi les reprises, *la Coupe enchantée*, de La Fontaine, fut fort goûtée et eut un vrai succès (on ne l'avait pas jouée depuis le règne de Louis XVI); j'y jouais Lélie, rôle qui fut toujours tenu par une femme, la dernière fois par Valérie.

On devait ainsi attendre la première représentation de *Gabrielle*, d'Émile Augier, qui allait prendre tout le monde par le sentiment. Augier était connu alors par *la Ciguë* et par *l'Aventurière*; l'une d'allure classique, l'autre romantique. Avant d'attaquer les comédies de morale parfois acerbe, *Gabrielle* était un air nouveau que l'auteur chanta au gré du public. L'Académie lui décerna son prix de dix mille francs et il reçut la croix de chevalier. La pièce n'était pas beaucoup meilleure que d'autres

similaires : vers médiocres, sentimentalité qui
paraîtrait précieuse surtout maintenant où l'on
bannit volontiers le sentiment, mais il y avait
des scènes charmantes sur les enfants, et l'emploi de cette corde sensible eut plein succès.
Régnier jouait le rôle de Julien Chabrière qui,
plusieurs fois dans la pièce, s'attendrit en parlant des infiniment petits. Pendant plusieurs
mois il était resté absent du théâtre, écrasé par
la mort d'une fille unique de quinze ans qu'il
adorait (ce n'est qu'après qu'il en eut d'autres, dont madame Alexandre Dumas). Un
moment, dans *Gabrielle*, il prenait sa petite
fille (Céline Montaland) dans ses bras et ne
résistait pas à l'émotion ; le public l'acclamait.
A un autre moment, au cinquième acte,
Chabrière-Régnier faisait de la morale à celui
qui allait devenir l'amant de sa femme et, parlant des enfants, disait avec des larmes dans
la voix :

Nous n'existons vraiment que par ces petits êtres
Qui dans tout notre cœur s'établissent en maîtres,
Qui prennent notre vie et ne s'en doutent pas
Et n'ont qu'à vivre heureux pour n'être pas ingrats.

Tout le monde pleura à chaudes larmes, la

salle croula sous les applaudissements. La bonne inspiration de l'auteur, la profonde émotion de l'acteur sauvèrent la pièce qui triompha longtemps et est depuis restée au répertoire.

V

Classiques et romantiques en 1851. — Le sociétariat. — *Le Chandelier.* — *Les vraies larmes.* — *Bataille de Dames* et *Diane.* — Représentation du 22 octobre 1852.

L'année 1850 peut compter dans les fastes du théâtre de nouveau baptisé officiellement : « Comédie-Française ». Nous n'avons à y toucher que légèrement. Ce sont *les Contes de la Reine de Navarre, Charlotte Corday* dont j'ai déjà parlé ; puis des reprises classiques : *le Menteur, les Fourberies, les Surprises de l'Amour, le Légataire universel; Angelo* et *Mademoiselle de Belle-Isle* par Rachel.

En pièces de fin d'année : la fameuse *Migraine*, de Viennet, qui attendait son tour et subit un bel enterrement. Puis *Mariage sous la Régence,* de Léon Guillard : c'était l'histoire des amours de Riom et de la duchesse de Berry, avec fêtes mythologiques, où Judith et Brindeau apparaissaient en Vénus et en Mars : la critique jugea la pièce un peu décolletée.

Pour finir, *la Queue du Chien d'Alcibiade*, où Gozlan avait mis plus d'esprit que de pièce. J'y jouais un petit rôle, d'ailleurs assez mauvais, à côté de Provost, Brindeau, Leroux, mesdames Moreau-Sainti et Judith.

En cette fin de juin, entre *Alcibiade* et *la Migraine*, j'étais nommé sociétaire en même temps que Got et Rebecca Félix, sœur de Rachel. On me pardonnera de ne pas me rappeler sans émotion cette date, si importante dans la vie des artistes ! Je n'avais rien postulé... Voici comment vint cette nomination...

Fatigué de jouer des bouts de rôle dans *Marion Delorme* et *Hernani*, de ne jamais créer rien d'important, je ne voyais que du noir dans l'avenir et me laissais aller au découragement.

Un jour, je reçus une lettre de M. Theward, agent théâtral pour l'étranger, qui m'engage à aller le trouver.

— Vous plaisez-vous au Théâtre-Français ? me dit-il le lendemain.

Réponse évasive.

— Voudriez-vous jouer à Saint-Pétersbourg?

J'ouvre les oreilles et j'entends alors un chapelet de propositions qui, ma foi, s'offraient fort alléchantes : douze mille francs de traitement, soixante-quinze francs de feux et le droit à un demi-bénéfice, soit en tout : vingt mille francs environ. Il fallait, par contre, résilier mon engagement au Théâtre-Français. Ceci me fit d'abord hésiter, finalement je me déclarai prêt à me rendre en Russie.

La question fut portée au Comité par Provost; on discuta; Samson prit la parole, plaida chaleureusement ma cause en déclarant qu'on aurait tort de me laisser partir, et qu'il fallait me nommer sociétaire... Et, en effet, je restais : j'étais sociétaire à vingt-quatre ans. Mon avenir tout entier devait découler de cette nomination, et je n'oublie pas que je la dois à Samson.

Ce titre de sociétaire, dont le public connaît mal l'importance, c'est la moitié du talent d'un comédien, c'est la confiance en soi-même qui naît, c'est le droit de se dire : « J'y suis pour toujours... ou au moins tant que je voudrai »; c'est... la retraite, les vieux jours assurés... Si je n'avais pas été sociétaire, lors de la reprise du *Chandelier*, sans doute, je n'aurais pas eu la même confiance en jouant Fortunio.

Fortunio, cinquante ans de cela ! et chose curieuse, après quelques représentations en 1850, je restai vingt-deux ans sans rejouer ce rôle que j'aimais tant.

Même en 1850, la pièce jugée immorale avait bien failli ne pas être donnée. Les rôles principaux avaient été ainsi distribués : Samson, parfait dans maître André, Brindeau dans Clavaroche, une de ses meilleures créations ; Got, premier maître clerc ; madame Allan, que Musset déclarait d'abord trop mûre pour Jacqueline, trouva dans ce rôle, dont sa finesse fit passer les côtés scabreux, un éclatant succès. Madame Allan, à force de talent, savait inspirer au public... et à ceux qui jouaient avec elle une émotion qu'elle ne ressentait pas elle-même. Je ne saurais dire assez combien je dois de reconnaissance à madame Allan qui, de son côté, ne manquait pas de répéter qu'elle était ravie de jouer avec moi.

Ah ! c'est que j'y mettais tout mon cœur et toute mon âme dans ce rôle de Fortunio ! Je m'y complaisais tant et je voulais si bien communiquer au public l'émotion que je ressentais, que j'en étais arrivé à pleurer de vraies larmes sur la scène... Et qu'on ne m'accuse pas d'avoir employé la ruse pour produire facticement le résultat, toujours impressionnant : quand j'entrais jusqu'à la moelle dans la peau d'un personnage — et c'était bien le cas pour Fortunio — je pleurais quand je voulais. Ficelle si l'on veut ! mais il me semble que ces soirs-là le public me comprenait mieux...

Un détail musical : Offenbach était alors chef d'orchestre du Théâtre-Français ; de ces représentations du *Chandelier*, devait naître plus tard *la Chanson de Fortunio*.

Je n'eus guère le temps, en 1850, de montrer les larmes que je devais, avec tant de joie, retrouver en 1872, car les premières représentations firent du tapage. Si Théophile Gautier exultait, Jules Janin se réservait ; Roll, le critique alors fameux du *Constitutionnel*, « oublia » de parler de Fortunio. Dans le public on cria à l'immoralité et le ministère s'en émut.

Tout en y mettant des formes, M. Baroche enjoignit à Houssaye d'ajourner les représentations. Le directeur tenait pour Musset et tenait pour la pièce. Il demanda un sursis et supplia le ministre de venir au théâtre une seconde fois, « non pas en ministre qui se croit responsable des atteintes portées au sentiment public, mais en galant homme qui vient au théâtre sans autre parti pris que celui de voir une jolie comédie et qui ne veut pas frapper un grand poète ».

M. Baroche vint, reçut au troisième acte Alfred de Musset et Houssaye; le poète gagna tout à fait une cause déjà en bonne voie.

Ce ne fut qu'une embellie de quelques jours, car les récriminations de la presse et du public continuant, on agita de nouveau la question de la suppression. Musset vint un soir au foyer et me dit : « Pour arranger les choses, je vais faire un dénouement moral... Au lieu de rester auprès de Jacqueline, vous partirez pour l'Amérique. » Le dénouement moral ne fléchit pas le ministère, et la pièce dut disparaître de l'affiche. Elle ne devait être rejouée que deux ans après la chute de l'Empire. J'aurai l'occasion d'en reparler.

Le *Chandelier* tombé en disgrâce, Houssaye se

rabattit sur *Il ne faut jurer de rien*, sur *les Caprices de Marianne*, dont j'ai déjà dit deux mots à propos de Madeleine Brohan et où je jouais Cœlio.

La Comédie-Française, en 1851, connut un triomphe : *Mademoiselle de la Seiglière*, dont j'ai déjà parlé, et quelques succès, grands et petits, à côté de chutes plus ou moins honorables.

Les chutes d'abord : une pièce de Beauvallet appelée *le Dernier des Abencérages*, trois actes en vers; *les Bâtons flottants*, de M. Charles Liadière. Un demi-succès de Léon Gozlan avec *la Fin du roman*; reprise du *Baron Lafleur*, de Camille Doucet, représentation de *la Faute du Mari*, de madame de Girardin; succès avec la reprise des *Caprices de Marianne*, avec *les Demoiselles de Saint-Cyr*, retouchées par Alexandre Dumas, avec *Valérie*, de Jules Lacroix, où Rachel jouait le double rôle de l'impératrice et de la courtisane, enfin avec une nouvelle comédie de Scribe et de Legouvé.

Bataille de Dames ou *un Duel en Amour*, une des meilleures pièces de ces deux infatigables collaborateurs, fut un succès durable. Depuis près de cinquante ans, elle est restée au répertoire, et cela, justement.

Il est entendu, aujourd'hui, que Scribe n'existe

plus, que ce n'est qu'un plat vaudevilliste — avec ou sans couplets — que sa langue n'est pas châtiée. Veut-on me dire, entre les auteurs d'aujourd'hui, dont d'aucuns sont célébrés avec un inusité fracas, quels sont ceux dont l'œuvre demeurera entière, combien peu échapperont à l'épithète de « démodé »?

Vieilli certainement, le répertoire de Scribe. On veut aujourd'hui du capiteux ou du raide, et les pièces sentimentales ou demi-historiques n'ont plus le même public. Mais, à l'époque! Sans compter les pièces de Scribe seul : *la Camaraderie, Bertrand et Raton, le Verre d'eau*, comment oublier *Adrienne, les Doigts de Fée* et *Bataille de Dames*? Quoi qu'on en dise, c'étaient là de jolies comédies où Legouvé avait mis beaucoup d'idées et Scribe son habileté théâtrale ; elles furent d'excellents tremplins pour les spectateurs. « Dans tout genre de littérature, — dira Villemain, non sans épigramme, dans sa réponse à Scribe le jour de sa réception à l'Académie, — toute célébrité durable est un grand titre académique, et il n'est donné à personne d'amuser impunément le public pendant vingt ans de suite. » Scribe a beaucoup amusé ses contemporains, on ne doit pas l'oublier.

Je ne sais si M. Legouvé lira ces lignes ; à coup sûr je ne me montrerai pas ingrat pour un auteur affable et bienveillant à qui je dus de bons rôles et qui, pendant toute ma carrière, ne m'a donné que de bons avis et des marques d'une réelle amitié.

Bataille de Dames était fort bien jouée : madame Allan s'y montrait tout à fait charmante avec son fin marivaudage, ses réticences, sa manière bien à elle de laisser deviner la fin des phrases sans les énoncer complètement. Sa rivale, de tant d'années plus jeune dans le rôle même et qui opposait le charme de son adolescence à la maturité épanouie, c'était mademoiselle Fix. Henri de Flavigneul, c'était Maillart, le jeune premier à la « fatale beauté » qui faisait sourire Madeleine... trente-cinq ans après ; le baron de Montrichard, le préfet idéal, c'était Provost, qui avait composé son rôle avec amour et y remporta un de ses bons succès... Et Montrichard me rappelle une anecdote bien postérieure. Dans une des représentations données au palais de Compiègne, — c'était en 1862 — l'Empereur fit appeler dans le salon de sa loge quelques-uns des artistes. Provost l'avait visiblement amusé dans le rôle de Montrichard, et le souverain, qui, d'ordinaire, riait peu au théâtre, avait très ostensiblement montré sa joie :

— Monsieur Provost, lui dit-il, vous êtes tout à fait remarquable dans le rôle du préfet. On n'est pas plus frappant de ressemblance.

Ému et plus que satisfait, Provost répondit sans aucune gêne, après avoir exprimé sa reconnaissance :

— Je suis tout au service de l'Empereur s'il avait besoin d'un préfet.

Napoléon III termina ainsi l'entretien :

— Je vous remercie, monsieur Provost. Je trouverai des préfets assez facilement, mais je pourrais ne pas rencontrer des artistes de votre valeur.

Malgré les événements politiques de la fin de l'année, les recettes du théâtre étaient encore fort bonnes en 1851. En deux ans, la direction Houssaye les avait portées de trois cent et quelques mille francs au chiffre respectable de cinq cent quatre-vingt-un mille. En comparaison des quinze cent mille francs que connut la Comédie en ses plus belles années, ces chiffres paraissent minimes : au sortir des difficultés de 1848, ils avaient leur éloquence. En 1852, ils devaient atteindre presque sept cent mille francs.

De toutes les pièces représentées en 1852, toutes ne sont pas à retenir. *Diane*, d'Émile Augier, fut un événement, car Rachel tenait le rôle principal dans ce drame Louis XIII ressemblant, par plus d'un point, à *Marion Delorme*. Mais décidément le public ne l'aimait pas dans le répertoire moderne; et, au bout de vingt-cinq représentations, la pièce qu'elle n'avait pas sauvée disparaissait de l'affiche. A *Diane* se rapporte pour moi un petit souvenir personnel dont je me souviens non sans émotion. J'y jouais Paul de Mirmande et j'étais le frère de l'héroïne. A une répétition, Rachel, cédant à un charmant mouvement d'amitié, détacha une des nombreuses breloques qui pendaient à sa chaîne de montre et me la donna. Cette breloque — deux mignons pistolets en ivoire et argent — je la garde précieusement dans ma vitrine aux reliques.

Après l'*Ulysse* de Ponsard, comme contraste, reprise du *Voyage à Pontoise*, d'Alphonse Royer et Gustave Vaëz. Dans la note romanesque : *Sullivan*, de Melesville ; *le Cœur et la Dot*, de Malefille. Là, Augustine Brohan jouait Manon la Chercheuse; grand succès surtout pour Got et Régnier. J'y jouais naturellement le rôle de l'amoureux qui, comme presque toujours, s'appelait Henri ; c'était un peu le même sujet que *l'Honneur et l'Argent*, c'est pourquoi la représentation en fut assez longtemps retardée. La nouvelle pièce de l'auteur des *Deux Veuves* fut fort appréciée, avec *le Bonhomme Jadis*, de Mürger, qui resta au répertoire ; elle éclairait bien une année assez obscure, théâtralement parlant.

Ce qui fit du bruit, ce fut la représentation solennelle du 22 octobre 1852, donnée en l'honneur du Prince-Président après son voyage à Bordeaux. Tous les théâtres s'étaient mis en frais pour célébrer avant la lettre l'avènement du second Empire. Arsène Houssaye ne se déroba pas à ce concert de flatteries et organisa une soirée où après *Cinna*, Rachel costumée en muse de l'Histoire venait réciter des strophes enthousiastes du directeur lui-même.

Portée par l'opinion publique tout entière, la grande tragédienne vibra magnifiquement, et remporta un des plus grands triomphes de sa carrière artistique. La représentation fut si éclatante qu'on publia, pour la consacrer, un volume aujourd'hui introuvable.

VI

Lady Tartufe. — Les reprises. — Bénéfice de Samson. — *Andromaque* et *les Fausses Confidences.* — Rentrée de Plessy. — Mademoiselle Georges. — Rachel à la Renaissance. — *La Joie fait peur.* — Débuts de Bressant. — Rentrée de Rachel dans *Rosemonde*. — Madame Ristori. — *Le Moineau de Lesbie.*

Voici, au début de 1853, *Lady Tartufe*, cinq actes en prose de madame de Girardin. Le rôle très compliqué et antipathique de Virginie de Blossac fut un succès pour Rachel, mais le personnage parut outré. (Madame de Girardin disait méchamment : « C'est un bouquet que j'ai fait des noirceurs de cinq à six femmes de ma connaissance »). Régnier y jouait avec verve le rôle du baron des Tourbières, un cousin peu éloigné du Destournelles, de *Mademoiselle de la Seiglière*. Émilie Dubois, qui venait de sortir du Conservatoire avec le deuxième prix de comédie, joua délicieusement Jeanne de Clairmont : la scène du quatrième acte, où elle raconte à sa mère (madame Allan) et à son futur, sa rencontre nocturne avec l'homme dont la calomnie a fait son amant, lui valut une véritable ovation : impossible d'être plus sincèrement ingénue. Ce morceau, du reste, est resté classique et sert tous les ans aux concours du Conservatoire.

En fait de reprises : *Il ne faut jurer de rien. Bertrand et Raton*, de Scribe, avec Samson en Rantzau comme à la création ; *le Mari de la Veuve*, de Dumas, Anicet Bourgeois et Durieu ; *Charles VII chez ses grands vassaux ; Louise de Lignerolles*, de Dinaux et Legouvé, avec Rachel ; trois reprises de Casimir Delavigne : *Don Juan d'Autriche, les Enfants d'Édouard, Louis XI*, donnèrent de bonnes soirées.

Dans cette année, deux bénéfices importants. Le 27 avril, représentation de retraite de Samson après vingt-sept ans de service (en réalité Samson jouit de son bénéfice, mais ne se retira pas du théâtre). La soirée se composait d'*Andromaque*, avec Rachel en Hermione, Geffroy en Pyrrhus, Beauvallet en Oreste, mademoiselle

Rimblot en Andromaque; puis des intermèdes de musique avec Roger, madame Laborde, de l'Opéra, le célèbre harpiste Godefroy; enfin une rentrée sensationnelle, celle d'Arnould-Plessy qui, après dix ans d'absence, trouvait un accueil chaleureux dans le personnage d'Araminte des *Fausses Confidences*. On trouva la femme belle et séduisante, l'artiste bien au-dessus de ce qu'on croyait.

En décembre, représentation extraordinaire au bénéfice de mademoiselle Georges. La grande tragédienne acclamée par deux générations avait alors soixante-huit ans.

Je dois avouer que cette femme de Titan, que Gautier appelait une « Cybèle, mère des dieux et des hommes », m'a laissé physiquement l'impression d'une grosse mère, exagérément massive, bien vulgaire — elle avait toujours à côté d'elle une soucoupe remplie de tabac à priser dans laquelle elle puisait sans discontinuer. — Elle était loin, la déesse du Consulat et de l'Empire, un instant distinguée par Napoléon ! Georges Weymer avait quitté le théâtre, dès 1840, après un glorieux séjour à l'Odéon et à la Porte-Saint-Martin.

Rachel avait aimablement offert son concours

et, en outre d'Eriphyle, elle devait jouer *le Moineau de Lesbie* avec moi comme partenaire. Ce ne fut donc pas sans étonnement, qu'après son entrée qui avait été bruyamment saluée, elle se vit tout à coup sifflée avec inststance, par un coin de la salle.

Furieuse, Rachel ne dit rien et continua de jouer ; mais, après *Iphigénie*, l'organisateur qui partageait sa colère, lui dit : « Vous ne jouerez pas *le Moineau de Lesbie* ». Et, en effet, la pièce de Barthet ne fut pas jouée, et le public capricieux en fut ainsi puni.

Un bénéfice au Théâtre-Français, où malgré de nombreuses fugues (notamment en 1808 et 1816) elle avait connu d'éclatantes soirées dans Clytemnestre d'*Iphigénie en Aulide*, et dans Cléopâtre de *Rodogune*, un bénéfice au profit d'une très grande artiste âgée et pauvre ne se pouvait refuser. Bien qu'elle ne fût plus que l'ombre d'elle-même, mademoiselle Georges produisit un grand effet sur un public qui ne pouvait la connaître, mais saluait en elle une vraie gloire du passé. Elle avait choisi le rôle de Cléopâtre (mademoiselle Rimblot fut fort applaudie en Rodogune, Beauvallet jouait Antiochus) et y remporta un grand triomphe : dépouillant la femme vulgaire, elle était redevenue la reine d'autrefois avec son masque tragique et sa coupe de cariatide... La tragédie se termina au milieu des bouquets, des couronnes et des acclamations, mais la soirée ne s'arrêta pas là. Il y eut les habituels intermèdes, Roger et madame Bosio pour le chant, Petipa et madame Guy-Stephan pour la danse et, enfin, le *Malade Imaginaire* avec Provost en Argan, Samson en Purgon, Régnier, Judith, Bonval, moi en Cléante. A la cérémonie, en outre des artistes de la Comédie, parurent quarante artistes des différents théâtres de Paris qui avaient tenu à rendre un dernier hommage à « Cléopâtre expirante. »

La *Joie fait peur* inaugura brillamment l'année 1854. Régnier tint le rôle de Noël, qu'il affectionnait, jusqu'en 1872, date de sa retraite. Madame Allan, puis mesdames Guyon et Nathalie, jouèrent madame Desaubiers. Madame Guyon impressionnait, mais elle était trop mélodramatique. Nathalie y fut bonne sans contredit, mais c'est encore la créatrice que je préfère. On sait combien j'aimais le talent calme, distingué, de madame Allan; là, elle était émouvante au possible... Après la résignation, les reprises d'espoir, puis le découragement... enfin la scène vraiment belle où elle retrouve ce fils qu'elle a cru perdu et dont on doit lui cacher le retour pour ne pas la tuer. Ce n'était dans l'auditoire qu'un long sanglot. Comme je la pressais sur mon cœur, moi, Adrien Desaubiers, l'officier de marine qu'on croit mangé par les sauvages!... et comme je la sentais aussi cette scène d'émotion poignante! Ce livre de messe que je baisais avant de le passer à ma mère par la porte entre-bâillée — contre laquelle Noël tenait obstinément un canapé « pour empêcher la poussière de sortir »; — cette scène de mimique angoissante, où madame Desaubiers me sentait là, puis me voyait et se jetait dans mes bras, haletante d'abord, éperdue, transfigurée enfin, avant d'avoir prononcé un seul mot, — je n'y puis penser sans être secoué violemment. Madame Allan était une grande, grande artiste, je ne le répéterai jamais assez. *La Joie fait peur* est un petit chef-d'œuvre, et je pense bien n'être pas seul à en convenir. L'école ironiste aura beau faire, on ne tuera pas les sentiments vrais, les émotions sincères.

Heureusement, du reste, il n'y a pas que des sanglots dans la pièce, et la scène entre Noël et moi pouvait dérider un instant. Au moment où le vieux serviteur songe à moi, j'arrive à l'improviste : « Me voilà, me voilà, mon vieux Noël. Je n'ai rien mangé depuis vingt-quatre heures... Vite une omelette », et Noël de tomber dans mes bras, à moitié évanoui, tandis que la salle croulait sous les bravos.

A la création, Guichard jouait Octave, le soupirant de Mathilde (Fix). Émilie Dubois était le sourire de la pièce dans le personnage de Blanche, qu'ont si joliment rempli depuis Suzanne Reichenberg et ma gentille élève Marie Müller.

Comme reprises, en 1854, on notera *Ulysse*, avec les mêmes artistes que deux ans auparavant, Geffroy, Maubant, Judith et moi; Favart, qui remplaçait Nathalie, était fort belle en Minerve. Puis *la Belle-Mère et le Gendre*, trois actes en vers de Samson, qui dataient de 1826. La pièce n'avait pas trop vieilli; le rôle de la belle-mère, très poussé à la charge, mais amusant et bien joué par madame Lambquin, est l'ancêtre de tous les rôles de ce genre que nous avons vu éclore sur la scène. Samson et Maillart lui donnaient la réplique. Enfin *la Jeune Femme colère*, d'Étienne (1804), où mademoiselle Denain tenait le rôle créé par mademoiselle Mars.

La rentrée en mai de Rachel, qui venait de passer quelques mois en Russie, et les débuts en février de Bressant, furent l'occasion de reprises plus ou moins intéressantes. Pour Rachel, on redonna *Marie Stuart*, de Lebrun ; *Polyeucte, Andromaque, les Horaces, Mithridate* et dix représentations consécutives d'*Adrienne Lecouvreur*.

A peine arrivée, Rachel avait la douleur de perdre sa sœur Rebecca, morte toute jeune et en plein succès. Cette mort l'impressionna vivement et eut une influence réflexe sur les représentations de *Rosemonde*, jouée à la fin de l'année et dont je dirai deux mots.

Bressant arrivait du Gymnase précédé d'une grande réputation. Un peu dépaysé d'abord dans le répertoire classique, il prit rapidement sa revanche. Dans Bolingbroke du *Verre d'Eau* (avec Madeleine et madame Allan, Fix en Abigaïl et moi en Masham), il prenait possession définitive de la situation qu'il devait occuper. Au grand désespoir de Brindeau, le public l'adopta aussitôt dans les rôles d'homme élégant et à bonnes fortunes, et Brindeau ne tarda pas à partir définitivement. Bressant s'affirmait peu après dans *le Caprice*, où madame Allan avait créé madame de Léry.

Mademoiselle Aïssé, cinq actes en prose d'Alexandre de Lavergne et Paul Foucher, n'eut qu'un succès d'estime. L'intéressante Circassienne, pupille du marquis de Ferriol, était représentée par Judith, qui se montra belle et touchante; Samson avait bien composé le rôle délicat du tuteur devenu amoureux ; à Maillart était dévolu le rôle sympathique du chevalier d'Aydie ; madame Jouassain était marquise de Ferriol, madame Allan, la célèbre madame de Parabère.

Quelques jours après *Mademoiselle Aïssé* (le 17 mai), Léon Guilhard faisait représenter, réduite en un acte, une comédie de Dufrény, appelée *le Double Veuvage*, qui, à l'origine, en 1702, comportait prologue et divertissement, critique de l'opéra avec chants, prose et vers mélangés, et tournait à la farce. Guilhard supprima la grosse gaieté et les illusions surannées et en fit une comédie fine, d'allure ancienne, qui eut son heure de vogue. J'y jouais le rôle d'Armand, aux côtés de madame Thénard, — très applaudie en madame Michelin, — de Fix, Bonval et Anselme.

L'été vit plusieurs pièces nouvelles qui n'ont pas laissé de traces : *la Reine de Lesbos*, drame en vers de Paul Juillerat, avec Judith en Sapho et Favart en Climène ; *le Songe d'une nuit d'hiver*, deux actes en prose d'Édouard Plouvier, parut plus recherché que spirituel ; en revanche, Augustine Brohan, qui en Rosalinde portait tout le poids de la pièce, s'y fit fort remarquer.

Je glisse rapidement sur *les Ennemis de la maison*, de Camille Doucet, venus de l'Odéon, et qui, très bien joués par Régnier, mesdames Allan, Favart, nouvellement sociétaire, Valérie, Émilie Dubois et les deux nouveaux venus, Bressant et Saint-Germain, fournirent une honorable carrière (la pièce est restée longtemps au répertoire) ; sur la rentrée de Delphine Marquet dans Hélène de la Seiglière succédant à Madeleine ; sur *une Tempête dans un verre d'eau* de Gozlan, qui arrivait du Théâtre Historique. J'ai hâte de dire deux mots de *Rosemonde*, la tragédie en un acte de Latour Saint-Ybars qui fit, en son temps, beaucoup parler d'elle.

Le sujet de *Rosemonde* est sanglant et lugubre. L'héroïne refuse de boire dans le crâne de Cunimond, son père, et fait assassiner, par son amant, le roi des Lombards Alboin, puis meurt

par le poison qu'elle prend volontairement.
Dans l'histoire, ce n'est pas d'elle-même qu'elle
meurt empoisonnée, et c'est un de ses amants
qu'elle a voulu faire tuer qui la force à boire
la coupe fatale. A cela près, le poète, qui voulait faire de Rosemonde une vierge effarouchée,
s'est tenu dans la vérité. Ce qui devait être
curieux, c'était l'incarnation que pouvait faire
Rachel de ce rôle qui était toute la pièce. Elle
y obtint un succès de curiosité surtout dans
l'avant-dernière scène, où s'approchant d'Alboin
mourant, elle lui crie :

Je veux te voir mourir à mes pieds abattu...

Alboin (Beauvallet) se croyant le jouet d'un
songe, répond :

Rosemonde !... Elle est morte...

Mais elle poursuit :

... Elle est encore vivante
Pour jouir de ta mort et de ton épouvante...

Rachel avait eu beaucoup de peine à accepter
le rôle. Elle était déjà atteinte du mal qui devait l'emporter trois ans après; la mort récente

de sa sœur Rebecca, pour qui elle avait une préférence marquée, l'avait très vivement impressionnée. L'idée d'avoir devant les yeux un crâne qui lui rappelait sa sœur morte, lui paraissait insurmontable; aux répétitions, plusieurs fois, elle avait hautement témoigné de sa répugnance.

Le soir de la première tant de fois remise arriva pourtant le 21 novembre. Surexcitée, fatiguée par les répétitions qu'elle avait dû mener de front avec les représentations habituelles de ses tragédies, Rachel était vraiment souffrante. Elle joua pourtant avec un emportement fébrile qui ne fit qu'ajouter à son succès, et elle fut acclamée. A peine rentrée dans sa loge, elle tombait, en proie à une violente attaque de nerfs et fut réellement malade. « J'ai voulu jouer un rôle exécrable et j'y ai été exécrable », disait-elle le lendemain, prétendant qu'il lui fallait dire adieu au théâtre.

Elle revint pourtant et de sa maladie et de son parti pris et consentit à reparaître dans *Rosemonde*, mais elle ne put rejouer que le 2 décembre. Après sept représentations, dont la septième avait donné le maximum de la recette, elle abandonnait définitivement le rôle.

Pour finir, je citerai les vers de Samson qui coururent bientôt dans le public :

Pourquoi donc appeler sa pièce Rosemonde ?
On n'y voit point de rose, on n'y voit point de monde.

Avec *la Czarine*, de Scribe, en janvier 1855, Rachel pensait oublier *Rosemonde*. Cette pièce, moitié historique et moitié fantaisiste, se déroulait à la cour de Pierre le Grand, puis de Catherine. Rachel, très engouée de ce qui venait de Russie où elle avait cueilli de nombreux lauriers, s'était éprise du rôle de Catherine, dont l'amour pour le comte Sapieha était le fond de l'intrigue. Une autre, aussi, aime le jeune Polonais : c'est Olga Mentschikoff, fille du favori qui facilitera l'accès au trône de Catherine en aidant, peut-être, le czar Pierre à mourir subitement. Voilà le décor du drame où s'agitent des marionnettes de vaudeville.

Ce n'était pas une des meilleures pièces de Scribe, l'adresse scénique ne suppléant pas toujours à l'absence de style noble. Il y avait pourtant quelques bonnes scènes où Rachel pouvait développer ses qualités dramatiques ; celles surtout où Sapieha va monter sur l'échafaud et où il n'est sauvé que par l'attitude de

Catherine, qui ne trahit pas son secret. Quelques instants après, c'est Pierre lui-même qui succombe. Rappelons le mot final qui est, pour ainsi dire, la moralité de la pièce. Catherine a renoncé à Sapicha, l'a marié avec sa rivale et l'a nommé ambassadeur. « Partez avec votre femme, » lui dit-elle. Puis elle ajoute aussitôt à part : « A lui le bonheur !... à moi l'Empire ! »

Les autres rôles : Fix jouait Olga; malgré lui, Bressant avait pris le rôle de Sapicha. Au bout de cinq représentations, il me le céda : je dus l'apprendre en huit jours.

Chose à noter : grâce aux instances de Rachel, on avait donné le pas à *la Czarine* sur *le Demi-Monde* qu'il avait été un instant question de jouer « avec coupures ». La pièce avait été lue aux Tuileries et certains mots très osés — qui, du reste, n'ont vu le jour que dans la brochure — avaient paru impossibles. Dumas fils se monta très haut contre le ministre d'État et porta sa pièce au Gymnase. Je renvoie le lecteur à la préface du *Demi-Monde*. L'auteur s'y montre avec tout son esprit et son mépris du qu'en dira-t-on.

Ce fut, au reste, la dernière création de Rachel

à la Comédie-Française. Elle s'y montra, tour à tour, dramatique et féline, et la manière toute majestueuse dont elle s'imposait souveraine fit courir toute la ville. Malade, lassée de tout, se souvenant encore de la vision de Rosemonde, elle s'arrêta vite en chemin et, à la dix-huitième représentation, elle rendait son rôle.

Dès le 1er mars, Rachel commençait la série de ses dernières représentations qui devaient précéder un long congé octroyé par la Comédie, ce congé qui devait être éternel, puisqu'elle ne revint que pour mourir. Tout le mois durant, avec *Cinna*, *Polyeucte*, *Mithridate*, *les Horaces* et *Phèdre*, elle fit retrouver au théâtre *presque* les mêmes recettes qu'au début de ses triomphes. Je dis *presque*, car elles n'atteignirent jamais tout à fait les beaux chiffres de 1838.

Après avoir joué *Phèdre*, le 23 mars, Rachel commençait à jouir de son congé. Le 6 juin, elle consentit à reparaître à une soirée de gala donnée en l'honneur du roi de Portugal et du duc d'Oporto que l'Empereur et l'Impératrice accompagnaient. Un *Hommage à Corneille* de Philoxène Boyer, *le Menteur* et *les Horaces* composaient le spectacle.

Et cette représentation ne fut pas encore la dernière. Un mois après, grâce à un événement imprévu, elle devait donner une nouvelle série de huit soirées.

L'Exposition avait amené à la salle Ventadour une troupe de comédiens italiens, et, parmi eux, madame Adélaïde Ristori, alors dans tout l'éclat de son talent et de sa réputation, qui venait de se faire acclamer dans *Francesca di Rimini*, *Maria Stuarda*, etc. En peu de jours, madame Ristori était l'idole de Paris; Lamartine lui adressait des vers, le gouvernement fit tout ce qu'il put pour l'attacher à la Comédie-Française. Quant à Alexandre Dumas, il s'efforça de démontrer dans *le Mousquetaire*, que Ristori était très supérieure à Rachel et osa proposer qu'une représentation solennelle fût donnée à l'Opéra, où Rachel eût interprété en français la *Marie Stuart* de Lebrun et madame Ristori la tragédie italienne de Mafféi. Sans aller chercher aussi bizarre solution, les critiques versaient des torrents d'encre pour établir un parallèle entre les deux tragédiennes, le public s'en mêlait, prenait parti pour l'une ou pour l'autre. Beaucoup, il faut le dire, penchaient en faveur de Ristori.

Bref, Rachel, indifférente d'abord au tournoi, du moins en apparence, finit par se piquer au jeu et releva le défi. Elle se rendit incognito dans une baignoire de la salle Ventadour; elle put entendre sa rivale, compter les ovations et les rappels dont elle était l'objet... et elle s'évanouit...

En sortant du Théâtre-Italien, Rachel avait pris le parti, non pas de paraître dans une représentation étrange comme celle qu'avait proposée Dumas père, mais d'essayer encore une fois si elle avait tant perdu son pouvoir d'autrefois et de se montrer, devant le public qui semblait lui échapper, dans ses principaux rôles tragiques. Et, en juillet, commença le défilé de ses chefs-d'œuvre ordinaires, auxquels elle avait ajouté *Marie Stuart.* Le triomphe fut éclatant surtout dans *Phèdre,* qu'elle joua deux fois (la seconde était au bénéfice de madame Thénard) et dans sa représentation du 23, où elle parut dans *Andromaque* et dans *le Moineau de Lesbie.*

Le 24 juillet, dans une représentation à bénéfice au Théâtre-Lyrique, Rachel jouait encore *le Moineau de Lesbie...* Une dernière fois, les admirateurs de Rachel frémirent de tendresse quand Lesbie murmura :

> Le douloureux bonheur de le revoir encore
> M'a fait battre le cœur,

ou encore :

> Dans une seule vie on n'a qu'un seul amour,
> Et je t'aimais...

... Quelques jours après, la sublime, l'inoubliable artiste partait pour l'Amérique ; elle y moissonna une suprême gloire et y hâta sa fin.

VII

Les Jeunes Gens, de Léon Laya. — Nerfs d'auteurs. — *Péril en la demeure*. — *Par droit de conquête*. — De Kotzebue à Gozlan. — La marquise de Prie et Augustine Brohan. — Arnould-Plessy. — Belmontet et les troupes de Crimée. — Démission d'Arsène Houssaye. — Les idées d'Empis. — Mort de madame Allan. — Reprises. — Rachel en Amérique. — Sa mort et ses funérailles. — Mort de Déjazet.

Rachel remplit tellement l'année 1855 que je me suis laissé entraîner. Il me faut pourtant parler de quelques pièces qui eurent leur heure et dont certaines sont restées.

Dans *les Jeunes Gens*, de Léon Laya, joués en mars, deux systèmes d'éducation sont en présence. Un des jeunes hommes, Francisque (c'était Got), est élevé très sévèrement par son père, le banquier Rigault (Anselme) ; l'autre, Max, dont je jouais le rôle, a reçu de son oncle

(Provost) très indulgent pour ses fredaines une éducation libre et large. Qu'arrive-t-il ? C'est Francisque à qui l'on a tenu la dragée haute qui commet le plus de sottises, et Max qui sait s'arrêter à temps, épouse la jeune fille qu'il aime, et qui, naturellement, est la sœur de Francisque. Dans ce dernier rôle, Émilie Dubois apportait son charme et sa gentillesse; Saint-Germain, avec son talent délicat, madame Lambquin, toujours amusante, complétaient le tableau. Ce rôle de Max me plaisait, et l'on aurait pu croire que tout irait pour le mieux en ce qui me regardait. C'eût été mal connaître Léon Laya, l'auteur le plus nerveux, le plus méticuleux, le plus... désagréable que jamais on ait vu devant la rampe. A force d'entendre des répétitions, des recommandations, des exclamations, des conseils plus ou moins judicieux, sans compter des reproches qui n'étaient pas toujours justifiés et auxquels, je l'avoue, je n'étais guère habitué, j'avais fini par perdre patience, et, sortant de ma réserve coutumière, je dis un jour à M. Laya du ton le plus calme que je pus :

— Écoutez, monsieur Laya, cela ne peut continuer ainsi. Si vous n'avez pas confiance en moi, retirez-moi le rôle... Cela vaudra mieux ainsi.

Alors Laya, soudain radouci et abandonnant ses manies et ses turlutaines :

— Mais, mon petit Delaunay, pas du tout. Ne vous fâchez pas... Le rôle vous va très bien et... vous serez charmant...

Dès lors, j'eus la paix, et il n'y eut plus entre nous ni pique ni explications. Mais j'ai parfois mes idées... Je me mis en tête que je ne jouerais plus dans une pièce de Laya, lequel ne me gardait pas rancune des choses désagréables dont il m'avait bénévolement assassiné pendant les répétitions des *Jeunes Gens*. Laya ne manqua pas, quatre ans plus tard, lors du *Duc Job*, de me proposer un rôle. Je refusai poliment. Même démarche quand fut donnée en 1862, *la Loi du cœur*; ce fut Worms qui joua à ma place le rôle du fils du colonel.

Péril en la demeure, d'Octave Feuillet, vit le feu de la rampe en avril. Je n'ai pas à raconter ce proverbe dialogué, peu mouvementé, où l'auteur avait mis tout son esprit quintessencié. La pièce roule sur le rôle de la baronne de Vitré, qui veut garder son fils d'une passion coupable pour la femme d'un des amis de sa mère. Et ce sont justement les tirades spirituelles de cette baronne de Vitré, fort bien détaillées par madame Allan, qui empêchèrent le public de voir le peu de fond de la comédie; la forme était exquise et sembla telle en 1874, quand pour Plessy on reprit *Péril en la demeure*. Provost et Régnier, Valérie et Fix se partageaient avec moi les autres rôles. Je ne pouvais me plaindre du mien puisque j'étais un amoureux sincère et passionné, et je préférais de beaucoup ces jeunes premiers vibrants, aux amoureux sans éclat que mon emploi me forçait parfois à jouer.

En juin, c'est la première de *Par droit de conquête*, d'Ernest Legouvé. Après de jolis développements, où les vieux nobles s'insurgeaient contre les mésalliances, on pouvait s'étonner, au dénouement, de voir mademoiselle de Rochegune épouser le roturier Bernard. La comédie, bien menée et élégamment écrite, fut discutée en raison de la résultante qui ne concordait pas avec les théories chaleureusement énoncées; elle fut supérieurement jouée, surtout par madame Allan, la fermière, et par Bressant l'ingénieur; Alice de Rochegune, c'était Madeleine.

A cause de l'Exposition, on continuait, même

au fort de l'été, à lancer des pièces nouvelles, et c'est ainsi qu'à la fin d'août fut représenté *le Gâteau des Reines*, de Léon Gozlan. Malgré une excellente interprétation d'ensemble, la pièce fit long feu, et mon amour pour Marie Leczinska ne m'a laissé aucun souvenir digne d'être rapporté. Ceci ne doit pas m'empêcher de rappeler qu'Émilie Dubois était charmante dans ce rôle et que madame de Prie, sur qui reposait toute la pièce, était personnifiée par Augustine Brohan. La même année, mademoiselle Figeac, à qui son succès retentissant au Gymnase dans Valentine du *Demi-Monde* venait d'ouvrir toutes grandes les portes de la Comédie-Française, faisait son début dans le rôle écrasant de la marquise.

Deux bénéfices : celui de Caroline Dupont, une soubrette retraitée, et celui d'Anna Demerson, avec le concours de Ristori.

Parmi les représentations de gala, je noterai la soirée du 20 août, où, en l'honneur de la reine Victoria nous allâmes jouer devant la Cour à Saint-Cloud, *les Demoiselles de Saint-Cyr*. Le « déplacement » se composait des deux Brohan, de Régnier, Leroux et moi en Philippe V.

7.

L'étoile d'Arsène Houssaye était à son déclin au commencement de l'année 1856. Il avait déjà, à la suite de difficultés, donné sa démission six mois auparavant ; une question de personnes — « cherchez la femme », aurait-on dit quelques années plus tard — détermina le ministre Fould à accepter la solution qui lui était offerte.

Le 1er février, l'académicien Empis remplaçait le directeur spirituel et un peu fantaisiste à qui la Comédie — il ne faut pas l'oublier — avait dû sa résurrection. Houssaye laissait le théâtre en pleine prospérité avec un répertoire moderne excellent, des nouveautés en perspective, le répertoire ancien remis en honneur et un ensemble de troupe plus qu'honorable. Houssaye quitta le théâtre en artiste et en grand seigneur, — il y avait des deux dans ce littérateur à idées larges.

L'auteur dramatique qui lui succédait était, au contraire, d'idées étroites, et il aurait, sans nul doute, imprimé un mouvement de recul à la Comédie si son principat n'avait eu une durée éphémère. Après une série de pièces dont la plus connue est *la Mère et la Fille*, en collaboration avec Mazères, de soporifique mémoire, Empis, depuis sa réception à l'Académie (où il succédait à Étienne de Jouy) avait publié des scènes historiques sous le titre : *les Femmes de Henri VIII*, qui avaient remis son nom en honneur.

Il arrivait avec des projets très arrêtés de classicisme, de retour au vieux répertoire qu'il jugeait négligé : le malheur voulut que, pour ses débuts, il se trouvât en face d'une pièce reçue depuis longtemps et sur laquelle, bien à tort, on fondait de grandes espérances. Le succès de *la Grèce contemporaine* et le bruit fait autour de *Tolla* avait rendu le nom d'Edmond About presque célèbre. *Guillery* n'était qu'une farce où le langage extra-moderne s'entremêlait de façon choquante aux us du théâtre ancien; le héros de la pièce n'était qu'un mauvais garnement qui trompait tout le monde et auquel personne ne pouvait s'intéresser. Les amis de l'auteur comptaient sur beaucoup d'esprit pour sauver les situations scabreuses; il se rencontra surtout des expressions d'un goût douteux et que les adversaires d'About — et ils étaient nombreux — jugèrent absolument déplacées sur le Théâtre-Français. La première représentation s'acheva sans trop de sifflets grâce à la présence de l'Empereur et de l'Impératrice, mais le nom de l'auteur de « cette farce de carnaval », comme l'appela Théophile Gautier, fut proclamé au milieu d'un silence glacial. A la seconde, le public manifesta hautement tout en applaudissant les artistes Got, Provost, Nathalie, etc.

About eut l'idée de retirer sa pièce qu'il publia depuis dans son *Théâtre impossible*. Il eut le mauvais goût de se venger de ses détracteurs en publiant sous un pseudonyme, dans le *Figaro*, une série d'articles amers.

Une autre école de ce commencement de direction fut un drame en trois actes, *Comme il vous plaira*, que George Sand avait tiré de l'œuvre de Shakespeare. Rendre vivante, moderniser une pièce qui, dans l'original, n'en est pas une, mais une série de scènes sans intrigue ni développements de caractère, était chose hasardeuse. Madame Sand ne s'y trompait pas elle-même puisqu'elle l'a écrit à Régnier, l'habile metteur en scène de cette curiosité littéraire. L'insuccès fut d'ailleurs complet. Si le public des premières représentations sembla prendre plaisir à cette reconstitution délicate, bien écrite et jouée par l'élite de la troupe, les spectateurs suivants ne cachèrent pas leur ennui. Mesdames Plessy et Favart, celle-ci en travesti, y rivalisaient de coquetterie et d'élégance. Un nouveau venu, Rouvière, que protégeait madame Sand, arrivait de l'Odéon pour y jouer un des principaux rôles. Ce n'était pas un mauvais acteur que Rouvière, loin de là, avec son œil puissant, sa voix admirable et sa très bonne volonté ; malheureusement, il était de taille au-dessous de la moyenne et n'avait aucun prestige. Il devait s'essayer plus tard dans *le Cid*, et le souvenir de ce Mirmidon donnant un soufflet à Don Diégue-Maubant me fait toujours sourire. C'était au reste un très bon camarade, très modeste et de rapports faciles. Maubant, Talbot, Anselme et Émilie Dubois jouaient avec moi dans *Comme il vous plaira*.

Dans mon rôle de Roland, j'avais, au troisième acte, à dire quelques vers assez agréables imités de la ballade de Thomas Lodge, d'où Shakespeare a tiré sa pièce :

> L'amour, petit comme une abeille,
> Est venu cacher dans mon cœur
> Et son venin et sa douceur.
> Avec ses ailes il m'évente,
> Avec ses pieds il me meurtrit.
> Le long du jour, il me tourmente,
> Et me berce toute la nuit...

. . . .

> Il dit : *Espère*, et puis s'envole
> Et me laisse là tout pleurant ;
> Et je lui passe ses malices
> Car je me plais à ses tourments,
> Et ma peine fait ses délices...

Un jour, à une répétition, madame Sand me prit à part et me dit très gentiment :

— Je crois que vous avez un brillant avenir... Voulez-vous me permettre de vous signaler un petit défaut? Vous manquez de simplicité en disant les vers... La grande force, dans les lettres comme dans les arts, c'est d'arriver à la simplicité... Vous ne m'en voulez pas?

Au lieu de lui en vouloir, je remerciai madame Sand. Je tins compte de son conseil et je vis qu'elle avait raison.

Pendant les répétitions de la pièce archaïque, deux événements m'avaient diversement frappé. L'un, qui était si gros d'espérances, fut la naissance du Prince Impérial. Le 16 mars, la Comédie devait jouer *Joconde* et *la Gageure imprévue*, lorsque fut connue la nouvelle. En hâte, on demanda une pièce de vers à Méry, et le soir, Beauvallet déclamait l'ode improvisée qui s'appelait le *Prince Impérial*. On applaudit ferme ce soir-là rue de Richelieu, et le lendemain encore, quand, entre *les Fausses Confidences* et *l'Avare*, Beauvallet récita les vers de Méry à la représentation gratuite.

L'autre événement qui avait une si grosse importance pour la Comédie, était la mort rapide, presque subite, de madame Allan Despréaux. Chaque fois que j'en ai trouvé l'occasion, j'ai dit combien j'aimais et j'admirais cette artiste consciencieuse, émouvante. « comme il faut » et toujours « dans son rôle ». Pas jolie, certes, avec ses gros yeux et sa démarche alourdie par un embonpoint peu ordinaire; mais quel feu, quelle émotion communicative et quel art d'émouvoir! Elle avait débuté toute jeune aux Français dans Joas d'*Athalie*, puis avait joué sept ans au Gymnase, sous son nom de Despréaux (1831-1837). De là, elle passait dix ans en Russie avec son mari, rentrait à la Comédie par *le Caprice*, qui lui avait valu de grands succès en Russie et qu'elle eut l'honneur d'introduire en France.

Depuis lors, elle ne quitta plus la Maison, prenant une très grande place dans les comédies de Musset, surtout dans *le Chandelier*, triomphant dans madame Tamponnet de *Gabrielle*, tenant avec éclat le rôle de la duchesse de

Bouillon dans *Adrienne*, sans compter *Lady Tartufe*, *Par droit de Conquête* et la *Joie fait Peur*, dont j'ai longuement parlé précédemment. Elle allait jouer *le Village* et on l'y disait merveilleuse.

On apprit la mort de la pauvre femme âgée seulement de quarante-cinq ans, le 22 février, pendant une représentation de *Bertrand et Raton*. Ce fut une consternation générale au théâtre, où tous aimaient cette comédienne accomplie, qui parvenait à l'apogée de son talent.

Le jour des obsèques de madame Allan, le théâtre fit relâche, et, tous, nous conduisîmes à sa dernière demeure celle que nous regrettions sincèrement. On devine que moi, plus que les autres encore, je la pleurai. J'avais tant de fois joué avec elle, tant de fois écouté ses conseils toujours excellents, profité de ses exemples de patience, de travail assidu, de consciencieuse étude ! Le public ne comprit pas assez ce qu'il perdait en madame Allan; l'éclat et le charme du jeu de madame Plessy le grisait, et pourtant, j'ose le dire, il était bien des rôles émus où madame Allan était supérieure à madame Plessy.

Ceci n'est pas une règle absolue et ne doit pas m'empêcher d'être juste. Dans d'autres, au contraire, où la coquetterie l'emporte sur le sentiment, où la grâce personnelle joue un rôle, il va sans dire que madame Plessy devait avoir l'avantage. Quand celle-ci reprit, peu de temps après la mort de madame Allan, le rôle de Louise de Lignerolles laissé vacant par le départ de Rachel, elle s'y montra, dans les parties un peu maniérées, extra féminines du rôle, supérieure à sa devancière elle-même. Là, les qualités physiques auraient manqué à madame Allan.

Deux artistes, de talents divers, faisaient leurs débuts au printemps, et tous deux venaient du Gymnase. Emma Fleury, élève de Régnier, débutait dans *l'Épreuve* : si cette charmante et intéressante artiste ne s'est pas tout à fait élevée au premier rang, elle a toujours du moins tenu très supérieurement le second, et a rendu des services plus qu'appréciables à la Comédie. Elle s'est incarnée dans deux rôles, qu'elle jouait parfaitement, entre autres : *le Feu au Couvent* de Barrière, et Rosette de *On ne badine pas*.

Respectée de tous comme elle le méritait,

madame Franceschi, en quittant le théâtre, n'a emporté que des regrets. Je me flatte d'avoir toujours été son ami et je suis heureux de lui rendre ce léger témoignage d'estime et de considération.

L'autre début était celui d'un artiste qui eut de grands jours d'éclat. Au théâtre de Madame, Lafontaine avait remporté des succès dans *le Mariage de Victorine*, *le Fils de Famille*, *Philiberte* et *Diane de Lys*. Il jouait en romantique, cet héritier de Frédérick Lemaître et de Bocage, en belle attitude, avec la parole chaude et le geste énergique. Avait-il eu raison de choisir *le Cid* pour ses débuts aux côtés de Rouvière en Don Gormas? Nous le retrouverons plus tard, ayant changé de rôles, en pleine possession du public.

La reprise du *Bougeoir*, de Clément Caraguel, venu de l'Odéon, la première du *Village*, d'Octave Feuillet (ces deux pièces, avec *Par droit de conquête*, et des vers de circonstance de Méry, furent données à Saint-Cloud le 14 juin, pour le baptême du Prince Impérial); la reprise très appréciée d'*une Chaîne*, *le Pied d'argile*, d'Eugène Bourgeois, tel fut mon programme de printemps.

Entre temps, M. Empis ne négligeait pas le vieux répertoire et, tour à tour, *Sganarelle, Amphitryon, les Héritiers, le Joueur, le Mariage de Figaro, Polyeucte* pour une nouvelle et très jolie tragédienne, mademoiselle Pauline Lebrun, furent remis en scène.

Comme nouveautés : une mauvaise pièce de Laya, *les Pauvres d'esprit*, où Lafontaine et Bressant obtinrent un succès personnel, *Fais ce que dois*, drame en vers, d'Adrien Decourcelle et Henri Lacretelle, qui n'eut que cinq représentations.

Puis une bonne reprise de *Turcaret* avec madame Plessy, du *Mari à la campagne* de Bayard, de *la Jeunesse de Henri V* (d'Angleterre) d'Alexandre Duval; enfin *Bataille de dames*, où madame Nathalie jouait le rôle de madame Allan.

En été, les reprises à outrance continuaient. Les *Comédiens*, de Casimir Delavigne; *Venceslas*, de Rotrou dans son texte primitif, avec Maubant, furent des soirées noires dont les lendemains furent égayés par *le Voyage à Dieppe*, de Waflard et Fulgence, qui retrouva son succès d'antan. *La Femme juge et partie*, comédie licencieuse de Montfleury, remaniée et châtiée par

Onésime Leroy; *la Calomnie*, une des moins bonnes pièces de Scribe; *Don Juan d'Autriche*, de Delavigne, où je jouais Don Juan, avec Geffroy en Philippe II et Émilie Dubois sous les traits du moinillon Peblo, firent attendre une reprise impatiemment désirée par quelques-uns, celle de *Chatterton*, jouée en décembre. On a remis à la scène, depuis, le drame inégal et souvent obscur de Vigny, il n'est donc pas besoin d'en refaire l'analyse. L'interprétation ne parut pas très heureuse. Confier à Geffroy, malgré toute l'autorité de son talent, le rôle de l'enfant qui se tue par orgueil, à dix-huit ans, était chose risquée, mais Geffroy avait créé *Chatterton* en 1835, il le rejoua en 1857. Je n'insisterai pas; on m'écrirait : « Vous avez bien joué Fortunio à vingt-deux ans de distance!... » Il y aurait là une question d'optique à discuter. Trop marquée aussi, madame Plessy dans Kitty Bell, de plus, trop coquette et trop maniérée dans ce rôle que Dorval avait rendu de façon si émotionnante.

En dehors de *la Fiammina*, d'Uchard, dont je ne reparlerai pas, la Comédie donnait en pièces nouvelles : *Philiberte*, empruntée au Gymnase et où madame Judith ne devait pas faire oublier

Rose Chéri. Bressant, qui venait de se faire applaudir dans Almaviva du *Barbier de Séville*, y jouait fort impertinemment le rôle de Talmay qu'il avait créé au Gymnase.

Du *Pamphlet*, deux actes de Legouvé, il ne sied guère de se souvenir, car le héros Clavijo, journaliste véreux et intéressé, — l'espèce, heureusement, s'en est, dit-on, perdue — parut un fort dégoûtant personnage. Celle qu'il aurait voulu épouser, Isabelle, c'était mademoiselle Fix, et j'étais, moi, le véritable amoureux de ladite señorita. J'avais pour prénom Henrique — j'ai déjà fait remarquer cette prédominance des Henri — et, dans la pièce d'Uchard, je m'étais aussi appelé Henri.

Le Fruit défendu, — la meilleure pièce de Camille Doucet, — parut charmante de détails. Deux jeunes femmes et une jeune fille, toutes trois ont un unique amoureux. L'amoureux Léon, c'était moi, et après avoir en vain essayé de compromettre les deux mariées, j'épousais la troisième « le fruit défendu », après mille péripéties fort douces.

L'année 1858 s'ouvrit sur un glas funèbre. Le 3 janvier, Rachel avait succombé au Cannet à la maladie dont, depuis trois ans, elle avait le germe et que son voyage en Amérique avait exaspérée.

Elle était partie, le 27 janvier 1855, avec une troupe dirigée par son frère Raphaël Félix, et où figuraient trois de ses sœurs, Dieudonné, Chéry, etc. ; le 3 septembre, elle s'était montrée pour la première fois au Théâtre Métropolitain de New-York, dans Camille, des *Horaces*. Elle avait étonné, elle avait été applaudie, mais l'admiration sans conteste ne s'imposait pas. La tragédie laissa froid les Yankees, qui prisèrent davantage *Angelo* et *Adrienne Lecouvreur*. Mais qu'étaient-ce que des recettes de vingt-six mille francs (la plus fructueuse de celles de Rachel) en comparaison de la première représentation de Jenny Lind, la cantatrice suédoise, qui rapporta près de quatre-vingt quatorze mille francs ! Le public américain, qui depuis un quart de siècle a fait la fortune de nos étoiles dramatiques, n'était pas mûr pour les chefs-d'œuvre de notre vieille littérature, il ne comprit pas Rachel.

Au sortir d'une représentation de *Jeanne d'Arc*, une violente bronchite se déclara, se greffant sur un mauvais état de la poitrine.

Elle traîna sa maladie à Boston, à Philadelphie, à New-York encore, persistant à jouer jusqu'à ce que les forces l'eussent abandonnée complètement. Au bout de quarante-deux représentations, elle dut s'avouer vaincue, et tandis que le reste de la troupe tentait çà et là des essais peu fructueux de comédie, la grande artiste, découragée et de plus en plus souffrante, s'embarquait le 18 janvier 1856.

Rentrée en France, elle s'établit d'abord dans sa petite maison de Meulan, puis, ses forces diminuant avec l'aggravation de la phtisie, on la fit partir pour l'Égypte. Elle passa l'hiver au Caire au milieu d'alternatives cruelles — reprises d'espoir et de rechutes toujours plus sérieuses... Elle revint à Paris se soutenant à peine, n'ayant plus que le souffle, la voix perdue.

L'été se passa pénible, angoissant. Elle luttait encore avec la tête, arrachant par son courage des délais à la mort. Puis, ce fut, à l'automne, le départ ordonné pour le Midi. Avant de se rendre au chemin de fer, elle voulut faire un pèlerinage, le dernier... Levée de très bonne heure, elle exigea qu'on la portât dans sa voiture, et elle se fit conduire au Gymnase où son étoile naissante avait jeté sa première lueur, puis sur la place du Théâtre-Français.

Il faisait à peine jour, la matinée était froide et voilée. Pas un bruit dans la ville endormie, un grand silence dans le théâtre aux portes fermées... Longtemps, elle resta en contemplation devant la Maison dont elle avait été la gloire, et, devant ses yeux, défila la vision des triomphes, des ovations, le souvenir des luttes de début et des combats enivrants, de la jeunesse adulée...

On arracha Hermione à ce spectacle, on la conduisit à la gare, où l'attendaient de nombreux amis. Quand tous pleuraient en cet adieu suprême, elle souriait encore, fermant les yeux comme si elle eût voulu garder, emporter avec elle visions et souvenirs...

Elle ne devait plus revoir Paris. Elle s'installa au hameau du Cannet, dans la villa de M. Sardou, où, admirablement soignée par sa sœur Sarah, elle languit encore une année. A la fin de décembre, dans un dernier éclair, elle se réveilla. De sa main brûlante de fièvre, elle écrivit de sa propre main dix-sept lettres pour des amis, tandis que dix-sept petites caisses, garnies de fleurs et d'oranges partaient en même temps que les derniers messages.

Elle avait senti venir la mort; elle prit ses dispositions testamentaires. Outre les membres de sa famille, parmi ses légataires figurait l'empereur Napoléon III qu'elle admirait beaucoup; elle lui léguait un buste en marbre de Napoléon Ier par Canova. A Émile de Girardin, elle laissait une plume d'or avec des myosotis en pierres précieuses. Girardin avait fait encadrer ce dernier souvenir de la grande tragédienne avec le dernier billet, daté du Cannet, le 1er janvier 1858.

« Je vous embrasse cette nouvelle année. Je ne pensais pas, cher ami, pouvoir encore, en 1858, vous envoyer ma sincère affection. »

Sur l'agonie de Rachel, on possède un document devenu rarissime : le récit d'un des médecins, M. Tampier. Elle avait conservé sa lucidité d'esprit, malgré le laudanum dont elle faisait un constant usage pour vaincre l'insomnie; elle régla toutes choses non comme une mourante, mais « avec le sang-froid d'une personne qui avant de partir pour un long voyage donne ses instructions à sa famille et à ses serviteurs ».

Dans l'intervalle des suffocations, elle dicte ses dernières volontés, et la crise passée, elle reprend sa dictée commencée dans la nuit, relit le tout et signe... A dix heures du soir, le 3 janvier, nouvelle suffocation... Après une heure de lutte, ses yeux se ferment, une pâleur extrême se répand sur son front. Sa sœur Sarah l'appelle, elle ne répond pas... « Elle a toujours le visage serein et le sourire semble errer sur ses lèvres. »

Des coreligionnaires venus de Nice sont entrés dans la chambre sur l'invitation de Sarah Félix. Le livre sacré est ouvert; les Israélites entonnent dans la langue des prophètes les chants de l'agonie.

Rachel respire, ses mains se joignent, ses paupières se soulèvent... son regard est un remerciement admirable pour sa sœur qui a appelé sur son lit de mort les bénédictions du ciel. Et on l'entend murmurer les prières qui ont frappé son oreille et répéter avec les assistants : « Non, tu ne meurs pas, car tu vas vivre; Dieu t'ouvre son sein, envole-toi, envole-toi... »

La nouvelle de la mort de Rachel parvint au Théâtre-Français dans la matinée du 5 janvier. On devait jouer le soir *Chatterton* et *le Voyage* à *Dieppe* ; des affiches nouvelles annoncèrent un relâche et la funèbre raison qui le motivait.

Deux jours après, le corps de Rachel était ramené rue Royale et, le lundi 11, avaient lieu les funérailles au milieu d'un concours énorme de notabilités de tous genres.

Jour froid et pluvieux que je me rappelle bien comme aussi les noms des illustrations qui suivaient le convoi... Toute la Comédie, tous les théâtres étaient là, mademoiselle Georges en tête, et aussi le Gouvernement et la Société, la Cour et la Ville, et derrière une multitude immense... « C'était une mer humaine dans laquelle on ne pouvait se frayer un chemin », a écrit Alexandre Dumas dans son compte rendu. Et dans cette foule, des cœurs vraiment émus, des gens qui se souviennent, d'autres qui pleurent. Parmi ces derniers, Déjazet, qui s'en allait de l'un à l'autre, poussant des exclamations de douleur. « C'est moi, dit-elle encore à Judith, qui serais joliment fière d'en avoir la moitié à mon enterrement! » De fait, les funérailles de Déjazet, en décembre 1875, furent encore plus populaires que celles de Rachel.

VIII

Feu Lionel et *les Doigts de fée*. — *Œdipe roi*. — Geffroy et Mounet Sully. — *Oscar*. — Saint-Aulaire et Firmin. — Édouard Thierry remplace Empis. — Ristori dans *Phèdre*. — Stances sur Rachel de M. Legouvé. — *Le Feu au couvent*.

Coup sur coup, durant l'hiver de 1858, Scribe faisait représenter deux pièces.

En janvier, c'est *Feu Lionel* ou *Qui vivra verra*, avec M. Ch. Potron pour collaborateur : comédie sans prétention, mais légère, vive, amusante, remplie d'imbroglios comme les aimait Scribe et qui ont tant servi à ses successeurs. Lionel d'Aubray (c'était moi), viveur ruiné et amoureux d'une baronne « rebelle à sa flamme », a tenté de se suicider : on l'a retiré de l'eau, et, comme pendant ce temps un héritage inattendu est venu le sauver du naufrage moral, tout finit bien... c'est-à-dire par le traditionnel mariage qui s'offre sous d'exquises apparences. N'ayant pu me faire aimer de la baronne d'Erlac (Figeac), j'épousais Alix (Fix). Les autres rôles : Régnier, Got, Monrose fils.

En mars, c'étaient *les Doigts de Fée*, avec la collaboration de M. Legouvé. On n'était pas alors blasé au théâtre sur les intérieurs d'ateliers de modes. On trouva de l'attrait à cette reconstitution d'un magasin très achalandé où se faisait force politique, où les vendeuses rivalisaient de grâce et d'entrain. Hélène, la fille noble qui sous un nom d'emprunt dirige l'atelier, c'était Madeleine Brohan qui y eut un grand succès. Son rôle ne manquait pas d'importance : pensez qu'elle mène à son gré la politique de son temps, qu'elle promet une robe à jour fixe en échange de voix pour le député qu'elle veut faire nommer, qu'elle peut trafiquer des audiences et des faveurs. Voilà une couturière comme on n'en voit pas tous les jours... Sa baguette merveilleuse fait marcher les événements à son gré. Sur toutes ces impossibilités, très bien machinées pour le théâtre, il n'est point besoin d'insister. La pièce éblouit par les femmes, par les étoffes, par l'esprit et triompha malgré le bon sens. Les femmes ?. c'étaient Riquer, Emma Fleury, Valérie, Figeac, Émilie Dubois ; il y avait de quoi satisfaire les yeux et les oreilles. Got jouait très comiquement un rôle de bègue. Mon rôle de Tristan n'était pas des meilleurs ; mais je le jouai avec conviction... et j'étais satisfait aussi de voir à Madeleine un rôle marquant.

Quelques reprises : *Don Juan*, de Molière, dans le personnage duquel Bressant se taillait un grand succès ; *Bataille de Dames*, pour Plessy, dans le rôle de madame Allan ; *le Bourgeois gentilhomme*, représenté solennellement avec la musique de Lulli, des chœurs et des danses au théâtre Ventadour, où nous avions émigré quelques semaines pour cause de réparations ; débuts de Favart dans Pauline, de *Polyeucte*; débuts de l'excellent Barré, dans *Georges Dandin* ; de Marie Royer, dans *les Femmes savantes*. Première en septembre d'*Œdipe roi*, de Jules Lacroix, d'après Sophocle, avec musique de Membrée. Cela fut une des bonnes inspirations de la direction Empis ; mais cette tragédie, qui de nos jours fait souvent salle comble, n'obtint pas, à l'origine, le succès qu'elle eut depuis. Geffroy, trop marqué pour le rôle d'Œdipe, y apportait sa diction classique, mais j'ai hâte de dire que l'excellent tragédien Mounet-Sully lui est bien supérieur. Nathalie jouait Jocaste assez mollement et je préfère, dans ce rôle, Émilie Lerou. C'est la première fois que je prononce le nom de celle qui fut mon élève et ne songeait guère alors à jouer au Théâtre-Français, mais j'aurai l'occasion d'en reparler, car je possède de cette artiste de talent et de savoir, des lettres touchant l'art théâtral, du plus grand intérêt.

Au début de 1859, je noterai l'entrée au Théâtre-Français d'*Oscar* ou *le Mari qui trompe sa femme*, qui devait être un si grand succès pour Constant Coquelin, puis des reprises classiques ou autres...

Se souvient-on encore du tragédien Saint-Aulaire? Peu ou prou. Pourtant à ce nom tant oublié se rattache un souvenir qui ne peut s'effacer. Ce fut Saint-Aulaire qui devina Rachel, l'instruisit pendant quatre ans, encouragea ses débuts au théâtre Molière d'abord, puis au Gymnase, enfin négocia son entrée au Théâtre-Français. Saint-Aulaire, qui avait pris sa retraite en 1841, obtint en mai 1859 une représentation de retraite où figurèrent en outre des

Comédiens français avec *le Bourgeois gentilhomme*, les artistes du Gymnase, de l'Odéon et de l'Opéra-Comique.

Un autre vétéran du sociétariat disparut pendant l'été de 1859. J'ai nommé Becquerel dit Firmin, qui avait pris sa retraite en 1844 et était âgé de soixante-douze ans. Celui-là a laissé un grand nom dans les annales du théâtre, et il est bon d'en faire mention pour les générations qui ne l'ont pas connu. Tous ceux qui prennent intérêt aux choses dramatiques doivent inscrire Firmin parmi les très bons acteurs du commencement du siècle. On ne doit pas oublier ses excellentes créations dans *Hernani*, *Mademoiselle de Belle-Isle*, *Henri III*, *la Calomnie*, *Bertrand et Raton*.

Comment, en automne, Édouard Thierry remplaça soudain Empis en qualité d'administrateur de la Comédie-Française, ceci a été raconté de diverses sortes. On a dit que, comme son prédécesseur Houssaye, il était tombé pour une question de femme, une artiste que protégeait le ministre et qu'Empis aurait refusé d'appuyer au sociétariat. Cela ne fut en somme que la goutte d'eau qui fit déborder le vase. Empis était usé, son répertoire de second ordre à outrance déplaisait aux jeunes auteurs comme aux acteurs, au gouvernement comme au public en général. Empis considérait la Comédie comme le Conservatoire de l'art dramatique national, et en cela il avait parfaitement raison ; de la sorte, il avait offert aux artistes l'occasion fréquente de ces études élevées et poussées qui forment les uns et consacrent les autres. Ce qui lui manqua, ce fut de savoir distinguer les bonnes pièces des mauvaises dans le répertoire ancien ou rapproché de notre époque, de ne pas faire une place suffisante à ceux des auteurs modernes qui avaient besoin d'être encouragés ou aidés (ses successeurs surent très bien allier les goûts des différents publics et lancer des auteurs nouveaux sans faire tort aux anciens). Dans le répertoire, il fallait jouer les œuvres de premier ordre et non cette série de pièces démodées de Fabre d'Églantine à Picard et à Collin d'Harleville. On connaît ma prédilection pour le théâtre classique, je puis donc insister sur la distinction à faire entre les chefs-d'œuvre et... les pièces hors d'usage.

Au point de vue pécuniaire même, le théâtre était en bonne posture, et la progression des recettes commencée sous Houssaye, non seulement s'était maintenue, mais s'était même, en vertu de la force acquise, accentuée dans de notables proportions (1859, l'année la plus faible du régime Empis, avait donné huit cent vingt mille francs). Malgré ces résultats, malgré les côtés louables de sa gestion, on sentait depuis plusieurs mois qu'Empis ne pourrait se maintenir, et les regards du ministère s'étaient portés sur Édouard Thierry, critique dramatique et bibliothécaire à l'Arsenal qui, le 22 mars de cette même année, avait été nommé rapporteur d'une Commission composée d'auteurs, de critiques et de ministres et chargée d'examiner la situation du Théâtre-Français. Ce rapport devait attirer à ce point l'attention du gouvernement, qu'il fut demandé à Thierry d'appliquer lui-même les réformes qu'il préconisait, en prenant la place d'administrateur.

La nomination de Thierry fut donc généralement approuvée, et tandis qu'Empis se retirait de fort mauvaise grâce en refusant de recevoir son successeur, mais en emportant comme compensation la place d'inspecteur général des Bibliothèques, Édouard Thierry prenait possession, le 22 octobre, du fauteuil directorial.

Il eut la bonne chance, pour ses débuts, de trouver toute prête à passer une comédie de Léon Laya, qui fut jouée le 4 novembre. Je n'ai pas à discuter pourquoi *le Duc Job*, pièce de second ordre, aux caractères sans relief et au style bien peu éclatant, obtint alors un grand succès. Le but était moral, le personnage dominant, celui de Jean de Rieux, supérieurement joué par Got, était sympathique; Nathalie et Émilie Dubois y furent jugées charmantes, les quatre actes, malgré des invraisemblances, s'enchaînaient de façon intéressante... bref, *le Duc Job* fit de grosses recettes et resta très longtemps au répertoire.

L'anniversaire de Molière fut célébré le 15 janvier 1860 avec une solennité inaccoutumée : *Tartufe* et *le Malade imaginaire*, suivis de la cérémonie avec le défilé de *toute* la Comédie devant le buste de Molière; entre deux, un à-propos d'un poète qui commençait à percer, M. Henri de Bornier, le futur auteur de *la Fille de Roland*.

Quelques semaines après, c'était le tour de Racine à être fêté avec pompe. On venait d'ouvrir une souscription pour tirer de la misère une petite-fille de Racine, la Comédie y ajouta l'appoint d'une représentation curieuse. C'était d'abord *Athalie*, interprétée par madame Guyon avec une fougue dramatique plus saisissante que traditionnelle. Mais qu'était cette fougue, déjà exagérée, à côté des attaques nerveuses de madame Ristori, jouant, ce même soir, le rôle de *Phèdre?* Oserai-je dire que je ne suis pas fou de ces spasmes réalistes et que, plus il m'était donné d'entendre madame Ristori, et plus je regrettais Rachel. J'ai eu l'occasion de souligner le parallèle établi par les admirateurs de l'une et de l'autre, je n'y reviens pas. J'en reste sur mon impression d'antan et continue à penser que l'interprétation contenue et passionnée à la fois de Rachel, valait mieux que l'exubérance de la célèbre artiste italienne. N'oublions pas, au reste, pour être juste, que ce quatrième acte de *Phèdre* avait été traduit en vers italiens, par d'Allongaro, et qu'au delà des Alpes les éclats de voix et la mimique plus qu'expressive sont de mise habituelle.

La soirée ne se termina pas là, et une cérémonie littéraire en faveur de Racine devait être goûtée des délicats. Un hommage en vers, composé par M. A. Rolland, était récité devant le buste du poète par mesdames Guyon, Fix et Favard représentant la Tragédie, la Comédie, la Poésie ; puis, s'avançait madame Ristori, qui symbolisait la Muse italienne. Elle posait la main sur le piédestal, et d'une voix un peu tremblante, elle disait en français, avec un accent italien, non sans charme, des stances, fort bien inspirées, de M. Legouvé. L'hommage à Rachel était touchant :

... C'étaient d'autres accents que tu devais entendre,
C'était une autre voix plus aimée et plus tendre
    Qui te devait ses pleurs !...

Le poète prêtait même à son interprète des sentiments qu'elle ne pouvait éprouver :

Une voix disparue, hélas ! mais immortelle...
... Une voix qu'aujourd'hui, crois-le bien, grand poète,
J'ai fait moins regretter que je ne la regrette...

Puis, c'était l'Italie affranchie exprimant sa gratitude à Racine :

Lorsque la France au rang d'une nation libre
    Fait monter mon pays,
Le devoir, non ! le droit de ma reconnaissance
Est d'honorer en toi de cette noble France
    Un des plus nobles fils !

Ristori fut émouvante en disant ces vers noblement pensés, et fut acclamée. Elle eut le tort de se croire suffisamment exercée dans l'étude de notre langue pour affronter définitivement le théâtre en français. Elle devait accepter, peu après, un rôle à l'Odéon, dans *la Madone de l'Art,* de M. Legouvé ; n'est-ce pas La Fontaine qui a dit : « Ne forçons point notre talent ? » Ce fut là, soulignèrent ceux qui discutaient madame Ristori, la vengeance de Rachel.

Une reprise de *l'Aventurière,* d'Augier, remaniée en quatre actes, fut donnée en avril avec solennité. Plessy y jouait le rôle créé par madame Anaïs, et y triompha.

Parmi les pièces nouvelles qui s'échelonnèrent au cours de 1860, notons d'abord une petite comédie sentimentale de Barrière, *le Feu au Couvent.* Le rôle d'Adrienne d'Avenay, pensionnaire évaporée que les événements rendent sérieuse avant l'âge, y était délicieusement interprété par Emma Fleury ; Bressant y jouait le père trop jeune d'Adrienne, et moi Mériel, l'ami de ce père et le confident de l'un et de l'autre, et qui, finalement, devient l'époux de la fille. Cette jolie piécette a été constamment reprise depuis.

En un acte, également, *les Deux Veuves*, de Malefille qui, après un demi-succès de première, se relevèrent aux représentations suivantes et restèrent au répertoire ; les deux sœurs Brohan et Monrose s'y partagèrent les bravos. Une anecdote sur la... modestie de l'auteur. Un louangeur le félicitait : « C'est charmant... on dirait du Musset. — Mieux écrit, » répondit sérieusement Malefille.

L'Africain, de Charles Edmond, offrait certaines situations dramatiques mais n'eut pas de succès. L'année se terminait par *la Considération*, de Camille Doucet, comédie morale en vers bourgeois.

IX

Les Effrontés. — Mort de Scribe. — *Adrienne Lecouvreur* et mademoiselle Bartet. — *Un jeune homme qui ne fait rien.* — Reprises et nouveautés. — *On ne badine pas avec l'Amour.* — *L'Honneur et l'Argent.* — *La Papillonne.* — Émile Augier et *le Fils de Giboyer.* — Représentation d'adieux de Samson. — Débuts d'Agar. — *Jean Baudry* et *le Dernier quartier.*

C'est par un éclatant succès d'Augier que s'inaugurait l'année 1861. *Les Effrontés*, à l'époque, furent portés aux nues : ovations bruyantes, discussions chaudes, rien ne manqua aux premières représentations ; la presse s'en mêla parce que le personnage de Giboyer, le journaliste sans conscience, était joué avec un réalisme troublant par Got. Le rôle de ce vrai gibier de potence parut outré, mais la polémique — à laquelle Augier répondit pour prouver qu'il n'attaquait pas toute la bourgeoisie, mais certaines brebis galeuses — ne fit qu'assurer le succès de la pièce. Le grand public ne s'alarma pas de ces querelles et donna hautement son approbation à une pièce curieuse et intéressante où étaient flagellés bien des vices de l'époque... et de l'époque actuelle. Elle est dans toutes les mémoires puisque, naguère encore, M. Claretie courageusement la remettait à la scène ; je ne détaillerai donc pas le caractère du marquis d'Auberive, roué égaré dans le régime nouveau, ni celui de Vernouillet, l'homme d'affaires éhonté qui dans la *Conscience publique*, son journal, fait commerce de chantage. Régnier était parfait dans ce rôle scabreux, Samson détaillait finement celui de d'Auberive, Plessy fut éclatante dans celui de la marquise. Un autre banquier douteux, Charrier, c'était Provost. Charrier avait deux enfants : une fille qui est aimée à la fois de Vernouillet et de Sergine le journaliste honnête (lequel est en même temps l'amant de la marquise d'Auberive). Elle a refusé la main de Vernouillet qui, pour se venger, soudoie Giboyer, se charge de répandre son venin dans ses articles et de dévoiler, en brodant et en amplifiant, ce qu'il est bon de taire dans le passé ou le présent des Charrier, Auberive, etc. Au moment où l'on s'y attend le moins, d'Auberive prend la défense de sa femme, provoque Vernouillet; de là un rapprochement entre les époux qui permettra le mariage de mademoiselle Charrier avec Sergine (Leroux). Il restait un dernier atout dans le jeu de Vernouillet : montrer à Henri Charrier, fils du banquier, certain article de la *Gazette des Tribunaux*, rapportant un procès qui déshonorait son père et prouvait que bon nombre de créanciers n'avaient pas été payés.

J'avais alors — puisque je jouais le rôle d'Henri — quelques bonnes scènes; je forçais mon père à payer aussitôt les dettes arriérées (on voit là le rapprochement avec la *Considération*, et Augier, au moment où fut jouée la pièce de Doucet, s'était cru obligé de prévenir le public que sa comédie à lui offrirait des développements analogues); je donnais ma dot à ma sœur qui, plus tard, épousera Sergine, puis, écœuré, heureux de quitter ce milieu de spéculateurs louches ou tarés, je m'engageais et partais pour l'Afrique. Avec la jeune fille, ma sœur, et Sergine, je représentais la minorité... les gens honnêtes.

En pleine vogue de la pièce d'Augier, mourait subitement Eugène Scribe, le 20 février. Les obsèques furent célébrées le 22 en grande pompe à Saint-Roch (Scribe habitait rue Pigalle, mais la chapelle de la Trinité était trop exiguë pour contenir les assistants); sur sa tombe, au Père-Lachaise, parlèrent l'académicien Vitet, Auguste Maquet, d'autres encore; enfin Édouard Thierry, qui rappela fort bien tout ce que la Comédie devait à Scribe. Elle lui doit encore, je ne me lasse pas de le répéter; elle le prouve, du reste à sa mémoire, en reprenant parfois quelques-unes de ses comédies, surtout en gardant au répertoire *Adrienne Lecouvreur*. En mademoiselle Bartet, *Adrienne* a trouvé une des meilleures interprètes qu'elle ait jamais eues, et la vaillante artiste, toujours sur la brèche, toujours à l'avant-garde du devoir et de l'exemple, y remporte chaque fois un éclatant succès. C'est justice, et, du fond de ma retraite, je suis heureux d'adresser cette louange à la plus courageuse des femmes de talent et à la meilleure des camarades.

Quelques semaines après la mort de Scribe, son ancien collaborateur et ami Legouvé donnait une petite pièce en vers : *le Jeune homme qui ne fait rien.* Bressant fut charmant dans le rôle de Maurice de Verdières, l'inutile sans l'être, puisqu'à force d'esprit, de talent et de courage, il arrive à convaincre le bonhomme Dubreuil et épouse sa fille (Émilie Dubois).

L'année se termina par une première à sensation : *On ne badine pas avec l'amour.* Le succès ne vint pas tout de suite ; les chœurs antiques du premier acte, certaines originalités d'un style jugé trop poétique pour une comédie en prose, trouvèrent des détracteurs. Thierry tint bon et peu à peu la satisfaction du public monta en même temps que les recettes. Provost, Barré, Monrose, Coquelin et moi en Perdican, voilà les hommes ; Camille c'est Favart, Rosette c'est Emma Fleury, dame Pluche c'est madame Jouassain, qui fut, pendant vingt ans, inimitable dans ce rôle. J'ai déjà dit combien Emma Fleury était touchante dans Rosette ; Favart fit de Camille une surprenante création ; elle étonna par la savante composition de son rôle, par ses habiles alternatives d'orgueil et de passion ; la scène d'ironie damnante du puits, la dernière scène de passion que termine si douloureusement la mort de Rosette, quelle femme les a mieux comprises et rendues? Mon rôle était moins franchement sympathique que celui de Fortunio, mais, en revanche, je pouvais m'y livrer à tous les élans de la passion. Quel rôle de fougue et d'amour, à la fois vibrant et entraînant! Et, comme c'est bien humain, quoi qu'en ait dit, cette coquetterie hautaine et froide d'une des femmes, ces abandons de cœur de l'autre... et, au milieu, l'homme, le même égoïste de tous les temps... trompant, mais trompé à son tour, qui se fait un jouet de Rosette pour parvenir à Camille... et qui n'en gardera aucune!

Il faut savoir gré à Thierry d'avoir si bien continué le mouvement en faveur de Musset, commencé par Houssaye. Sous son consulat, *les Caprices de Marianne, Il ne faut jurer de rien* et *On ne badine pas* figurèrent constamment sur l'affiche. Loin de m'en plaindre! Ne devais-je pas à Musset mes meilleurs rôles, et n'avais-je pas une incomparable partenaire? Mademoiselle Favart, grande et belle artiste, de talent quelquefois inégal et heurté, fut réellement captivante et passionnée dans le répertoire du poète des *Nuits*.

Trois premières importantes dans le premier semestre de 1862. D'abord *l'Honneur et l'Argent*, de Ponsard. Comment serait reçue la pièce ? On nous avait conspués de ne pas la jouer jadis, on nous conspua de la reprendre après l'Odéon...

Le rôle de Georges, qui tenait toute la pièce, avait été l'occasion d'un grand succès pour Laferrière. Je le jouais tout autrement et fus couvert de bravos. Après les dernières scènes du troisième acte où je m'abandonnais à la fois, à l'émotion, à la tendresse et à l'indignation, que faisait déborder de mon cœur la nouvelle du mariage de Lucile, je fus littéralement acclamé. J'étais remonté dans ma loge pour le quatrième acte que la salle trépignait encore et me rappelait avec insistance.

On mit sur le compte de la modestie mon obstination à ne pas revenir sur la scène. La vérité est que j'ignorais ce genre de rappel inusité au Théâtre-Français. A mon entrée, à l'acte suivant, je fus en revanche salué de chaleureuses acclamations. Qu'on n'attende pas de moi, au souvenir de cette inoubliable soirée du 21 janvier, de déclarer que le théâtre de Ponsard était si mauvais ! Le public sanctionna du reste le verdict de la première, et la pièce fut jouée fort longtemps et resta au répertoire jusqu'en 1876.

Puis vint *la Loi du cœur*, de Laya, qui roulait un peu sur le même sujet et ne valait pas à beaucoup près la comédie de Ponsard. Édouard Thierry et l'auteur combinèrent leurs efforts pour me faire accepter un rôle, Thierry m'écrivit même son désir. On sait pourquoi je m'obstinai dans ma résistance, et je ne jouai pas dans cette pièce fort triste ; Worms me remplaça.

La *Papillonne*, de M. Victorien Sardou, qui fut représentée ensuite, n'était pas précisément une pièce triste, mais gaie, au contraire, très gaie, un peu bouffonne même, c'est M. Sardou qui l'a dit lui-même. La *Papillonne* avait été promise au Vaudeville, où Fargueil et Félix devaient l'interpréter. Sur la demande expresse du ministre d'État, Fould, qui après le succès de *Nos Intimes*, réclamait de l'auteur *immédiatement* une pièce pour les Français, M. Sardou, malgré lui, dut porter sa comédie rue de Richelieu.

Ce vaudeville à imbroglios, à « tiroirs » et à chassés-croisés comme on en a tant vus depuis, n'était pas à sa place au Théâtre-Français; les acteurs, même Got et Augustine (le mari et la femme atteints de la « papillonne », c'est-à-dire enclins à devenir volages), se sentirent dépaysés. Ces trois actes, écrits avec une verve endiablée, coururent la poste du succès en province, mais, à Paris, trente représentations l'enterrèrent.

D'aucuns se rappellent-ils qu'au mois d'août de cette même année débutait une élève de Samson et Provost, lauréate du Conservatoire? L'écolière un peu gauche qui récitait alors sans éclat le rôle d'Iphigénie, c'était Sarah Bernhardt!

Après le sombre drame espagnol en vers de Léon Bouilhet, *Dolorès*, qui, malgré une bonne interprétation, succomba sous ses poignards et ses poisons, la Comédie terminait l'année par une nouvelle pièce d'Émile Augier.

Le Fils de Giboyer souleva des tempêtes. C'était une nouvelle incarnation de ce Giboyer journaliste à la plume vénale, et, là, le personnage des *Effrontés* apparaissait, non pas en silhouette, mais en pleins traits. Il s'est mis au service d'un Comité de bonnes œuvres dirigé par une baronne Pfeffers et remplace le saint journaliste du parti religieux Déodat.

La satire était vive contre ce qu'on appelait les cléricaux — représentés par le marquis d'Auberive, par le député Maréchal et quelques hobereaux de province, dont le comte d'Outreville, neveu de d'Auberive. Maximilien Gérard, secrétaire de Maréchal, et qui aime la fille de celui-ci, Fernande, ne se trouve-t-il pas être un enfant trouvé et le propre fils de Giboyer? Le milieu peu ordinaire dans lequel se meut une action mouvementée, les coups de lanière donnés à des gens qu'on assura être des portraits, tout cela suscita des polémiques. Louis Veuillot, qui s'était reconnu en Déodat, Eugène de Mirecourt, qui se disait désigné dans le biographe pamphlétaire, — sans compter Victor de Laprade et ses strophes, *la Chasse aux Vaincus*, parues dans le *Correspondant* du 25 décembre, — attaquèrent violemment Émile Augier. Celui-ci répondit, et, soutenu par une grosse partie du public, il eut gain de cause. Le succès qu'une conspiration du silence eût arrêté dans son essor n'en fut que plus éclatant, littérairement et pécuniairement parlant. En province, notamment dans le Midi, des cabales furent organisées, ce qui fut une cause de plus de retentissement et de résultats matériels.

Il y aurait bien des réserves à faire sur l'esprit et les tendances de la pièce; l'intérêt et « l'amusant » n'étaient pas douteux. Madame Plessy jouait en grande comédienne la fausse grande dame; Samson continuait à incarner le marquis d'Auberive, Got était toujours Giboyer, ce hideux prototype des bohèmes véreux qui méritent le bagne; Favart personnifiait la touchante Fernande; Laroche, qui venait de débuter, se faisait remarquer dans le jeune comte d'Outreville; enfin, je jouais le fils naturel Maximilien.

En mars 1863, vient la série des représentations d'adieux de Samson. Le doyen de la Comédie-Française, passa en revue successivement tous les rôles de son répertoire. C'est Bertrand, de *Bertrand et Raton;* Hector, du *Joueur,* Mascarille, Sganarelle; Sosie, Cliton, du *Menteur;* Jourdain du *Bourgeois gentilhomme;* puis *les Fausses Confidences,* le *Mariage de Figaro* (Bridoison), *le Jeu de l'Amour* (Pasquin), *le Village, la Camaraderie,* etc. La dernière représentation fut donnée le 31 mars; *Mademoiselle de la Seiglière* avec Samson en-

marquis, et Maillart jouant aussi pour la dernière fois Bernard Stamply. Cette soirée suprême ne fut qu'un long triomphe pour le grand artiste, qui était sociétaire depuis 1827. Voici la note du registre journalier du théâtre :

« A la fin du spectacle, quand le public en masse a rappelé les acteurs, toute la Comédie s'est rangée des deux côtés de la scène, afin de faire honneur au doyen des Sociétaires donnant sa dernière représentation. Couronnes et bouquets sont tombés à ses pieds, et des bravos unanimes l'ont accompagné jusqu'à sa sortie du théâtre pour se rendre chez lui. »

Parmi la masse des couronnes, l'une avait été dressée en forme de croix d'honneur. Ceci mérite deux mots d'explication. Sous la Présidence, il avait déjà été question de décorer Samson, mais la décision s'était trouvée ajournée. M. Legouvé, prenant en mains la campagne en faveur de la décoration des comédiens, opinait hautement pour que Samson, doyen de la Comédie, professeur au Conservatoire, auteur dramatique à ses jours, inaugurât la série. Quand il en fut parlé à Samson, on avait mis cette condition qu'il quitterait le théâtre. Le doyen avait refusé net, voulant être décoré comme comédien et non comme auteur. Après sa représentation de retraite la difficulté avait disparu : Samson ne tardait pas à recevoir le ruban comme professeur au Conservatoire.

J'ai déjà dit combien j'avais dû à Samson, à mes débuts, puis la part qu'il avait prise à ma nomination de sociétaire, au moment où, découragé, je songeais à quitter la Comédie pour le Théâtre-Michel. Bien des fois il avait rompu des lances en ma faveur, et mes relations avec le grand comédien étaient toujours restées parfaites. Ayant eu soin de ne pas prendre parti dans ses querelles avec Rachel, je n'enregistrai aucun nuage entre Samson et moi, et je gardai intact le souvenir de sa bienveillance.

Cette reconnaissance, j'eus l'occasion de la témoigner quand il fut question, en 1876, d'élever un monument sur la tombe de Samson. On avait organisé une représentation à la Porte-Saint-Martin, où figuraient beaucoup de ses anciennes élèves : Plessy, Madeleine Brohan, Favart et une grande partie de la Comédie. M. Legouvé fit une conférence, et la soirée fut fructueuse, près de dix mille francs de recettes.

Aussi fûmes-nous plus qu'étonnés quand Ballande remit au fils de Samson, venu pour le remercier, un unique billet de cinq cents francs.

Cela ne pouvait se passer comme cela, pensai-je. J'en parlai à M. Perrin, alors directeur; il me permit d'ouvrir une souscription, de m'entendre avec le sculpteur Crauck et l'architecte Escalier (j'ai tout le dossier dans mes papiers.) Une somme rondelette fut assez vite recueillie, la Comédie s'inscrivant en tête, et c'est ainsi que Samson eut bientôt son monument au cimetière Montmartre en face de celui de Levasseur, de l'Opéra.

Mademoiselle Agar débutait en mai dans la tragédie. Venant de l'Odéon, après avoir joué sur diverses scènes, elle avait été longtemps l'étoile du petit théâtre de la Tour d'Auvergne. — N'oublions pas que cette scène miniature fut une pépinière de jeunes talents : Saint-Germain, les Coquelin, Worms, Rousseil, Chaumont, Desclée, Antonine, Marie Delaporte, Emma Fleury, Jouassain, etc. — Le succès dans *Andromaque* et Clytemnestre d'*Iphigénie* ne répondant pas à son attente, elle ne tardait pas à quitter la rue Richelieu pour la Porte-Saint-

Martin et l'Ambigu. Nous la verrons rentrer plus tard aux Français avec un talent plus mûri, et remporter d'incontestables succès.

A la même époque, M. Jules Lecomte eut la chance de voir une petite fantaisie en un acte : *une Loge à l'Opéra,* interprétée de façon remarquable. C'est Madeleine, Bressant, Coquelin (qui vient d'autre part de prendre possession du rôle de Figaro du *Barbier*). Presqu'en même temps, la Comédie donnait un petit acte en vers d'un auteur nouveau. *Trop curieux* avait été apporté par un jeune employé de l'enregistrement qui, depuis, connut la célébrité : Edmond Gondinet.

Reprendre la *Jeunesse,* cinq actes en vers de la première manière d'Augier, c'était faire œuvre de galanterie envers l'auteur à la mode. Bien composée, bien écrite, mais longue et froide, la *Jeunesse* ne retrouva pas son succès de l'Odéon; Marie Royer n'avait pas le charme maladif de mademoiselle Thuillier, et puis le public s'était habitué aux satires spirituelles et violentes d'Augier, il trouva la *Jeunesse* bien anodine.

Après les reprises sans éclat d'*Eugénie,* de Beaumarchais (Emma Fleury, très touchante, le reste de l'interprétation assez terne), et de la *Mère Confidente*, de Marivaux (bien jouée, d'ailleurs par Worms, Coquelin et Émilie Dubois), le Théâtre-Français représentait une comédie curieuse de Vacquerie : *Jean Baudry*.

C'est la théorie des *Misérables* de Victor Hugo, mise à la scène par son disciple. Jean Baudry, négociant du Havre, a arrêté de ses mains un jeune vagabond, Olivier, au moment où celui-ci tentait de lui escamoter sa bourse. Au lieu de faire jeter le polisson en prison, Baudry se prend de pitié pour lui, voit une belle œuvre à accomplir et emmène Olivier chez lui. Il le fait élever libéralement, le traite comme son fils; après de bonnes études, le jeune homme devenu médecin s'est fait rapidement une bonne situation.

Jusque-là, tout va bien : l'amour doit réveiller chez le jeune homme les instincts d'*outlaw*. Il s'est épris d'Andrée Bruel, fille d'un riche négociant du Havre, ami de son père adoptif. Sans être insensible aux hommages d'Olivier, Andrée n'a encore rien fait pressentir de ses projets lorsque, en coup de foudre, éclate la ruine de Bruel. Baudry, toujours généreux, offre une partie de sa fortune à son ami pour parer à la faillite; Bruel, avec une délicatesse bien invraisemblable, refuse cette générosité... Il n'ose persister pourtant dans son refus quand Baudry pour faire taire ses scrupules lui offre d'épouser Andrée. Bruel cède et accepte de la main d'un gendre ce qu'il refusait de la main d'un ami; Andrée, malgré la différence d'âge, se sacrifie pour sauver son père.

Reste la passion d'Olivier dont on n'a pas cru devoir tenir compte et qui s'exaspère en face d'un obstacle d'autant plus infranchissable que le quinquagénaire Baudry a la tête remplie d'amour. D'abord, Andrée est parvenue à le calmer, mais au moment où le mariage va se conclure, Olivier lui demande, pour le soir même, un rendez-vous suprême. La jeune femme commence à avoir peur et, hésitant à se rendre au rendez-vous, elle se confie à son futur mari. « J'irai à votre place », dit simplement Baudry, et, au lieu de la jeune fille, Olivier trouve au rendez-vous son père adoptif.

La scène, bien menée, est belle. Que sortira-t-il de cette rencontre où la jalousie, remplaçant les sentiments qu'on s'attendait à rencontrer — affection paternelle d'une part, reconnaissance de l'autre — anime ces deux hommes l'un contre l'autre? Le dénouement est fait pour étonner. C'est Baudry qui, apprenant qu'Olivier est aimé d'Andrée, offre de lui céder la place et de s'éloigner. Le fils adoptif, qui a si bien méconnu tout ce qu'il doit à Baudry, n'accepte pourtant pas facilement le dernier sacrifice que lui fait son protecteur. Il offre d'accompagner Baudry et, dans un voyage au delà des mers, d'oublier celle qui est la cause de leur désunion.

Le vieux négociant, dont l'été de la Saint-Martin ne sait pas résister au plaisir de faire encore des heureux, accepte le voyage consolateur tout en disant à Andrée, et ceci fait pressentir le prochain dénouement : « Je vous le ramènerai. » Malgré la scène où Olivier semble faire amende honorable — devant l'offre généreuse de Baudry, la lutte n'est plus que de forme et le fils adoptif peut entrevoir le couronnement de son amour, — la sympathie ne pouvait guère aller au jeune ingrat dont le seul moyen de se rendre intéressant était de s'effacer dès l'abord devant celui à qui il devait tout. Andrée ne sera-t-elle pas plus malheureuse en épousant ce vaniteux et ce violent qu'en acceptant tout simplement l'excellent

Baudry pour époux? Ces réserves faites, on fit bon accueil à la pièce, plus simplement écrite que les œuvres précédentes de ce dernier romantique, et le succès fut fort honorable. Régnier fut parfait dans le rôle exagéré de bonté de Baudry, Favart montra de la dignité et de la « sensibilité » dans le personnage peu original d'Andrée. Que dirai-je de mon rôle d'Olivier? il était antipathique; mais j'avoue que parce qu'il y avait difficulté, je m'y attachai davantage. Je n'avais pas l'habitude de représenter des personnages si peu intéressants : le lendemain de la première, madame Plessy me dit en minaudant : « Mais, c'est un galérien que vous jouez là... Ah! le vilain drôle ! »

Le *Dernier Quartier*, première pièce de Pailleron aux Français, amenait en novembre une série de bonnes représentations. Des vers, il vaut mieux n'en pas parler. Pailleron, comme dira plus tard Sarcey, a été de ceux « qui ont l'air de croire qu'un vers est d'autant meilleur qu'il se rapproche davantage de la prose ». Un des intérêts de la piécette était la rentrée de Lafontaine qui venait d'être reçu comme sociétaire en même temps que sa femme.

Une erreur de Jules Sandeau, *la Maison de Penarvan*, terminait l'année. Le roman avait eu beaucoup de succès dans la *Revue des Deux Mondes*, Sandeau se crut sûr du public et, sans recourir cette fois à l'utile collaboration d'Augier et de Régnier (comme pour *le Gendre de M. Poirier* et *Mademoiselle de la Seiglière*), il présenta sa pièce seul. Elle échoua complètement.

L'année suivante, Sandeau faisait passer du Gymnase aux Français, son *Gendre de M. Poirier*, un chef-d'œuvre qu'on ne raconte pas.

On peut rappeler que cette délicieuse comédie, tirée en partie de *Sacs et Parchemins*, s'appelait d'abord *la Revanche de Georges Dandin*, ce qui fit dire dans le public que c'était surtout la revanche de la *Maison de Penarvan*. Un grand intérêt s'attachait à la manière dont les rôles seraient rendus par les nouveaux interprètes. Tout en louant fort Provost, d'aucuns remarquaient que Lesueur s'était montré plus original en Poirier. A Rose Chéri succédait Favart, qui avait à dépasser un bien charmant modèle; Lafontaine remplaçait Dupuis, excellent en duc de Montmeyran; il joua autrement et fut fort goûté. Quant à Bressant, Gaston de Presles fut pour lui l'occasion d'un très grand succès. Les petits rôles épisodiques et gais étaient joués fort agréablement par Barré, Eugène Provost, Verdellet.

J'arrive à *Maître Guérin*, qui se passe en province dans une étude d'huissier. La nouvelle pièce d'Augier n'était, sans nul doute, pas très bonne au point de vue de l'unité classique, puisque l'intérêt se divise sur une quantité de personnages; mais elle était curieuse, le personnage de l'homme de loi *avaricieux*, madré et retors, bien que poussé au noir, étudié et présenté de main de maître. Ce Guérin, qui veut par des moyens peu licites acquérir à vil prix le domaine de Valtaneuse que possède un inventeur pauvre, Desroncerets, se trouve entravé par son propre fils qui revient à point du Mexique avec les épaulettes de colonel pour démasquer publiquement les petites infamies de son père. Il sort de la maison en entraînant sa mère. Desroncerets a une fille nommée Francine (Favart) qui finit par épouser le colonel, bien que ce dernier soit très attaqué par une veuve riche et intéressante, madame Le Coutellier. Got avait fait une très curieuse création du rôle de Guérin, Nathalie se montrait énergique et pleine d'autorité dans la scène où elle se révoltait contre la domination de son triste mari. Madame Le Coutellier, grande coquette, brillante, tenant à la fois dans ses filets le colonel qu'elle éblouit et le petit cousin Arthur qu'elle fascine, c'était bien la part de madame Plessy, et, en effet, celle-ci s'y montra comédienne accomplie. Le rôle du colonel convenait parfaitement à Lafontaine, qui s'y montrait aussi authentique que possible. J'étais assez mal partagé avec mon petit rôle d'Arthur, le gandin berné par sa cousine.

X

Le Supplice d'une femme. — Girardin et Dumas. — Le manuscrit oublié. — *Henriette Maréchal.* — Distribution des rôles. — Lettres d'Édouard Thierry. — La première. — Mort de Provost.

Quel retentissement eurent deux pièces d'ordre divers représentées au cours de 1865!

La première, *le Supplice d'une femme* qui fut annoncée : drame en trois actes de MM. XX., était due à la collaboration d'Émile de Girardin et d'Alexandre Dumas fils.

Plusieurs versions avaient été d'abord présentées par le célèbre publiciste, dont c'était le premier essai au théâtre ; toutes avaient été reconnues injouables par le Comité, avec cet amendement néanmoins que le drame contenait une idée nouvelle et forte et que, remanié par une main habituée au théâtre, il était susceptible d'être représenté. Comment Girardin s'adressa à Dumas si habile à user des idées des autres en les rendant applicables et siennes à force d'esprit, de talent, de force du métier ; comment Dumas tailla, coupa, recomposa d'abord en se servant du canevas de Girardin ; comment ensuite, il prit le parti, tout en suivant le plan primitif, en conservant les scènes principales, de récrire la pièce et de changer le dénouement, ceci a été dit et redit. Girardin n'était qu'à moitié satisfait : il refit sa pièce lui-même en y entremêlant quelques-unes des retouches de Dumas et la présenta de nouveau au Comité.

Nouvelle lecture et décision absolue du Comité de s'en tenir au drame, tel que le voulait Dumas. Les répétitions se poursuivent activement ; colère de Girardin qui dénigre tous et tout, déclare hautement qu'il ne s'occupera plus de rien et qu'il ne signera pas la pièce sur l'affiche. Tout cela faisait beaucoup de bruit ; plusieurs semaines avant la représentation on s'en occupait, on s'en agitait. Et, le 29 avril, ce fut un vrai triomphe, et un triomphe presque sans contestation. Dans sa terrible simplicité, le drame faisait un effet immense : la scène si tragique et émouvante où la femme au moment de s'enfuir avec son amant, prenant horreur de sa faute, livre son secret à son mari en lui communiquant la lettre qui la conjure de partir, l'admirable sang-froid du mari, son entretien avec l'amant, enfin le renvoi de la femme de la maison... tout cela écrit nerveusement, dans un style clair et concis, tout concourut au très légitime succès. Qu'on ajoute à cela une interprétation hors ligne : Régnier se tirait bien de ce rôle de mari trompé et de justicier, à force de dignité, de tenue, de calme même dans la scène terrible où il apprend son sort de la bouche même de sa femme. Madame Dumont, c'est Favart qui s'est rarement élevée à une aussi grande intensité dramatique. Elle était alors en plein épanouissement de beauté et de talent ; elle tenait là un rôle fait pour elle et elle le garda longtemps. (Le drame est toujours au répertoire).

Mademoiselle Ponsin se fit remarquer dans le rôle d'une coquette qui représente la note spirituelle de la pièce ; enfin Lafontaine avait admirablement composé le personnage ingrat d'Alvarez.

A mesure que le succès grandissait dans la salle, Édouard Thierry adressait des messages de plus en plus pressants à Girardin, le suppliant de se laisser nommer. Le publiciste s'entêta et Régnier, le rideau relevé après le dernier acte, dut déclarer que les auteurs entendaient garder l'anonyme. Et il en fut toujours ainsi ; au cours des cent représentations, et même après que les auteurs se furent réconciliés, l'anonymat fut respecté Sur la pièce imprimée, Girardin signait la préface seulement. Ce ne fut que dans l'édition à cent exemplaire de *sa* version qu'il se décida à mettre son nom.

Un dernier mot : on a beaucoup répété que Girardin avait voulu rendre dans *le Supplice d'une femme* une aventure qui le touchait de près. Est-ce tout à fait exact ? Le sujet initial, un érudit ès choses théâtrales, M. Georges d'Heilly, l'a trouvé aux archives du Théâtre-Français dans un manuscrit faisant partie des papiers de Beaumarchais. Ce drame qui semble avoir tant servi, — peut-être n'est-ce qu'une étrange coïncidence ? — à l'auteur du *Supplice*, est d'un M. Chalumeau, administrateur du district de Melun ; il fut publié en 1791, sous le

10.

titre de *l'Adultère* ; dans la forme manuscrite, d'ailleurs absolument conforme au texte imprimé il est désigné sous le nom de *l'Ami de la Maison*. Pour les analogies du sujet et des développements, ceux qui sont d'avis avec La Bruyère qu'il n'y a rien de nouveau sous le soleil, liront avec fruit le *Journal intime* de M. d'Heilly.

L'autre pièce à tapage de 1865, c'est *Henriette Maréchal*, des Goncourt. De mémoire d'homme, on n'entendit autant de sifflets ! Une cabale était montée contre les auteurs, réputés audacieux, qui rompaient en visière avec les sentiers battus, se permettaient des licences qui paraissaient, *à l'époque*, phénoménales... et qui, de plus, avaient le grand tort, aux yeux d'un certain public, d'être protégés par la princesse Mathilde. On leur niait donc le talent avant de les avoir entendus, et, sans défendre en aucune sorte une pièce que je ne trouve pas digne du Théâtre-Français, je ne puis m'empêcher de constater qu'elle fut condamnée surtout par ceux qui empêchaient de l'écouter. La distribution des rôles avait donné lieu à pas mal de tâtonnements. Les Goncourt avaient donné celui de l'aîné des Bréville à Bressant, et à moi celui du plus jeune. Bressant ne tenait pas à son rôle (ce fut Got qui le prit), et préférait le Monsieur en habit noir, celui qui, au bal de l'Opéra, invective les masques et s'en voit salué d'épithètes gouailleuses. « *Abonné de la Revue des Deux Mondes* » fit fortune à l'époque et survécut au naufrage de la pièce.

On m'avait choisi, moi, pour Paul de Bréville. J'hésitais, tant le rôle était jeune, et Sarcey — qui ne fut pas toujours bien pour moi, tant s'en faut — trouvait que j'avais raison de ne pas me perpétuer dans « les petits phénomènes ». Je demandais des modifications, très désireux qu'on me retirât le rôle. Thierry avait même sous la main Delessart, du théâtre de Bordeaux, dans le cas où je ne jouerais pas. Le 12 septembre le directeur m'écrivait :

« MM. de Goncourt m'ont fait remettre le rôle de Paul de Bréville quelque peu revu et modifié. J'ajoute à ces changements cette addition introduite dans le rôle de Pierre et qui a son importance. Elle se trouve au premier acte, vers le milieu du récit que l'aîné des Bréville fait à son frère :

« Je *t'ai formé*, je *t'ai armé* comme j'ai pu. Tu as fini par devenir bachelier. J'ai voulu t'empêcher de dévorer ta jeunesse... »

Thierry explique la raillerie : « Il me semble que cela pare à bien des choses. Paul n'est plus un collégien. Entre le lycée et le bal de l'Opéra, il y a eu un stage qui peut avoir duré plusieurs années. On a envoyé son cœur dormir en province. Le cœur a dormi, mais Paul n'en a pas moins pris de l'âge ; seulement son cœur est resté plus jeune que lui, et au moment où il se réveille, l'ingénuité de son amour est en retard sur son acte de naissance. »

Mon correspondant croyait démanteler mes hésitations par les lignes suivantes :

« Je vois là tout ce qu'il faut pour vous rassurer contre la délicatesse de vos scrupules et tout ce qu'il faut aussi pour m'armer victorieusement contre eux. L'âge est écarté, il ne reste que l'écolier d'un premier amour à rendre dans toute sa fraîcheur et toute son énergie. C'est du talent, c'est de la grâce, de la diction et de la flamme que le rôle demande, vous êtes en fonds. Et pour ne pas trop perdre un temps précieux, je ne remettrai pas à plus tard que jeudi la collation du rôle... »

Thierry insistait pour que je répondisse aussitôt. Il fallait prendre un parti. Je cédai. Au fond, j'aurais mieux fait de m'en tenir à ma première idée. Bref, les répétitions commencèrent. Plessy, en madame Maréchal, avait pour fille Victoria Lafontaine, et Lafontaine jouait le mari outragé. J'ai dit que Got était mon frère aîné. La mise en scène n'alla pas toute seule : l'un des frères, Edmond, était franchement insupportable, l'autre, Jules, plus doux.

Faut-il rappeler le dénouement du drame? Le mari, Maréchal, va surprendre Paul, enfermé chez sa femme : Henriette se dévoue, pousse violemment l'amant de sa mère dans sa propre chambre et va s'agenouiller devant la porte, qui finit par tomber sous les coups d'épaule de son père. Entrevoyant une ombre suppliante, Maréchal la prend pour l'épouse coupable, et, d'un coup de pistolet, tue sa fille. Ce ne fut pas ce dénouement répugnant qui fit crouler la pièce, mais bien le premier acte, sur lequel s'acharnait la cabale. A la première, les sifflets furent violents pendant ce premier acte, mais nous pûmes jouer le deuxième et le troisième; sifflets et tumulte à la chute du rideau. Il n'était question que de cela le lendemain 6 décembre, et tout le monde voulut voir la pièce, ou l'entendre siffler, nouveau genre de distraction. Les bureaux de location sont assiégés et tout est pris jusqu'à la sixième représentation. La chute allait-elle se transformer en succès ?

A la seconde, le premier et le troisième actes furent sifflés par moments ; à la troisième, les sifflets furent perpétuels. Le soir de la quatrième, ce fut pis : on n'entendit pas un mot du premier acte, car dans le débordement de ces sifflets à roulette, qui faisaient mal à l'oreille (on disait Pipe-en-Bois l'inventeur de ce genre de supplice théâtral), nous avions pris le parti de ne pas essayer de dominer le tumulte. Le souffleur n'avait même pas ouvert la brochure, Got et moi nous parlions entre nous et mimions nos scènes ; à leur tour, Plessy et Bressant entraient en scène et faisaient de même. Ainsi mimé, le premier acte fut joué en dix minutes au lieu de vingt-cinq.

Notre persévérance nous fit respecter pour le reste de la soirée, et le deuxième et le troisième acte se terminèrent sans sifflets.

A la cinquième, le tapage était déjà moins grand. Néanmoins, on ne pouvait continuer longtemps de la sorte, et après la sixième, malgré une recette de près de quatre mille francs, la pièce fut définitivement retirée... et enterrée,

La cabale avait été foncièrement injuste; il ne restait d'autre ressource aux Goncourt que de protester, et ils le firent hautement en publiant leur pièce, qui portait en dédicace : « A M. Édouard Thierry... nous dédions cette pièce, qu'il a eu le courage d'accueillir. » Dans la préface, ils se défendaient judicieusement des iniques attaques dont ils étaient l'objet... La pièce fut reprise à l'Odéon vers 1884. Albert Lambert y jouait fort gentiment mon rôle de Paul de Bréville. Elle passa aisément; la cabale n'existait plus et le temps avait marché. En revanche, le succès fut minime.

En fin d'année, très peu de jours après la tumultueuse représentation d'*Henriette Maréchal*, la Comédie perdait un artiste de grand talent, parvenu, à force d'étude et de travail, à un naturel exquis. Dans *le Malade*, *l'École des Femmes*, *Tartufe* et *l'Avare*, Provost avait atteint la perfection; dans l'oncle van Buck, dans le préfet de *Bataille de Dames*, dans *le Bonhomme Jadis*, il laissait d'impérissables souvenirs; sa dernière création, M. Poirier, avait été un triomphe. Je m'empresserai d'ajouter, du reste, que Got l'y dépassa de beaucoup.

Provost, alors âgé de soixante-sept ans, était sociétaire depuis 1839 et avait joué dans cent quarante-trois pièces. Professeur au Conservatoire, c'est lui qui a formé Got, Maubant, Saint-Germain.

XI

Le Lion amoureux. — Fantasio. — Le Fils et Galilée. — Hernani. — De Firmin à Mounet-Sully. — Les Souverains à Paris. — La Comédie-Française à Compiègne.

A propos de Madeleine si charmante en marquise de Maupas, et de mon rôle si séduisant de Vaugris, j'ai déjà donné mes impressions sur *le Lion Amoureux* de Ponsard, qui inaugurait victorieusement l'année 1866, tout de suite après la chute d'*Henriette Maréchal*. Je n'ai à y revenir, pour ne pas interrompre la série, que pour constater que le *Lion* fut un très grand succès.

La mise en scène de *Gringoire*, un acte en prose du poète Banville fut l'occasion, en juin, d'un très grand succès pour Coquelin et Lafontaine. L'étrange et peu jouable comédie de

Musset, *Fantasio*, affronta les chaleurs de l'été. A côté de Coquelin, très original dans le prince de Mantoue, et de Favart, rêveuse et poétique dans la figure d'Elsbeth, je rendais le rôle compliqué, fantasque et bizarre de Fantasio. Le caprice du poète fut écouté avec respect, mais le succès fut minime et, au bout de trente représentations, *Fantasio* rentra dans l'oubli.

Pour les débuts de Febvre — qui arrivait du Vaudeville — on reprenait en septembre le *Don Juan d'Autriche*, de Delavigne, remanié en quatre actes, puis, peu après, *Par Droit de Conquête* et *Mademoiselle de la Seiglière*, où le nouveau pensionnaire prenait le rôle de Bernard Stamply, qu'avait créé Maillart. En fin d'année, Vacquerie faisait représenter *le Fils*, quatre actes en prose. L'auteur m'avait confié le rôle de Louis Berteau, rôle assez pénible en soi, mais que j'aimais à jouer. Une fois au moins encore je devais m'attaquer à un rôle antipathique, lors de *Daniel Rochat*. Contestés ou non, on se souvient de ces rôles de grande lutte.

1867! c'est la grande, l'exceptionnelle année. Le monde entier, souverains en tête, vient visiter l'Exposition, et cet imposant défilé d'étrangers fait monter les recettes jusqu'à un million trois cent mille francs.

Pour arriver à ce résultat, point n'était besoin de beaucoup de pièces nouvelles. En fait, elles furent peu nombreuses. C'est *Galilée* en mars ; le chant du cygne de Ponsard était du genre franchement ennuyeux : il contenait néanmoins des pensées élevées, d'un rationalisme qui effraya certains centres religieux. Grâce à la rentrée exceptionnelle de Geffroy pour le rôle de Galilée et à une bonne interprétation d'ensemble, la pièce fut menée jusqu'à vingt-quatre représentations. Pendant ce temps, Ponsard était déjà frappé par la mort ; *Galilée* arrivait au milieu d'une crise violente et c'est à peine s'il put se faire lire les télégrammes de félicitations. Terrassé définitivement après une lutte de trois ans, il ne se releva plus. Le 7 juillet, il mourait à Passy, rue de la Tour ; le 9, la Comédie faisait relâche, et les obsèques furent solennellement célébrées avec discours de Cuvillier-Fleury, Saint-Georges et Édouard Thierry.

Une piécette en vers, d'Alphonse Karr, *les Roses jaunes* ; une chute lamentable de Léon

Laya, *Madame Desroches* ; un *Cas de Conscience*, d'Octave Feuillet, voilà bien tout le bilan des pièces nouvelles. En revanche, une reprise de *l'Aventurière*, dont l'intérêt consistait dans la distribution nouvelle des rôles, — Bressant y jouait pour la première fois Fabrice, Coquelin remplaçait avec éclat Régnier dans le rôle d'Annibal ; — puis, la remise à la scène d'*Hernani*.

Ceci était un événement : représenter sous le gouvernement impérial, devant toute l'Europe assemblée, le drame du proscrit volontaire, ce drame qui, à son apparition, avait soulevé tant de polémiques et déchaîné tant de tempêtes, cela paraissait audacieux. Le gouvernement, tout en n'encourageant pas outre mesure cette reprise — il avait quelques raisons pour cela — ne voulut pas empêcher l'auteur des *Châtiments* de reprendre, sur la scène subventionnée, la place à laquelle son génie lui donnait droit. *Hernani* fut donc représenté le 20 juin avec grand succès et fut le clou de l'Exposition. Ce drame fut joué soixante-douze fois et resta au répertoire.

Favart s'y montra une Doña Sol accomplie et dans ce rôle n'a jamais été dépassée. C'étaient ensuite Maubant, d'une classique et un peu monotone dignité dans Ruy Gomez; Bressant, d'une belle tenue, un peu froid peut-être en Don Carlos. Quant à Hernani, qui l'eût supposé! ce fut à moi que Thierry offrit le rôle. Ceci venait de ce que les hugolâtres s'étaient réunis en conseil avec le directeur et avaient rappelé qu'en 1830 les rôles avaient été tenus par des comédiens. Doña Sol, c'était mademoiselle Mars, d'où le choix très heureux du reste de mademoiselle Favart; Don Carlos, c'était Michelot, voilà pourquoi on avait pensé à Bressant; Hernani enfin avait été tenu par Firmin ce qui faisait songer à moi. J'avais commencé par sourire:

— Vous n'y pensez pas? Ce rôle d'aventurier bouillant, échevelé, à grand panache, vrai personnage de mélodrame, ce n'est pas un rôle pour moi.

— Justement parce que le rôle est poussé à l'extrême il ne doit pas être exagéré à la scène; vous seul pouvez le pondérer et sauver les côtés un peu invraisemblables de ce bravo passionné. D'ailleurs Firmin l'a joué... et c'était un comédien.

Au nom de Firmin, je cédai donc, quoique sans enthousiasme.

Si, pour les scènes de passion, je me sentais

parfaitement dans mon élément habituel, je sentais que l'ampleur physique, que la voix me manquaient. Avec quelle joie aussi j'abandonnai le rôle quand il fut question de reprendre *Hernani* en 1877 ! ma succession échut alors — j'en reparlerai du reste — à Mounet-Sully qui en fit une de ses plus éclatantes créations ; je fus désigné, sur la demande de mon ami Mounet, pour diriger les répétitions et ce fut pour moi un vrai plaisir.

Tour à tour donc les souverains ou princes venus pour l'Exposition furent les hôtes de la Comédie-Française. Il y eut aussi une petite représentation donnée au palais de Saint-Cloud le 24 octobre. Devant l'empereur d'Autriche, on joua : *la Pluie et le Beau Temps* et *une Nuit d'Octobre*, avec Favart et moi.

J'ai déjà noté deux ou trois représentations données pour des souverains sur le petit théâtre de Saint-Cloud. Cela me fait penser à Compiègne, où, presque tous les ans, la Comédie, alternant avec les troupes de l'Odéon, du Vaudeville et du Gymnase, se transportait un soir ou deux pour jouer devant les invités de l'Empereur.

La série commença en octobre 1856 par *la Suite d'un bal masqué* et *le Bougeoir*. Je jouais ce joli petit acte de Caraguel, en compagnie de Bressant et de madame Plessy. Le 27 octobre 1850, les « comédiens ordinaires de l'Empereur » donnaient *l'Avare*, avec les chefs d'emploi classique. Je ne jouais pas en 1858, où furent données deux pièces du répertoire cher à Empis : *la Jeunesse de Henri V*, d'Alexandre Duval, et *les Deux Ménages*, de Wafflard et Fulgence.

Le Duc Job, alors en pleine vogue, fut joué le 24 novembre 1859 avec ses interprètes habituels de Got à Provost, de Nathalie à Dubois. Il n'y eut pas de séjour à Compiègne en 1860, mais, en 1861, la Cour y demeura deux mois et y reçut la visite du roi de Prusse, du roi des Pays-Bas, des ducs d'Oporto et de Béga, frères du roi de Portugal. La Comédie y vint trois fois. La première, devant le roi de Prusse, nous jouâmes *le Bougeoir* et *le Jeu de l'Amour et du Hasard*. Pour le roi des Pays-Bas, ce fut *la Pluie et le Beau Temps* et *les Caprices de Marianne*. Favart y jouait le rôle autrefois tenu par Madeleine, et j'avais gardé mon rôle de Cœlio, aux côtés de Provost, Got et Bressant.

Enfin la troisième soirée se composait de *On ne badine pas avec l'Amour*, avec Favart, Emma Fleury, Jouassain, Provost, Monrose et moi. On nous applaudit beaucoup, Favart et moi, et cette soirée est restée gravée dans ma mémoire.

L'année suivante, en novembre, nous jouâmes *Il faut qu'une porte soit ouverte ou fermée*, avec Madeleine et Bressant, et *Bataille de Dames*, avec Fix, Plessy, Régnier et Provost.

En 1863, les autres théâtres avec *Montjoye* (Gymnase), *les Indifférents* (de Belot) et *l'Aïeule*, par la troupe de l'Ambigu, furent mieux représentés que la Comédie, qui donnait *la Maison de Penarvan*, avec les artistes de la création.

Maître Guérin forma le premier spectacle de 1864; le second se composait de trois petites pièces: *le Cheveu blanc*, de Feuillet; *Faute de s'entendre*, de Duveyrier : Je jouais dans la pièce du milieu, *les Finesses du Mari*, de M. de Saint-Rémy, alias duc de Morny, aux côtés de Coquelin, madame Lafontaine et Ponsin.

Compiègne nous revit classiques en 1865 avec *les Plaideurs*, précédés d'*Au Printemps*, de Laluyé. Nous venions après le succès du vaudeville, *Fanfan Benoîton*, et les *Commentaires de*

César, du marquis de Massa. *Le Verre d'eau* ramenait en novembre 1866 le nom de Scribe.

Une seconde représentation fut donnée le 13 décembre ; elle se composait d'un petit acte : *Pour les Pauvres*, de Louis Garand et Louis Thomas, joué par le ménage Lafontaine, d'*Une Loge d'Opéra*, de J. Lecomte, par Madeleine Brohan, Bressant et Coquelin, avec, au milieu, *Gringoire*, par les Lafontaine, Coquelin, Ponsin, etc.

En 1867, pas de représentation au palais de Compiègne. L'année suivante, *le Duc Job* était donné pour la deuxième fois avec de légères variantes d'interprétation.

En 1869, l'Impératrice se trouvant en Égypte, le séjour à Compiègne fut de courte durée, et la Comédie-Française ne donna pas de représentation.

XII

Départ d'Augustine Brohan. — *Paul Forestier.* — Une lettre d'Édouard Thierry. — Représentations en province. — Ovations à Marseille. — Reprises et nouveautés. — Le buste d'Alfred de Musset et *la Nuit d'Octobre.* — *Les Faux ménages.* — Julie et le bracelet de Favart. — Un Souvenir d'*Amoureuse.* — Juan Strenner. — *Lions et Renards.*

L'année 1868 débuta par une perte importante pour la maison ; Augustine Brohan, à qui le mauvais état de ses yeux ne permettait plus un service régulier, se retirait définitivement, emportant de grands regrets et laissant un vide réel.

Le grand succès de l'année fut une nouvelle comédie en vers d'Augier, *Paul Forestier,* représentée le 25 janvier. La tentative était très hardie, mais elle réussit pleinement. Le public ne s'effaroucha pas trop d'une situation scabreuse et porta aux nues la principale interprète, Favart. Et pourtant cette Léa de Clers, maîtresse, depuis longtemps, d'un peintre, Paul Forestier, se déshonore de façon vulgaire parce que son amant vient de se marier. On l'a éloignée; le père de Paul — comme dans *la Dame aux Camélias* — a obtenu de la jeune femme qu'elle déclarera à son amant qu'elle ne l'aime plus et qu'elle partira; Paul a consenti à épouser une petite pensionnaire, laquelle est la cousine de madame de Clers.

Léa a appris, à l'étranger, la nouvelle du mariage et, pour se venger, s'abandonne au bras d'un professionnel insipide et quelconque. Le lendemain, elle a réfléchi, et elle repousse avec horreur celui qu'elle a subi... par amour déçu. La scène était dure à faire passer sans murmure; le public accepterait-il les différentes transformations de Léa et conserverait-il un peu d'intérêt, je ne dis pas de sympathie, à cette femme « qui se jette dans la honte par passion désordonnée ». La scène passa grâce à l'habileté de l'auteur, grâce aussi à Coquelin, qui montra un grand talent dans son récit du deuxième acte. Ce récit de sa bonne fortune inattendue, suivie d'une si dure mise à la porte, l'amant d'une heure le fait à Paul Forestier alors en pleine lune de miel. On conçoit de quelle fureur peut être saisi le jeune peintre : si aucun remords ne semble l'écraser, en revanche, il écrase de son mépris celle qu'il a tant aimée... et qu'il a si facilement abandonnée, doit-on ajouter... Léa, comme cousine de madame Forestier, continue donc à voir le ménage et elle est tout naturellement amenée à recevoir la visite de la jeune femme de Paul.

Ici se passe une scène attendue -- celle de la *Visite de Noces* de Dumas n'en est qu'un reflet.

Léa est toujours amoureuse et, de plus, elle est jalouse. Elle parvient, à force d'adresse, à arracher à la jeune femme ses plus intimes pensées. De quelle douleur, de quelle colère n'est-elle pas saisie quand elle s'aperçoit que le ménage est uni, que la tendresse conjugale, régulière, l'emporte sur la passion de naguère, qu'elle n'a plus de rôle à jouer. La scène est très hardie : mademoiselle Favart s'y éleva à une grande hauteur; c'est l'apogée du talent de la séduisante artiste, alors en pleine possession du public, elle est acclamée.

Paul Forestier arrive à son tour. A la face de cette maîtresse déshonorée, il veut jeter le dégoût dont son cœur est plein; il se croit assez fort pour remuer des cendres encore chaudes, et le danger qu'il ne pressentait pas se dresse tout à coup menaçant, impérieux, inévitable. Devant la flétrissure dont il veut la marquer, Léa s'est révoltée et c'est elle, l'insultée, qui attaque, qui domine, qui reprend tout entier l'homme qui lui a échappé. N'est-ce pas la meurtrissure de son cœur qui l'a fait obéir à l'esprit de vengeance? N'est-ce pas dans un accès de délire, pour oublier celui dont le souvenir amoureux l'enserrait comme dans un étau, qu'elle s'est jetée au cou du premier larron qui passait? Et, peu à peu, Paul était vaincu... Une grande pitié lui montait au cœur et préparait la rentrée de la passion.

Elle ressuscitait, sa passion insensée avec ses inéluctables désirs, et Forestier, inondé du bonheur renaissant entrevu, oubliait tout... Il abandonnera son nouveau foyer, il partira avec Léa...

Cette scène était poignante... et tous deux, Favart et moi, pouvions lutter de violence d'abord, de passion ensuite.

Comment terminer après cela ce drame violent? Augier craignit de recommencer le dénouement du *Mariage d'Olympe*... et faute de mieux trouver, il réconciliait les deux époux qui vont censément, une fois Léa partie, recommencer leur lune de miel. Voilà une pauvre petite femme dont on ne saurait assez plaindre l'avenir conjugal. C'était Victoria Lafontaine qui avait accepté ce rôle de l'ange du sacrifice, et elle le jouait de façon charmante. A Got était échu le rôle assez mauvais du père.

Paul Forestier fit de magnifiques recettes pendant cinquante-quatre représentations, puis fut repris, en novembre, avec Chéry dans le rôle créé par Got.

J'étais en représentations à Bruxelles en juillet 1868 lorsqu'une lettre d'Édouard Thierry me mit au courant des ennuis du Théâtre-Français avec MM. Hirschler et Bruslon, devenus acquéreurs du théâtre de Casimir Delavigne. Il pleuvait du papier timbré; défense de jouer *l'École des Vieillards*. « La pièce était affichée pour le soir; ce soir peut-être nouvelle sommation par huissier, à laquelle répondra personnellement notre cher avoué, maître Denormandie. »

De là, des projets pour une tournée départementale décidée en principe, sur laquelle le directeur demandait mon avis. On jouerait les pièces accoutumées du répertoire de Molière : puis *Valérie*, *Il ne faut jurer de rien*, une *Tempête dans un verre d'eau*, le *Duc Job*, le *Dernier quartier*, *Gringoire*, *Paul Forestier*, enfin *la Nuit d'Octobre*.

« Le maréchal Vaillant a déjà fait partir une lettre-circulaire pour tous les préfets dont nous aurons à traverser les domaines. Nous sommes patronnés et recommandés, nous sommes protégés autant que faire se peut contre les spéculations... C'est quelque chose, mais le meilleur pour moi, c'est de vous avoir, et mademoiselle Favart avec vous. Dites-le bien à notre *Célimène*. »

En fait, profitant de réparations urgentes à faire dans la salle de la rue Richelieu, la tournée eut lieu sous la direction d'Édouard Thierry et avec Destournelles comme contrôleur général. Avec Got, Maubant, Talbot, les deux Lafontaine, Coquelin, mesdames Favart, Guyon, Dinah Félix, Marie Royer, je partais le 15 juillet. Nous jouâmes à Dijon, à Lyon, à Toulon, à Nice; enfin, du 30 juillet au 10 août, nous donnions douze représentations consécutives à Marseille.

La soirée finale, donnée au théâtre de Marseille, eut un éclat exceptionnel. Elle était composée du premier acte du *Misanthrope*, du deuxième du *Duc Job*, du troisième des *Plaideurs*, du troisième de *l'Honneur et l'Argent* et de *Valérie*. Le spectacle se termina par le triomphe de Favart dans les *Adieux à Marseille*, d'Édouard Thierry. Ce fut un enthousiasme indescriptible; tout le monde était debout, trépignant, agitant cannes et chapeaux, et avec le plus pur *assent*, on nous criait : *Vous reviendrez! vous reviendrez!*

Ce n'est pas une petite affaire que le déplacement de la Comédie, et ces tournées générales ne devaient pas s'organiser souvent. En dehors des deux voyages à Londres en 1871 et 1879, nécessités par d'impérieuses raisons, je ne vois la répétition de ces représentations exceptionnelles qu'en ces dernières années sur le théâtre d'Orange.

Le 12 août, la Comédie rentrait à Paris et rouvrait ses portes le 15 pour la représentation gratuite annuelle (*le Malade, le Dépit, les Plaideurs*).

En fait de reprise: *les Fâcheux*, qui n'avaient pas été joués depuis 1838, *le Préjugé vaincu*, de

Marivaux, *Mercadet*, de Balzac, qui avait eu un grand succès au Gymnase en 1851 et fut alors d'un médiocre effet. Pour l'inauguration du monument de Ponsard, à Vienne (Isère), reprise du *Lion amoureux* (Febvre jouait mon rôle de Vaugris); le spectacle était complété par *Horace et Lydie*, où je jouais pour la première fois le rôle d'Horace, et par des stances à Ponsard, de M. Henri de Bornier. Enfin, pour les débuts de Suzanne Reichemberg, *l'École des Femmes*. La nouvelle Agnès s'y montra l'ingénue rêvée et préludait ainsi à ses succès de l'avenir.

L'antiquité fut ressuscitée dans plusieurs pièces nouvelles : *la Revanche d'Iris*, de Paul Ferrier, bluette restée au répertoire, où madame Ponsin et Coquelin se firent fort applaudir; *Agamemnon*, deux actes de M. Henri de Bornier, qui n'avait pas encore trouvé le chemin du succès. Puis encore : *A deux de jeu*, un acte de M. Legouvé qui servit de bonne rentrée à madame Plessy, malade depuis un an; *le Baiser anonyme*, de J. Blerzy et Albéric Second, agréable saynète qui avait été auparavant donnée au palais de Saint-Cloud; *Histoire ancienne*, erreur de deux hommes d'esprit, About et

Najac. Je retrouve encore le nom de Bornier, qui composa les stances dites par madame Ponsin le jour de l'inauguration au foyer public du buste d'Alfred de Musset par Mezzara. Je ne puis guère oublier cette soirée du 2 mai, où je jouais dans plusieurs pièces : *les Caprices de Marianne*, *On ne badine pas* et enfin *la Nuit d'Octobre* — depuis lors restée au répertoire.

Avec une pièce discutée de Pailleron, mais qui devint un succès, s'inaugurait l'année 1869. Le titre, *les Faux ménages*, en indique bien le sujet. Fils d'une dame séparée de son mari et qui ne porte pas le nom de celui qui l'a abandonnée, Armand vit maritalement avec une jeune ouvrière qu'il veut épouser ; sur le même carré habite un autre faux ménage, M. et madame Ernest, elle, une femme quelconque, lui, un homme déclassé qui retrouve par instant des restes d'une éducation raffinée. Or Ernest est le père d'Armand...

L'intérêt s'engage au moment où madame Armand, voulant marier son fils avec sa nièce et l'arracher à sa liaison, fait irruption chez son fils, avec des airs de père de la *Traviata*. Entre Nathalie (madame Armand), Favart (Esther) et moi dans le rôle d'Armand, il y avait là une scène palpitante qui finissait d'une façon étrange. Ne sachant comment s'en tirer, madame Armand ne proposait-elle pas à l'ouvrière de l'emmener chez elle pour l'étudier et se rendre compte d'une possibilité de mariage avec Armand ! Songez que madame Armand a chez elle sa nièce Aline, laquelle aime son cousin, et que cette jeune fille apprend de la bouche de son frère qui est cette Esther installée à ses côtés. Esther se sacrifie et quitte la maison, ne voulant pas être un obstacle au mariage d'Aline et d'Armand ; l'auteur l'a rendue intéressante et bien près de la réhabilitation.

Tout est-il fini ? Non. La passion d'Armand se réveille, et il déclare qu'il n'épousera jamais d'autre femme qu'Esther. A ce moment, celui que l'on a précédemment vu dégradé et tombé aussi bas que possible, Ernest, prend tout autrement possession de la scène. Il vient défendre son fils contre les égarements de son cœur en mettant à nu sa propre vie à lui, vie d'inutile et de déclassé. En sacrifiant ce qui lui reste d'amour-propre, il ne parvient pas à conquérir l'estime de ce fils qu'il a délaissé. Du moins, par sa confession, a-t-il décroché le dénouement : Esther disparaît avec abnégation, et Armand épouse la petite cousine qui ne s'effraie pas de l'avenir.

Dans cette pièce étrange mais où il y avait de fort belles scènes, le succès vint, dès les premiers actes, à Bressant qui, dans le rôle d'Ernest, s'était pour un moment grimé en vieux dépenaillé et avait composé son personnage de façon intéressante. Il vint aussi à Favart, touchante dans le rôle de sacrifiée, à Reichemberg, gracieuse et sensible dans celui d'Aline. Coquelin dans un personnage de second plan, Thiron, qui faisait sa rentrée à la Comédie dans un rôle insuffisant pour son talent, en attendant l'*Oncle Van Buck*, où il faisait peu après ses seconds débuts, Nathalie, sous les traits de madame Armand, Ponsin, Kime, complétaient avec moi l'ensemble.

Mon rôle d'Armand comportait quelques scènes de déclaration amoureuse qui faisaient passer les phases ambiguës ou ingrates et le moment pénible où j'insultais ce M. Ernest que je ne savais pas être mon père.

En mai, autre représentation à succès. Je n'ai pas à raconter par le menu *Julie*, d'Octave Feuillet, dont le troisième acte souleva l'enthousiasme : un drame d'adultère renfermé en trois petits actes concis et nerveux. M. de Lambre a une maîtresse qu'il force sa femme à recevoir ; pour se venger, madame de Lambre oubliant un peu trop facilement son devoir, se laisse faire une cour assidue par l'ami de son mari, M. de Turgy. Un jour d'orage et... dans une chambre de garde... elle succombe. Et voici, qu'à peine la vengeance irréparable accomplie, M. de Lambre rentre au logis, amendé, rappelant même auprès de lui sa fille, jusque-là tenue éloignée au couvent.

Les deux premiers actes sont assez froids ; le drame commence au troisième. La petite pensionnaire de seize ans se prend d'amour pour Turgy, et comme son père l'encourage et consent volontiers au mariage entre son ami et sa fille, madame de Lambre s'oppose à l'alliance avec une énergie qui inspire des soupçons à son mari. Il presse sa femme de questions et, au milieu d'un interrogatoire cruel, où la malheureuse se défend mal, pour lui faire confesser une vérité qu'il ne pressent que trop, il lui déclare brutalement que Turgy vient de mourir.

Aux cris, au désespoir de madame de Lambre, il ne doute plus de son malheur. Alors il dément la nouvelle annoncée; et comme Turgy entre inopinément, madame de Lambre, succombant à tant d'émotions en sens contraire, tombe pâmée, à moitié morte.

— Tu sais que je te tuerai, dit M. de Lambre à son ancien ami.

— Tu sais qu'elle est morte, répond Turgy, en montrant sur le plancher le corps inanimé de Julie.

Et le rideau tombe. Le dénouement brutal mais essentiellement dramatique sauva la pièce dont les différents épisodes, au milieu de scènes gracieuses et bien écrites, se pressaient, un peu gênés, dans un cadre trop étroit.

Lafontaine en Lambre, Febvre en Turgy, Reichemberg dans le petit rôle de Cécile, mademoiselle Tholer, qui débutait dans le peu agréable personnage de madame de Cressey, la maîtresse imposée, avaient leur part dans les bravos. Mais le poids de la pièce était porté entièrement par mademoiselle Favart, qui remporta un vrai triomphe. « Elle s'est élevée, écrivait Théophile Gautier quelques jours après, à une hauteur que bien peu d'actrices atteignent. » Et en fait, à l'exception peut-être de mademoiselle Mars, nulle comédienne n'aurait pu mieux qu'elle donner aussi parfaite empreinte au rôle de Julie. Le soir de la première où elle fut acclamée, mademoiselle Favart fut, avec les principaux artistes, appelée dans la loge impériale; elle y fut tout particulièrement félicitée, et l'Impératrice eut la délicate pensée de détacher le bracelet qu'elle avait au bras et de le remettre à l'artiste comme souvenir de son triomphe personnel. « Il n'est pas d'une grande valeur, mademoiselle, ajouta la souveraine, mais je le porte depuis quinze ans; c'est le seul prix que je voudrais qu'il eût à vos yeux. »

Il y a quelques années, en écoutant *Amoureuse*, de Porto-Riche, je me remémorais les soirées de *Julie*, car la situation offrait quelques points de ressemblance. La femme qui tracasse son mari de son amour, c'était Réjane; le mari qui repousse le trop fréquent « pâté d'anguilles », c'était Duményi; l'autre, celui qui arrive à point, c'était Calmette. Une des répliques du mari me frappa particulièrement : « Toujours aimer, toujours être jeune, disait-il à sa femme trop pressante... Delaunay, alors ! » — Je n'étais pas prévenu de cette apostrophe...

et, dans le fond de ma baignoire, je piquai un des plus beaux fards de mon existence.

La représentation, en juin, de *Juan Strenner*, de Paul Déroulède, neveu d'Émile Augier, et alors à son début théâtral, n'alla pas sans coups de ciseaux. La pièce avait été écrite en quatre actes ; elle fut d'abord amputée d'un acte, puis réduite à trois, enfin jouée en un acte unique où l'action, ainsi resserrée, étouffait. On trouva le vers ferme et chaleureux, et le poète fut applaudi. Il devait, un peu plus tard, dans l'*Hetman*, à l'Odéon, donner, sans coupures, cette fois, la mesure de son talent. Avec Madeleine Brohan, qui tenait là un bon rôle, je jouais le principal personnage. Le rôle de Rubens, lequel, dans la pièce, était l'amant de madame Strenner, ma mère, était tenu par Lafontaine. Faute de pouvoir faire cesser une situation pénible, je me tuais au dénouement.

De *la Parvenue*, d'Henri Rivière, jouée en août, je n'ai que peu à dire. Malgré quelques bonnes scènes dramatiques, la pièce assez pénible où une madame Calendel exerce honteusement un commerce de chantage n'eut qu'un petit nombre de représentations. L'officier de marine, écrivain distingué, qui l'avait signée, devait faire mieux, et son nom est resté surtout attaché à des nouvelles d'un tour original.

L'année 1868 avait débuté par un triomphe d'Augier, *Paul Forestier*; l'année 1869 se terminait par une demi-chute du même auteur. *Lions et Renards* furent sifflés à la première; les tirades politico-religieuses de Sainte-Agathe déplurent au public, comme le personnage poussé au noir de l'odieux baron d'Estrigaud, comme certains jeux de mots d'une trivialité détonnante. Que Got ait compris merveilleusement ce rôle de Sainte-Agathe renouvelé du Rodin d'Eugène Sue, que Bressant ait bien rendu le rôle de l'autre renard, le viveur éhonté, soit; que les lions, c'est-à-dire les cœurs loyaux, Valtravers, Catherine de Birague et Champlion fussent des figures sympathiques, je l'accorde; mais toute cette lutte des lions contre les renards n'était ni neuve ni agréablement présentée, et c'était un soupir de soulagement quand Champlion, enfin déchargé des soupçons qui pesaient sur lui et débarrassé des maîtres-chanteurs, épousait Catherine de Birague. Dans ce dernier rôle, assez terne, Favart avait trouvé de belles notes; Coquelin en Valtravers, le cousin qui aime mieux le bal de l'Opéra que le mariage, était étourdissant de verve; Thiron en Pervenquière, Madeleine Brohan dans le rôle très faible d'Octavie, enfin madame Jouassain, jeune encore... mais déjà duègne en madame Hélier, complétaient avec moi l'ensemble. En Pierre Champlion, l'explorateur d'Afrique qui vient chercher des commanditaires, se fait d'abord rouler par des intrigants, puis finalement épouse Catherine de Birague, millionnaire et charmante, j'avais un rôle sympathique qui tient tous les derniers actes... et pourtant je sentais la pièce prête à tomber. L'influence du nom d'Augier sur le public, le bon ensemble de la troupe permirent à *Lions et Renards* de passer outre aux sifflets (on avait du reste supprimé à la seconde quelques tirades scabreuses) et même, au grand étonnement de tous, d'arriver à vingt-neuf représentations. Le public tint mieux que ne le lui prêchait la presse. La sévérité outrée de certains critiques, étant donnée la personnalité de l'auteur et les œuvres de haute valeur qu'il avait précédemment produites, fit éclore une jolie réplique de M. Jules Claretie dans l'*Opinion nationale* : « Je tiens à constater, écrivait-il le 13 décembre, qu'on a jugé la dernière œuvre de M. Augier avec une sévérité qui frise l'ingratitude. » Il ajoutait, non sans raison : « Je souhaiterais que la critique accordât aux tentatives hardies, aux intentions profondes, quelqu'une de ces circonstances atténuantes qu'elle prodigue aux pasquinades et aux folies courantes... Il est vraiment presque honteux de voir, à quelques jours de distance, une bouffonnerie nouvelle exaltée outre mesure, et une comédie, fût-elle incomplète et manquée, traitée comme vient de l'être par la critique du lendemain la pièce de M. Augier. »

XIII

Sophie Croizette. — *Dalila*. — Je me démets l'épaule. — Lettre d'Octave Feuillet. — Rentrée dans *le Menteur*. — Représentation du 6 août. — Lettre de Got. — Départ pour Périgueux. — Mounet-Sully. — Lettre d'Édouard Thierry. — La Commune. — Départ pour Londres.

En janvier 1870, débutait une belle et intelligente artiste dont la renommée devait bientôt s'étendre. Sophie Croizette, élève de Bressant, arrivait du Conservatoire, couronnée et précédée d'une réputation artistique toute faite.

Sa physionomie étrange, sa beauté originale, l'étonnante mobilité de son regard, sa voix tantôt douce et tantôt altière, sa diction plus personnelle que conforme aux traditions, tout frappait en mademoiselle Croizette. Dans le rôle de la reine du *Verre d'eau*, elle ne produisit pourtant qu'un effet relatif; il n'était pas assez « en dehors » pour une actrice de cette allure. Mais, en peu de temps, elle devait prendre à la Comédie une place considérable. Elle continuait ses débuts dans Célimène, dans *Dalila*, dans Armande des *Femmes savantes*, Mathilde du *Caprice*, puis dans Rosine. Après le long intervalle du siège et de la Commune, elle devait jouer avec succès Suzanne du *Mariage de Figaro*, et madame de Prie dans *Mademoiselle de Belle-Isle*. Dès ce jour, elle avait ville prise, et ses succès allèrent toujours grandissant jusqu'à ses créations un peu excentriques de *Jean de Thommeray* et du *Sphinx*.

Peu après la représentation des *Ouvriers*, d'Eugène Manuel, ce petit acte en vers si touchants que tout le monde connaît et qui est resté au répertoire, le Théâtre-Français mettait en répétitions *Dalila* d'Octave Feuillet, qui avait eu un grand succès au Vaudeville.

Si je n'étais pas de la pièce, ce n'était ni de ma faute, ni de celle d'Octave Feuillet. Le rôle d'André m'avait été distribué lorsqu'un accident qui eut pour moi de longues et pénibles suites interrompit mes répétitions.

Le 8 février, comme je traversais l'avenue

12.

de la Grande-Armée vers sept heures du soir, en me rendant au Théâtre-Français pour jouer *Paul Forestier*, je glissai sur une pelure d'orange et m'étalai tout de mon long. Je me relevai seul pourtant, ne croyant pas avoir le bras cassé, et pus remonter chez moi (j'habitais alors l'avenue Malakoff.)

Ma sœur se précipite au théâtre et prévient Guillard qui fait changer le spectacle. En ne me voyant pas arriver à l'heure prescrite, Verteuil, le secrétaire du comité, avait déjà eu le temps de s'écrier : « Delaunay n'est pas là, c'est qu'il est mort. »

Pendant ce temps, deux médecins sont accourus : le docteur Touzé et le docteur Raymond, — celui-ci futur successeur de Cabarrus et se disant descendant des comtes de Toulouse. Bientôt arrive un troisième, le docteur Ferréol, envoyé par le théâtre. A eux trois, ils parviennent, non sans difficulté, à remboîter l'épaule qui était bel et bien démise. Puis ce fut le front à recoller... un vrai damier sanguinolent. Ceci fait, je dormis comme un assidu de l'Odéon...

En apparence, je me remis très vite, c'est-à-dire que, peu à peu, le bras recommençait à me rendre de menus services, grâce à des précautions minutieuses. Mais si la gêne locale était conjurée, il n'en allait pas de même de la faiblesse de l'état général ; ma blessure à la tête avait produit un ébranlement du cerveau, une grande paresse de mémoire, des nuages devant les yeux, une lassitude décourageante ; mes forces restaient paralysées sur mes jambes flageolantes, et ce n'est pas sans découragement que j'envisageais l'avenir.

Le docteur Sée, en pleine vogue alors, me donnait ses soins et, sans doute pour me remonter le moral, il me permit de retourner au théâtre. J'essayai, je ne pus continuer. Le 9 mars, je devais rentrer dans Clitandre des *Femmes savantes*. Au dernier moment, je ne m'en sentis pas la force.

Octave Feuillet se montra d'une patience angélique ; il tenait à m'avoir pour le rôle d'André, il se déclara prêt à attendre et attendit en effet. Cette situation ne pouvait durer. Je lui fis dire que je rendais définitivement le rôle, ce qui me valut une charmante lettre :

« ... Il m'est impossible de ne pas vous dire avec quelle amertume et quel profond regret je me sépare de vous en ce moment. Je veux vous répéter avec le vieux Sertorius : « Nous allons rompre la chaîne de nos études communes et de nos enthousiasmes partagés. C'est un déchirement pour mon cœur... »

Voici encore la fin de la lettre ; je suis trop fier du témoignage flatteur d'un auteur comme Feuillet pour le passer sous silence.

Mes relations trop courtes m'ont laissé pour vous, mon ami, pour votre intelligence, pour votre conscience, pour votre talent, un sentiment d'estime et de sympathie qui ne s'effacera pas. De vos efforts généreux et dévoués, je garde la reconnaissance la plus sincère et la plus affectueuse. »

Comment s'étonner, après ces louanges dont ma modestie pouvait s'effaroucher, mais dont la suite des événements devait prouver la sincérité chez leur auteur, que je sois resté tout dévoué à Feuillet ? Je ne jouai pas *Dalila*, mais il me donna d'autres bons rôles dont j'aurai l'occasion de parler.

Donc j'étais impotent, j'avais eu la cervelle déplacée et je m'en ressentis pendant trois ans ; je rongeais mon frein, m'agitant, me remettant bien lentement. Il m'arrivait des échos de théâtre. *Les Deux Douleurs*, un acte en vers dont

François Coppée avait voulu faire le pendant du *Passant*, ne réussit qu'à moitié. Un drame de Jules Amigues et Desboutin, *Maurice de Saxe*, valut un beau succès à Got et à madame Lafontaine dans le rôle de madame Favart, la célèbre comédienne...

Cependant de vilains bruits s'étaient répandus sur mon compte; on avait dit, on avait même écrit que mes troubles cérébraux avaient dégénéré en folie. Il s'agissait de couper court à ces canards... bienveillants, et coûte que coûte, je résolus de tenter un effort, peut-être imprudent, et de me montrer au public. J'offris donc à M. Thierry de jouer *le Menteur*, rôle que j'aimais par-dessus tout, et le soir du 29 juin, j'arrivai au théâtre. J'y trouvai, par exception, l'administrateur (qui d'ordinaire ne descendait pas le soir rue Richelieu et déléguait ses pouvoirs à Guillard). Au deuxième acte, j'étais déjà à bout. A Thierry qui s'informait amicalement de mes nouvelles, je répondis : « Je donnerais bien cent francs pour avoir fini. » Je souffrais, j'étais harassé; je pus néanmoins terminer le *Menteur*, mais la tentative me suffit pour un temps, et je ne rentrai qu'en aout.

Les événements se précipitaient. Agar avait déclamé superbement la *Marseillaise* le 18 juillet entre deux actes du *Lion amoureux*... Les recettes de la Comédie descendent au fur et à mesure que les nouvelles deviennent plus alarmantes. *Maurice de Saxe* fait encaisser des moyennes de deux cents francs; *la Fête de Néron*, de Soumet et Belmontet, qu'on a reprise le 3 août, produit quatre cent trente-cinq francs à la seconde, le 5; le 8 août, c'est *le Duc Job* avec deux cent quatre vingt-treize francs, cent soixante-huit francs le 16 avec *la Fête de Néron*. Qui peut se soucier de théâtre dans un pareil moment?

Une seule représentation donna la plus belle recette que la Comédie ait jusqu'alors réalisée : sept mille six cent quatre-vingt-six francs. Cette soirée du 6 août était d'ailleurs donnée au bénéfice de la Caisse des secours et dons patriotiques pour les blessés. Elle était ainsi composée : 1° les *Ouvriers* de Manuel; 2° la premier et le deuxième acte du *Lion amoureux*, les deuxième, troisième et quatrième actes de *Horace*; 3° un intermède, *le Rhin Allemand*, de Musset, et le *Départ*, de Pailleron, poésies récitées par moi; 4° *Pour les Blessés*, poésie de Manuel, dite par Favart et Coquelin; 5° le chœur des *Girondins*, par la Société des Enfants de Paris ; 6° la *Marseillaise* déclamée par mademoiselle Agar.

Ce que fut l'affluence, ce que fut l'enthousiasme, on se le rappelle ; un vent de patriotisme soufflait dans toutes les poitrines, et si la patrie était meurtrie, on espérait encore la sauver !...

Mais le désastre s'accentuait ; vint la catastrophe qui fit sombrer l'Empire, et, le 8 septembre, la Comédie était fermée par ordre et se transformait en ambulance pour les blessés militaires. Le zèle des sociétaires et pensionnaires, femmes et hommes, les unes infirmières, les autres sous les drapeaux, les services rendus par l'ambulance, la mort du jeune Seveste à Buzenval, la croix d'honneur apportée au lit du mourant (quand on fut bien sûr qu'il n'en réchapperait pas, dois-je ajouter pour être véridique), les représentations extraordinaires données au bénéfice des ambulances, les angoisses et les privations du siège, puis les concerts des Tuileries pendant la Commune... on a tout dit et redit, et je ne ferais que répéter ce qu'a écrit Édouard Thierry dont le *Journal* est des plus circonstanciés... Je n'étais plus à Paris d'ailleurs, et ne me reconnaissant pas qualité pour raconter ce que je n'ai pas vu, je ne m'attarderai pas à de navrants récits que tous connaissent et dont chacun préférerait ne pas avoir à se souvenir. De cette lugubre page de notre histoire, je ne retiendrai qu'un petit fait qui m'a toujours frappé et qui est bien à l'honneur de mon camarade Got.

Got n'avait pas comme moi gardé un souvenir reconnaissant à ce qui n'était plus. Sous l'Empire, il s'était toujours déclaré démocrate convaincu; il eût donc pu comme tant d'autres — courtisans de la veille, insulteurs du lendemain — outrager ceux qui étaient à terre.

Une occasion se présenta où Got donna un bel exemple de modération politique et d'élévation d'esprit. On avait préparé à la Comédie pour le 25 novembre une représentation au bénéfice de la Société de secours aux victimes de la guerre, avec le concours des artistes de la Porte-Saint-Martin. L'un des organisateurs, M. Charles Valois, avait prié Got de dire, à cette soirée presque complètement composée d'œuvres de Victor Hugo, une des poésies « vengeresses » que renferment les *Châtiments*. Le garde national Got répondit par une lettre d'une belle allure, qui fut publiée naguère.

« Je descends de garde aux remparts... Je suis autant que personne admirateur des *Châtiments*; j'ai pour amis des amis intimes de Victor Hugo et je serais fier de servir cette haute renommée dans la mesure de mes forces... Eh bien, malgré tout, un sentiment que je n'ose pas définir ici, mais que j'éprouve invinciblement au fond de la conscience, m'empêche de venir m'associer à la lecture publique des *Châtiments*, sur une scène qui acceptait si bénévolement, il y a quelques semaines, le titre de Théâtre des *Comédiens ordinaires de l'Empereur.* »

Après une boutade sur les « dîners, les cadeaux et les représentations de Compiègne », Got terminait par ces mots : « J'étais un des rares opposants de la veille, qu'on me permette aujourd'hui de me tenir encore à part des trop nombreux fanfarons du lendemain. »

Le résultat de la lettre de Got fut d'écarter *presque* complètement du programme les *Châtiments*, que remplacèrent avantageusement des fragments de la *Légende des Siècles*.

J'ai dit que je n'étais plus à Paris. J'y restai

tant que j'espérai rendre des services. Comme c'était mon devoir, je m'étais fait inscrire à la Garde nationale, mais on ne voulut pas d'un impotent, et quand le départ des bouches inutiles eut été décrété, je me mis en route, par un des derniers trains. C'était le 17 septembre ; ma femme, mon jeune fils et moi nous nous dirigions vers Périgueux.

A l'hôtel de France où j'habitais, je me trouvais un jour nez à nez avec un garçon superbe, portant l'uniforme d'officier payeur des mobiles de la Gironde. Il se présenta à moi, car je ne le connaissais pas du tout. Mounet-Sully, car c'était lui, me raconta qu'il avait un instant fait partie de la troupe de l'Odéon ; ayant été prié de dire des vers dans un Club au profit des ambulances, il me demandait des avis.

Le voilà parlant d'une voix de stentor et déclamant un poème patriotique, qui commençait par : Strasbourg... etc.

Sous ce verbe exagéré, à travers ces gestes démesurés, je ne fus pas sans deviner un vrai instinct dramatique et des qualités d'énergie et de sincérité peu communes : Mounet m'avait fait très bonne impression, et j'entrevoyais un avenir pour l'officier payeur romantique. Je ne lui ménageai ni les encouragements ni les conseils : « Soyez progressif, lui disais-je, l'effet de votre voix chaude et vibrante n'en sera que plus grand... La guerre ne durera pas toujours. Venez me voir alors au Théâtre-Français, je m'occuperai de vous. »

Mounet-Sully promit et tint parole. Aussitôt après la rentrée de Londres de la Comédie, en juillet 1871, il arrivait chez moi. Nous causâmes, et peu après j'eus le grand plaisir de le voir entrer au Théâtre-Français, au commencement de la direction Perrin.

Mounet me sut gré de mon intervention, comme le témoigne un petit mot reçu trois ans après. Il venait d'être nommé sociétaire et m'exprimait sa « vive gratitude pour la façon dont je l'avais reçu à Périgueux et accueilli plus récemment au Théâtre-Français ».

Il débuta dans *Andromaque* avec un très grand succès : les fureurs d'Oreste ne pouvaient être mieux interprétées que par lui.

Depuis lors, sa position s'est affirmée toujours grandissante. J'ai déjà parlé de lui au sujet d'*Hernani*. On sait quels services a rendus et rend toujours à la Comédie ce grand artiste de chaleur communicative : *Hamlet* et *Œdipe roi* sont les rôles où le préfère le public.

Quand j'aurai ajouté que c'est une des vraies colonnes du Théâtre d'aujourd'hui et qu'il est le plus honnête homme que je connaisse, j'aurai terminé le portrait d'un camarade que j'estime et que j'aime.

De temps à autre des lettres m'arrivaient de Paris. Guillard me racontait la mort de Seveste et le discours émouvant de Thierry, puis me donnait des nouvelles de l'ambulance.

« Avec tout cela, nous n'avons pas cessé de jouer un peu. Nous avons donné des matinées du dimanche et du jeudi, composées comme nous avons pu, tantôt d'actes détachés, tantôt de pièces de l'ancien répertoire montées tant bien que mal, le tout pour donner un peu de pain à notre personnel et pas davantage à nous-mêmes. Voilà où nous en sommes. Trois absents comme vous, comme Régnier et Bressant, nous ont enlevé et nous enlèvent encore le meilleur de notre répertoire. Nous avons bien besoin de vous tous et de chacun en particulier... Revenez donc aussitôt qu'il vous sera possible. »

Thierry m'écrivait ce mot rempli d'angoisse, daté du 24 février : « Vous semblez vous plaire où vous êtes, quoiqu'il ne soit guère moins douloureux d'être Français à Périgueux qu'à Paris, mais il ne m'est pas possible de ne pas vous tirer de votre quiétude relative. Le Théâtre-Français touche à une crise qui va commencer dès le mois prochain. La question est grave : elle repose sur la subvention. Jusqu'ici, nous avons à peu près vécu et fait vivre à peu près notre personnel avec dix-neuf mille francs par mois. Le théâtre étant fermé, nous ne devions rien à personne, nous étions donc généreux jusqu'à la prodigalité, mais une fois le théâtre rouvert, ce ne sera pas dix-neuf mille francs, ce sera quarante-cinq mille francs qu'il faudra trouver chaque mois pour le service des traitements, sans préjudice des dépenses courantes… » — La question était plus que grave, en effet. Sans subvention, la Comédie rendue à elle-même pourrait-elle vivre, et combien de temps ? Or, au moment où Paris s'apprêtait à capituler, parler de subvention !… Thierry me demandait de hâter mon retour. Au moment où je m'apprêtais à partir, la tragédie nationale jouait ses dernières scènes :

l'entrée des Prussiens à Paris... puis, enfin, les premières propositions de paix.

La Comédie-Française rouvrait ses portes officiellement le 5 mars ; on devait faire appel à tous les concours, même les plus éloignés, et je ne devais pas hésiter à reprendre mon poste.

Je me mis en route en effet. Arriver n'était pas chose facile... et Dieu sait quel voyage pénible !

Je trouvais la Comédie un peu moins démoralisée que je ne le craignais. Régnier, qui allait prendre sa retraite, donnait une série de représentations qui ramenaient des demi-recettes. En même temps que Bressant jouant *le Jeune Mari*, je rentrais le 16, dans *la Nuit d'Octobre*. Je retrouvais un public peu nombreux, mais très sympathique... pour peu de temps, hélas !

Le samedi 18 mars éclatait l'insurrection de la Commune. Les *Ouvriers* et *l'Honneur et l'Argent* étaient affichés pour le lendemain : le public ne vint pas et l'on ferma les portes. Le 23, nouvel effort, mais les tristes événements de la place Vendôme « nous obligent, dit le registre du jour, à retourner notre affiche et à attendre, pour rouvrir, que la tranquillité soit revenue dans Paris ».

Et pourtant, le 28, la Comédie affiche un spectacle : *Tartuffe* et *l'Avare*. Pendant quatre jours consécutifs nous encaissâmes des ombres de recette...

Pendant que tonne le canon de la guerre civile, le 31 mars, nous accompagnions à sa dernière demeure Samson, mort à l'âge de soixante-dix-huit ans. Pour conduire l'illustre sociétaire au cimetière Montmartre, il nous fallut enjamber des barricades. Ce même soir, Régnier quittait définitivement le théâtre (sa représentation de retraite ne fut donnée qu'en avril 1872).

L'insurrection de la Commune manqua faire mourir la Comédie dans le moment où elle préparait sa reconstitution. Un instant il fut émis l'idée d'une liquidation définitive de la Société: l'Administration proposait de contracter un emprunt. Qui aurait prêté dans une pareille circonstance, à l'heure où l'anarchie n'était pas encore vaincue?

Une excellente idée, chaleureusement appuyée par Got, étudiée dans tous ses détails et consignée dans un rapport spécial, rallia tous les suffrages. Il s'agissait, ne pouvant parvenir à remonter le courant à Paris, malgré les notables diminutions consenties par tous les artistes, à chercher à faire vivre le théâtre en gagnant notre vie à l'étranger.

Mais, en conduisant la Comédie à Londres, devrait-on garder une troupe à Paris ou, au contraire, devait-on supprimer le théâtre de Paris pour n'avoir plus à alimenter qu'une source de dépenses? C'eût été sans doute plus économique, mais comment obtenir de la Commune un passeport général? Il n'y fallait pas songer sous peine de complications graves, et le mieux était, en en référant au gouvernement insurrectionnel, de n'avoir à demander qu'une autorisation partielle. Il faut rendre cette justice aux *ministres* d'alors: ils comprirent que la Comédie-Française avait sa raison d'être, et ils n'essayèrent pas de la supprimer d'un trait de plume. Ils lui permirent d'essayer de vivre; Got a raconté, d'une façon humoristique dans son *Journal* son entrevue avec Raoul Rigault, qui finit par accorder un laissez-passer nominatif pour dix-sept personnes...

Tandis que la jeune troupe, mesdames E. Fleury, Croizette, Agar, Reichemberg, Granger, Tholer (auxquelles s'étaient joints Plessy, Thiron, Coquelin cadet, Kime et quelques autres hommes) tenait à Paris des représentations plus que difficiles, nous nous rendions, nous les anciens, à Londres pour soutenir le drapeau et... sauver la caisse. Le *manager* était Got, avec, comme sociétaires hommes, Bressant, Talbot, Coquelin, Febvre et moi, qui remplis d'abord les fonctions de directeur de la scène, puis celles de directeur après le départ de Got ; les femmes étaient Favart, E. Dubois, Jouassain, Provost-Ponsin ; en pensionnaires : Chéry, Barré, Garraud et Marie Royer. Pour cause de maladie ou d'absence régulière, mesdames Nathalie, M. Brohan, Guyon et Riquer, les Lafontaine ne faisaient partie d'aucune troupe.

XIV

Représentations à Londres. — Notre succès fort utile à la caisse de la Comédie. — Lettres de Thierry, d'Ernest Coquelin, de Sophie Croizette.

Nous voilà partis pour Londres, le 26 avril, et du 1er mai au 31 nous donnions vingt-sept représentations du soir et quatre matinées qui produisirent un bénéfice de quatre-vingt-cinq mille deux cent trente et un francs. Nous restions dans le domaine du répertoire ancien et moderne ; nous évitions les pièces que le public anglais eût jugé scabreuses : *Julie, Paul Forestier, le Supplice, les Effrontés*. Le *Mariage de Figaro* était sur la liste ; je dirai pourquoi il ne vit pas le feu de la rampe.

Pendant ce temps, la troupe restée à Paris luttait avec courage et traversait sans encombre les mois de la Commune. Vingt-six représentations furent données du 26 avril au 31 mai, et le grand répertoire fut applaudi par les grands personnages militaires et civils, de la Commune, accompagnés de leurs « dames ». D'aucuns bâillaient un tantinet aux tirades d'*Andromaque* ou de *Tartuffe*, d'autres ne comprenaient pas bien ce qu'ils allaient voir. Verteuil racontait une anecdote typique. En sortant d'une représentation des *Femmes savantes*, un colonel, fraîchement galonné de l'armée insurrectionnelle, donnait ses impressions à une dame : « Voilà donc cette littérature corrompue de l'Empire ?... *Pas même amusante !...* »

Ce que les « citoyens » Thierry et Verteuil subissaient de suggestifs poulets pour obtenir des billets de faveur, est chose incroyable ! Aussi les recettes étaient-elles plus que minces ; au commencement du mois de mai, la caisse de la Comédie possédait exactement douze mille deux cent soixante-sept francs et il lui fallait trente-sept mille huit cent quatre-vingt-quatre francs pour payer les appointements des deux troupes. Comme les yeux de l'administration étaient braqués de notre côté ! et c'étaient des demandes d'argent perpétuelles que les lettres de Verteuil à Got. Les lettres que je reçus alors de Thierry et de quelques artistes restés à Paris nous permettent de suivre la trame des divers incidents chez les comédiens des deux troupes.

Voici d'abord d'affables et intéressantes lettres de Sophie Croizette qui, en mon absence, se montrait très empressée auprès de ma femme :

« Madame Delaunay vous a-t-elle dit à quel point nous avons été tristes après votre départ ? m'écrivait-elle le 10 mai. Si vous saviez comme nos repas étaient lugubres ! La table me semblait toute grande et toute vide... Plus de conversations, plus de rire, plus d'appétit !... Enfin, vous nous reviendrez, n'est-ce pas ? »

Voici des nouvelles politiques et théâtrales :

« On se bat toujours ; les barricades sont établies en vraies forteresses, nous attendons d'un jour à l'autre l'écroulement de la colonne Vendôme sur le lit de *fumier* qui doit la recevoir. Courbet, acharné contre ce merveilleux souvenir de notre époque de gloire, en presse la destruction avec rage et veut même, avant sa chute, faire brûler à ses pieds par une femme du peuple, tous les exemplaires de l'*Histoire du*

Consulat et de l'Empire. Il promet ensuite de décorer la salle des séances de la Commune! Ce peintre trouvera bien là, n'est-ce pas, la digne place de son noble talent ! »

Après l'iconoclaste Courbet, d'autres réflexions sur la Chapelle expiatoire, qu'on parle de détruire, sur la suppression de tous les journaux, hormis le *Père Duchesne*, sur la rareté et la cherté des vivres...

« A notre théâtre tout va assez bien... Les comiques, chefs de la discorde, n'étant plus là, ce pauvre M. Thierry jouit d'un calme relatif; lui et M. Guillard sont moins secoués par les bourrasques... de qui vous savez... J'ai joué *le Malade* et *les Deux Ménages*; nous jouons aussi très souvent *les Femmes savantes*, où mademoiselle Riquer me laisse pour le moment le rôle d'Armande (elle est au chevet d'un ami mourant).

» Je rejoue aussi *Valérie*. Ah! mon cher comte de Halzbourg, où êtes-vous? Quelle différence! J'aimerais mieux jouer toute seule, je crois, qu'avec quelqu'un qui vous donne la réplique dans un ton faux... Aussi je vois aujourd'hui mieux que jamais à quel point vous m'avez aidée, à quel point vous m'avez soutenue!

Comme c'est bien de l'art pur que l'on fait avec vous! Comme vous savez entraîner dans le mouvement de la scène, et comme on ressent, et comme tout change quand vous êtes là!... »

Il y en avait encore une page sur ce ton; la charmante et belle artiste me montrait une reconnaissance sans bornes et me couvrait de fleurs. Au reste, notre amitié entre Croizette et moi resta toujours sereine.

En d'autres billets, que je ne puis tous donner ici, c'étaient des impressions de la Maison, les reprises étudiées ou mises à la scène, du *Verre d'Eau* à *l'Aventurière*, sans compter ses débuts, à elle, dans Suzanne.

La lettre du 30 mai est entièrement consacrée aux tristes événements politiques; elle est bien curieuse d'impression vécue. Mademoiselle Croizette a vu la mort de près, et son émotion en relatant les incendies dont elle a été témoin est éminemment communicative.

« Comme il me semble bon de pouvoir vous envoyer aujourd'hui mon souvenir, cela surtout après les épreuves douloureuses que nous venons de traverser... Hélas! notre pauvre Paris! dans quel état le retrouverez-vous? Le cœur se serre, les yeux se remplissent de larmes, je vous le jure, à ce spectacle terrifiant de la mort par le feu ! Quant à nous, nous avons passé trois jours et deux nuits d'angoisse horrible... La mort partout. Le feu était sur nos têtes par l'incendie des Tuileries, nous étions sous une pluie d'étincelles, des nuages de flammes nous enveloppaient et de grandes langues de feu léchaient les murs...

» Nous avions à la hâte fait des paquets et des malles et nous avions lancé tout cela dans la cour. (Mademoiselle Croizette et sa mère habitaient la maison Devinck, rue Saint-Honoré). Des maisons de la rue de Rivoli nous sauvions, par escalades et en leur tendant la main, des familles entières et de pauvres petits enfants que ces forcenés empêchaient de sortir par la rue de Rivoli. Les balles pleuvaient dans la rue Saint-Honoré ; on a tiré sur ma mère de la maison d'en face ; deux obus ont passé sur ma tête, et je ne sais pas comment je n'ai pas été tuée : les boîtes à mitrailles éclataient au-dessus de nous, et, pour comble de malheur l'incendie au Palais-Royal ! J'étais toute à ce pauvre théâtre et à ce que nous allions perdre !.. Enfin, pour qu'il ait été sauvé dans des circonstances pareilles, il faut bien croire que la Providence a eu pitié de nous...

» Je ne voudrais pas faire l'éloge de nous-mêmes, mais pourtant nous avons été braves et résignées... J'avais résolu de mourir frappée par une balle plutôt que de me voir grillée vivante dans une cave... Enfin, que vous dirai-je encore? Et les alertes de chaque minute, et les secousses de tous les instants, et pendant seize heures de suite des pièces de vingt-quatre tirant avec un tel fracas qu'il nous semblait que le sang allait partir par les oreilles... Vous savez sans doute le nombre des monuments incendiés et la ruine complète de certains quartiers de Paris; mais ce que vous ignorez, c'est le récit de toutes ces infortunes particulières, de ces spectacles déchirants que l'on rencontre à chaque pas et qui demeurent ignorés du public...

» J'ai écrit seulement un mot à madame Delaunay pour lui dire que nous vivions; j'ai reçu aussi de ses nouvelles et elle me parle de ce qui se passe à Londres. Comme vous aviez bien prévu d'avance ce qui devait se passer là-bas! Enfin, nous nous reverrons bientôt. Après de telles secousses il est bon de se trouver les uns près des autres, de sentir qu'il est des cœurs qui vous aiment et qui pensent à vous!... »

Le 9 juin, Coquelin cadet me donnait d'autres détails sur les incendies :

« Le Théâtre-Français a échappé par miracle aux flammes du Palais-Royal. Le dévouement de M. Guillard, aidé du zèle de Toribio (chef machiniste), ont conjuré tous les dangers. La chandelle qu'on pourra brûler à notre archiviste n'est pas encore fondue. Mystère!... Mais ce qui n'en est pas un pour personne, c'est que l'Odéon a failli être dévoré par le feu, après avoir dévoré tant d'espérances, d'auteurs et de comédiens, et que le public du vendredi avait juré sur la mèche méphistophélique de Chilly de brûler l'objet de leur douleur hebdomadaire. Les fédérés s'y sont opposés, voulant laisser intact l'instrument de torture de la ville de Paris. On ira encore à l'Odéon... »

Quittant le ton railleur, Ernest Coquelin me donnait d'excellentes nouvelles de Croizette, toujours sur la brèche et en progrès évidents. Il pronostiquait bien de l'avenir de la charmante artiste. « Elle est un des sérieux espoirs de la maison, tout le monde se plaît à le dire, et si la justice n'est pas un vain mot, l'avenir lui époussettera une place digne d'elle, le talent lui vient à grandes enjambées... »

Puis quelques jours après, d'autres réflexions humoristiques.

Sans doute j'avais écrit à Ernest Coquelin que nous avions assez de Londres et désirions revenir prendre notre place rue de Richelieu, car voici ce qu'il me répondit le 27 juin :

« Vous me parlez de revenir, *mon cher fils*. Erreur! comme dirait Hugo. Il y a une lutte très cruelle entre le *Spleen* et l'*Intérêt*, et, malheureux que vous êtes! le Spleen va vous faire succomber. Au lieu de faire suer la vieille Albion de guinées bien trébuchantes, vous préférez le paquebot de Calais et le retour dans vos foyers à une noble spéculation. Erreur! Nous sommes touchés, *mon cher fils*, des conditions moutonneuses que vous voulez bien nous imposer : jouer quand nous serons fatigués... Vous êtes brebis en Angleterre — patrie du roast-beef — mais vous serez lion ici, superbe... et pas généreux! Et la petite troupe rentrera dans l'ombre avec la rapidité qu'elle a mise à en sortir. Cela mérite réflexion... Nous n'avons pas encore joué tous les beaux rôles et il faut qu'ils y passent tous. Notre public est un mélange bizarre de provinciaux furieux de n'avoir pas trouvé assez de ruines et de soldats qui soupirent après une restauration... Il ne saurait vous apprécier suivant vos mérites, de trop grands talents lui seraient indigestes. Des qualités, un semblant d'expérience, de la jeunesse — la jeunesse avec sa délicieuse inhabileté — lui suffisent !... Restez, restez donc, croyez-moi, et malgré tout le désir que j'ai de vous serrer les mains, croyez que les affaires de Londres complètent celles de Paris, et que celles de Paris seules n'arriveraient pas à couvrir tous les frais... Il ne faut pas détruire une charmante source de bénéfices. »

On nous le répétait sur tous les tons que nous étions nécessaires à Londres et, qu'à Paris, on n'avait pas besoin de nous. Coquelin cadet n'était pas le seul à le dire avec insistance, Thierry de son côté m'écrivait à la même époque :

« Vous êtes bien bon d'avoir partagé de loin nos inquiétudes, mais je reconnais votre cœur et je ne doutais pas que votre pensée fût avec nous. Nous aussi, nous nous entretenons de vous bien souvent ; nous avons de vos nouvelles par madame Croizette, à laquelle vous écrivez des lettres très spirituelles à ce qu'il paraît, et de la meilleure humeur que puisse avoir un exilé. »

L'exil de ses sociétaires était plus que nécessaire au bien de la Comédie : « Je vous exhorte, continuait l'administrateur, à supporter encore les douleurs de l'exil. C'est un conseil que j'ai déjà donné à mademoiselle Favart, c'est celui que je donnerai tout à l'heure à Coquelin. Nous avons bien besoin que vous ne perdiez pas courage. Faites de l'argent, on va nous en demander, et beaucoup, à la fin de ce mois... »

Malgré un rationnement mensuel auquel tous avaient consenti à se réduire, les ressources de la Comédie étaient insuffisantes pour payer le personnel; dans cette lutte pénible, les représentations de Londres s'offraient comme seule ancre de salut du théâtre.

Si encore là-bas tout avait marché facilement ! Mais il y avait des dissensions politiques. J'aurais bien voulu revenir, Thierry me suppliait de rester. « Je ne me doutais pas, — disait-il, en poussant des hélas ! — que le bateau à vapeur qui emportait là-bas une part de ma chère Comédie y emportât l'esprit de la Commune... Ah ! la Commune nous crée des embarras partout. Il y a la question des feux pour les pensionnaires, il y a la question des droits d'auteur qu'on a soulevée pour se faire à part un mérite facile d'une générosité qu'on laisse à d'autres la tâche ingrate de désapprouver. »

Croirait-on qu'il se trouva un auteur, un seul et pas des plus illustres, pour réclamer, au milieu d'une situation si précaire le quinze pour cent de droits d'auteur qui lui était dû ? Cette mauvaise affaire était conduite par la Commission des auteurs dramatiques...

« Nous verrons cela à votre retour. Votre retour ! c'est la première fois que je ne le désire pas. J'avoue que je ne le crois pas moi-même. »

Après des réflexions politiques et relatives à la situation de la Comédie, Thierry déclare qu'il ne se rendra pas en Angleterre.

Il était dans le vrai ; sa venue à Londres eût été grosse de complications — je n'en dirai pas plus long — et cela au préjudice des intérêts de la Maison. Tandis que pour elle nous accomplissions de la bonne besogne, la Maison faisait des tours de force pour jouer avec une troupe plus que restreinte, les principaux rôles du répertoire. Les appréciations d'Édouard Thierry sur les artistes méritent d'être consignées :

« Je vous dirai que je suis très content de mademoiselle Croizette et le public aussi. Je suis bien satisfait également d'Ernest Coquelin, il a été très amusant dans *Oscar*. Il a, sans le savoir, du Ravel et du Numa. Tout cela a besoin de se fondre ; mais en se fondant, cela prendra une teinte personnelle, et il a des effets qui appartiennent à sa nature. Mademoiselle Tholer elle-même a joué Henriette des *Femmes savantes* d'une manière très distinguée...

» Eh bien, oui, monsieur le régisseur, nous allons jouer, nous aussi, *le Mariage de Figaro*, et voici une distribution qui ne sera pas déjà si mauvaise, *Almaviva*, Leroux ; *la Comtesse*, Édile Riquer ; *Figaro*, Ernest Coquelin ; *Suzanne*, mademoiselle Croizette ; *Marceline*, madame Nathalie ; *Fanchette*, mademoiselle Reichemberg ; *Chérubin*, madame Lloyd ; *Bridoison*, Thiron ; *Bazile*, Mazoudier ; *Grippe-Soleil*, mademoiselle Tholer, etc.

» Mais à propos du *Mariage de Figaro*, je vous soumets un scrupule ou plutôt une impression que j'ai ressentie hier à la répétition. J'écoutais la pièce et je pensais à Londres, car j'y pense toujours; la tirade sur le *Goddam* m'a fait peur. Ne craignez-vous pas qu'elle ne choque le public anglais? Il serait peut-être bon de la supprimer, la scène n'en serait que plus claire, puisque, après tout, la tirade en question n'est qu'un placage, une coupure du *Barbier de Séville*, rapportée tant bien que mal dans le *Mariage*...»

Puis des explications sur les raccords nécessités par cette très opportune suppression et ce trait final : « Vous devez avoir des amis à Londres. Conquérez-les. *Le Mariage de Figaro* peut être votre pièce d'or, il ne faudrait pas s'exposer pour si peu à changer l'or en cuivre. »

Par le fait, le *Mariage* ne fut pas représenté et le public anglais n'eut pas à subir la tirade du *Goddam*.

Bientôt nous rejoignions la Comédie où allait s'inaugurer une nouvelle direction.

XV

Retour à Paris. — Débuts directoriaux de M. Perrin. — Reprise d'*Adrienne*. — *Christiane*, de Gondinet. — Thiron veut quitter le théâtre. — Mon intervention. — Lettre de Gondinet. — *Le Chandelier*. — M. Perrin et Volny. — *Marion Delorme*. — *L'Été de la Saint-Martin*. — *Le Sphinx* et *le Demi-Monde*.

Les efforts surhumains de la Comédie-Française pendant le « règne » de la Commune avaient produit une recette totale de treize mille cinq cent cinquante-deux francs; mille huit cents les grands, grands jours, deux cents pendant la crise aiguë. On comprend combien le bilan de Londres (deux cent dix-neuf mille trois cent onze francs) fut apprécié. Les frais de l'expédition payés, les dettes pressantes de Paris éteintes, il resta une somme liquide de dix-sept mille francs. Le naufrage était évité, la Comédie-Française était sauvée. Édouard Thierry, après une lutte de onze mois, quittait le fauteuil directorial en juillet; plusieurs fois on avait parlé de le remplacer; lui tenait bon. Quand il sut qu'il était question de M. Perrin, il se prépara à la retraite et le fit très dignement.

M. Émile Perrin lui succédait, le jour même où nous donnions notre dernière représentation à Londres. J'ai dit combien la Comédie avait dû à Édouard Thierry durant son administration; un juste tribut de louanges doit être accordé au directeur qui ne désespéra pas d'une position plus que critique et put ramener au port la carène battue par les flots et si souvent prête à sombrer.

Je vais avoir à dire maintenant à quelle apogée de splendeur et de bien-être matériel la Comédie put parvenir sous le sceptre avisé et habile de M. Perrin. Maintes fois déjà, j'ai eu l'occasion de rappeler la constante cordialité de nos rapports, entre M. Perrin et moi; les lettres intimes que je vais donner ici montreront quel homme d'initiative et quel administrateur parfait fut le successeur d'Édouard Thierry. Si j'ai pu être utile à ses débuts de directeur en lui apportant un dévouement absolu aux intérêts du théâtre et en même temps un soutien sympathique justement dû à sa personne et à ses intentions, j'en ai été merveilleusement récompensé par la confiance sans bornes et l'amitié sans nuages que me témoigna incessamment mon remarquable directeur.

M. Perrin débutait bien. Après l'horrible année que nous venions de traverser, on revenait au théâtre avec empressement, et la Comédie était fort achalandée. Il s'agissait donc de retenir le public... et définitivement.

Les commencements furent assez heureux et le succès se fixa pour longtemps. On commença par la reprise d'*Adrienne Lecouvreur*, puis par celle de *l'Étourdi*. *L'Étourdi* n'avait pas été joué depuis trente ans. Perrin hésitait, car la pièce roulait sur deux rôles d'hommes assez accaparants. Mascarille, c'était naturellement Coquelin. Qui jouerait Leslie? Je m'offris. Perrin se montra plus qu'enchanté et mit aussitôt la pièce en répétition. Ce fut un des grands succès classiques, et Sarcey, d'ordinaire peu tendre pour moi, le raconta fort aimablement.

Le 25 septembre, on rétablissait les anciens prix des places. On mettait ensuite à l'étude

Christiane, d'Edmond Gondinet, comédie innocente, mais amusante et bien agencée, qui connut de beaux jours. Je n'avais eu que peu de rapports jusqu'à ce jour avec le Limousin spirituel, auteur de la pièce; en peu de jours nous fûmes les deux meilleurs amis du monde et aucun auteur ne m'a laissé une meilleure impression : enjoué, bon garçon au possible, c'était plaisir de répéter avec lui, et mon rôle agréable de jeune père ne m'en paraissait que meilleur. J'avais pour partenaires Coquelin, Febvre, Proudhon, Kime, Tholer, Provost-Ponsin, enfin Reichemberg, qui faisait ma fille Christiane, et Thiron... qui avait bien failli ne pas jouer et s'en aller au Vaudeville.

Voici pourquoi Thiron voulait partir et comment je parvins à le retenir, au grand bénéfice de la Comédie :

Thiron, depuis un certain temps, n'avait pas créé de rôles importants, et, marquant le pas, se désolant de n'être pas nommé sociétaire, il se déplaisait rue de Richelieu et ne le cachait pas; de plus, il avait écouté d'une oreille d'insinuantes propositions faites par la direction du Vaudeville pour créer le rôle de *Rabagàs*, qui se préparait.

— Ne faites pas cela, dis-je à Thiron amicalement.

— Que voulez-vous, me répondit-il... Je m'ennuie au Théâtre-Français... et M. Perrin a l'air de me prendre à tic.

— Cela s'arrangera, repris-je. Vous êtes en bonne voie pour le sociétariat... Si... vous étiez nommé sociétaire?

Thiron me regarda sérieusement et dit :

— Cela, c'est autre chose... Je ne dis pas non, mais...

A la sortie d'une répétition, j'allai attendre M. Perrin et lui contai la chose toute fraîche.

D'abord, M. Perrin fut raide.

— Il ne veut faire qu'à sa tête... Je ne m'engage à rien... Pas de conditions... S'il vient me parler, nous verrons.

En adoucissant, je portai cette parole à Thiron, qui regimba. Thiron et Gondinet se promenaient sur la place du Théâtre. Gondinet vint à la rescousse, j'insistai et, à force de cajoleries, de petits et de grands compliments, je finis par obtenir de Thiron qu'il irait trouver M. Perrin et lui ferait une petite phrase.

Tout alla pour le mieux. Perrin se montra satisfait et, sans rien promettre, fit entrevoir un avenir meilleur. Thiron resta, joua dans *Christiane* de façon charmante le rôle de Briac.

Le moins content de voir Thiron rester au Théâtre-Français ne fut pas Gondinet, comme témoigne une gentille lettre qu'il m'écrivit de Limoges le 2 octobre :

« ... Je suis parti sans vous revoir après votre heureuse intervention dans l'affaire Thiron. J'étais trop intéressé à votre démarche pour ne pas vous savoir tout le gré possible de l'avoir menée à si bonne fin, et croyez bien que rien de ce que vous faites pour moi ne me laisse indifférent.

» J'ai toujours eu la conviction intime que l'intérêt réel de Thiron était de rester fidèle à cette admirable Comédie-Française qui est sa vraie maison. Je mettais quelque réserve à lui exprimer toute ma pensée parce qu'il me répugnait de paraître lui demander, pour mon rôle et pour moi, ce qu'il pouvait regarder comme un sacrifice. Aujourd'hui, je tiens à le remercier de la bonne grâce qu'il a mise à suivre vos conseils et vous prier de le lui dire. J'espère que nous y gagnerons tous, moi qui aurai un excellent interprète de plus, vous qui aurez le *Briac* de vos rêves et lui, enfin, qui sera bientôt sociétaire — sans compter le succès que je lui souhaite. »

Les prévisions de Gondinet et les miennes se trouvèrent pleinement justifiées. Thiron fut excellent en Briac, et le sociétariat, proclamé un mois après, devait attacher pour un très long bail à la Comédie cet excellent, ce grand artiste.

Pour en finir avec *Christiane* et son aimable auteur, comment passer sous silence la dédicace de Gondinet quand, suivant la coutume, il m'envoya sa pièce imprimée ? « A mon admirable Delaunay, qui a dépassé mon rêve, l'attrait, le charme et l'éclat de la pièce, son auteur émerveillé et profondément reconnaissant... » Que de fleurs, mon Dieu ! Eh bien, malgré l'hyperbole, ces choses-là, dites par un auteur qui n'a pas cessé de se montrer d'égale bienveillance, font plus de plaisir que les « bougonneries » d'un auteur comme Laya. Qui dira le contraire ?

Une des premières hardiesses de M. Perrin, en 1872, fut de reprendre *le Chandelier* dont les représentations avaient été interrompues, d'ordre supérieur, nous l'avons dit, en 1850.

Comment le public, que les événements récents eussent pu rendre prude, accepterait-il une pièce délicieuse et intéressante, mais franchement, carrément immorale? Mon Dieu! le temps avait marché, et l'on s'alarmait moins en 1872 du qu'en dira-t-on... Je ne pense pas d'ailleurs que le public du commencement du XXe siècle ait fait des progrès en bégueulerie. On en a entendu bien d'autres.... Donc n'insistons pas.

J'ai déjà dit que Madeleine Brohan s'y montra bien la femme du rôle; j'ai dit aussi que Fortunio-Delaunay était appelé de nouveau à soupirer la « romance à madame »; les applaudissements du public purent lui laisser l'illusion que vingt-deux années passées n'avaient imprimé aucune ride sur son front. Clavaroche, ce fut Bressant pour quelques soirs, puis, Febvre qui prit possession du rôle; maître André, ce fut Thiron, parfait en tous points. Mon rôle s'y complétait d'un monologue au début du troisième acte que Musset avait supprimé en 1850 et que M. Perrin rétablit. Avait-il raison? Dans un sens, je pouvais le croire, puisqu'il me plaisait fort à dire, et, d'un autre côté, c'était diminuer l'effet du troisième acte, puisque, d'avance, on racontait ce qui allait se passer.

C'est un de mes meilleurs souvenirs que mon rôle dans *le Chandelier*, et, semble-t-il, — on me l'a tant répété que je finis par le croire, — un de ceux où je me suis le mieux incarné. Si tant est qu'il reste quelque chose de nous, voilà donc un espoir consolateur : on m'appellera le créateur de Fortunio.

En août 1876, on répéta *le Chandelier* et Perrin voulait me redonner le rôle. Je résistai, ne voulant pas avoir l'air d'y rester « cramponné ». D'où cette lettre de Perrin pendant mon absence.

« J'ai, comme je vous l'avais dit, fait mettre en répétition *le Chandelier*, mais je me suis tout de suite convaincu d'une chose, c'est que, tant qu'il y aura un Delaunay au monde, ce Delaunay devra jouer Fortunio. Vous avez marqué ce rôle d'une empreinte ineffaçable, il est vous, vous êtes lui, et puis, il faut bien le dire, au théâtre, l'art est la seule vérité, et vous y êtes le plus jeune de tous les jeunes gens comme vous êtes le plus merveilleux des artistes... C'est donc dans cette idée que je fais continuer les répétitions. Vous trouverez la pièce prête, le public et moi nous retrouverons notre Fortunio, et mademoiselle Croizette le partner avec lequel elle est habituée de vaincre. » (En somme ce fut Volny, élève de Talbot, à qui je pus donner quelques conseils, qui reprit Fortunio ; en mai 1878, je devais mettre Le Bargy en scène.)

Nouvelle lettre de Perrin quelques semaines après :

« On a donc joué *le Chandelier* hier et on l'a joué sans vous. J'eusse mieux aimé que ce fût avec vous, je vous l'ai dit et redit et je vous le répète. Je savais bien à quel point vous me manqueriez, ou plutôt, je ne l'ai su qu'en ne vous entendant plus, qu'en ne me sentant plus ému jusqu'aux larmes, qu'en me trouvant déçu, là où j'attendais de ces accents que vous avez et qui vous pénètrent jusqu'aux moelles.

» Voilà ma soirée, en ce qui touche Fortunio. Je crois bien que tel a été aussi le sentiment du public. Il vous avait trop dans la mémoire et il me semblait se faire cette question : Pourquoi pas Delaunay ? Et j'étais tenté de lui répondre : Parce que Delaunay n'a pas voulu, et il a eu tort, n'est-ce pas ? Mais j'ai idée que je leur rendrai quelque jour le vrai, le seul Fortunio, et cette idée-là, ils l'ont aussi... »

Les regrets outrés de M. Perrin ne l'empêchaient pas de reconnaître les bonnes qualités de Volny, qui, depuis, est devenu un excellent jeune premier. Il avait alors un défaut, celui d'être trop jeune pour un rôle où il faut paraître jeune, mais, en même temps, avoir une grande expérience de la scène. Ce défaut de la jeunesse, on le perd bien assez vite.

M. Perrin continuait :

« Je ne voudrais pas être trop sévère pour le jeune Volny. Tout ce que vous aviez pu lui enseigner, il l'a bien appris, il l'a bien gardé. Il a joué le rôle avec beaucoup de délicatesse, de soin, et je dirai même de sûreté. Mais l'éclat a manqué partout, la grâce y était, mais pas l'émotion, rien ne sortait des entrailles, la flèche effleurait la peau, elle n'entrait pas dans la chair... La pièce a bien marché dans son ensemble, mais le rôle de Fortunio doit être comme la clef d'une voûte qui en resserre tous les joints, et ce défaut de consistance a amolli et alangui bien des situations, de là une certaine réserve très appréciable dans le public. »

M. Perrin a parlé de l'émotion que doit ressentir Fortunio. Ce qu'elle m'a souvent terrassé, cette émotion! J'aimais tellement ce rôle que je m'y donnais tout cœur et toute âme; mais je m'arrête car je recommencerais à m'attendrir sur un rôle qui me faisait verser de vraies larmes...

Deux pièces à sensation en 1873, *Marion Delorme* et *Jean de Thommeray*, la rentrée du romantisme et l'invasion du réalisme sur la scène française.

Favart jouait Marion. Fit-elle oublier Dorval? Je ne le crois pas. Marion ce n'est pas Doña Sol, et le rôle lui convenait moins bien. M. Perrin m'avait proposé Didier; je n'acceptai pas cette offre très obligeante mais que je ne jugeais pas dans les intérêts de la Maison. Je me contentai de Saverny, et, pour le conspirateur sacrifié par le cardinal, j'indiquai Mounet-Sully, qui se montra égal à lui-même. *Marion* n'eut qu'une cinquantaine de représentations.

Vous vous rappelez le sujet, hardi pour l'époque, de *Jean de Thommeray*. Un homme de bonne maison, rempli de bons sentiments, mais faible de caractère, s'acoquine avec une fille qui le fait dégringoler d'acte en acte. Jusqu'où serait-il descendu, si n'arrivait la guerre de 1870 ? Jean prend du service, est nommé officier de mobiles, se distingue, et, du baptême du feu, sort un homme nouveau. Une cousine douce et tendre, Marie de Kéror (Reichemberg), se trouve là à propos pour donner sa main à l'enfant prodigue amendé. Jean de Thommeray c'était Mounet, qui se tirait bien du rôle à deux faces ; puis c'étaient Favart et Got, Thiron et Coquelin. Le rôle réaliste de la courtisane, qui s'affiche carrément dévergondée, avait été confié à Croizette. Sa beauté et son charme firent passer sur des scènes scabreuses et gênantes pour les habitués du Théâtre-Français. J'avoue que je n'ai jamais admiré cette pièce de Sandeau, si peu dans le cadre de la Comédie et dans les habitudes de l'auteur. Il eut sa revanche, d'ailleurs, et Croizette aussi, car *Mademoiselle de la Seiglière* et le *Gendre de M. Poirier* connurent cette même année un regain tout particulier de succès ; pour partenaire, Croizette avait Pierre Berton, dont c'étaient les débuts importants.

De l'Odéon arrivait, clopin-clopant, une comédie moitié 1830, moitié réaliste : *le Testament de César Girodot*, d'Adolphe Belot et Villetard, qui n'est non plus écrit ni dans la langue, ni dans la forme habituelle de la Comédie. Il en advint de cette pièce de second ordre comme d'*Oscar* et de quelques autres, elle joua les « utilités », servit à renforcer les spectacles maigres les dimanches ou à dérider les jours de tragédie; bref, le *Testament*, fort bien joué, d'ailleurs, par la troupe comique, mademoiselle Jouassain en tête, resta au répertoire.

Beaucoup de pièces en un acte : *l'Acrobate*, d'Octave Feuillet, en avril, avec Bressant, Febvre et Croizette; *l'Absent*, de Manuel, en juin, avec Nathalie, Maubant et Sarah Bernhardt — arrivant de l'Odéon avec l'auréole du *Passant* — connut ses soirs de larmes et de succès... relatif. En juillet, *Chez l'Avocat*, de Ferrier, qui a fait le tour des salons : un duettino en vers libres joué par Sarah Bernhardt et Coquelin; la curiosité de la pièce consiste en ceci que l'Avocat (Joliet) ne peut placer un mot... chose assez rare dans sa profession. J'ai gardé pour la fin la meilleure de toutes ces petites comédies. En effet, Meilhac et Halévy, songeant à abandonner les pièces à flonflons qui avaient étayé leur célébrité et à se rapprocher peu à peu de l'Académie française, apportaient à la

Comédie tout simplement un petit chef-d'œuvre : *l'Été de la Saint-Martin* (ce fut Got qui trouva le titre à la lecture devant le Comité). Répéter que Jouassain et Thiron — surtout Thiron — y furent parfaits paraît inutile, tant la comédie, jouée et rejouée partout, est dans la mémoire de tous. Thiron avait de sublimes colères contre son neveu et des flammes bien naïves et amusantes quand sa nièce, qu'il prend pour une parente de sa gouvernante, lui fait la lecture. La nièce, qui distillait si bien les *Trois Mousquetaires*, c'était Croizette, représentant une gentille jeune femme, un tantinet coquette et qui plaide utilement la cause de son mari. Un instant, tant le coup de soleil a été violent pour la vieille tête de l'oncle, tout a manqué se gâter. Heureusement, ces soleils-là réchauffent, mais ne brûlent pas. Le sexagénaire concède qu'il n'a pas à lutter contre son neveu (rôle ingrat tenu par Pierre Berton) et reconnaît comme nièce cette fille de tapissier qu'il méprisait si fort avant... d'avoir essuyé le feu de ses yeux. Thiron était tout simplement adorable.

En mars 1874, un drame à tapage : *le Sphinx*. De son roman très apprécié de *Julia de Trécœur*, Octave Feuillet avait tiré une pièce dramatique, heurtée, violente par endroits, passionnée toujours. Perrin et lui s'étaient trouvés facilement d'accord pour donner à Croizette l'occasion de remporter un double succès de femme et d'artiste; il était curieux de voir comment la charmante comédienne se tirerait d'un grand premier rôle, plus important, plus marqué que ceux qu'elle avait tenus précédemment. De plus, elle se trouvait en face de Sarah Bernhardt qui jouait l'épouse honnête et délaissée. Entre les deux, moi le mari, amant de l'autre, j'avais un rôle parfois scabreux et d'une passion débordante. La scène du parc ne se saurait oublier... Le dénouement dramatique, on se le rappelle : prise de remords, la jeune femme se sacrifie et se supprime elle-même par le poison. Par un jeu de lumière et de poudre, Croizette arrivait à se donner l'aspect d'un cadavre — avant d'être morte; l'effet était saisissant et fit courir tout Paris. Mais il n'y avait pas dans cette pièce empoignante que des effets de mélodrame; des scènes bien charpentées, surtout celles de passion, assurèrent le succès durable du *Sphinx* Maubant, en amiral chargé de veiller sur sa belle-fille pendant une croisière de son mari et qui était si mal récompensé, Febvre, Coquelin cadet, Joumard, un bon artiste trop tôt sorti de l'orbite de la Comédie, complétaient l'ensemble. Les deux femmes et moi supportions le poids de la pièce, et quand je nommai l'auteur, nous fûmes, avec lui, acclamés.

L'arrivée du *Demi-Monde* au Théâtre-Français (29 octobre) était un événement; c'était arracher Dumas au Gymnase, où il avait l'habitude de régner sans conteste, lui demander de devenir le fournisseur attitré de la Comédie-Française, puisque, même pour commencer, on acceptait, par politesse, du vieux neuf. La donnée intéressante, ce milieu des « pêches à quinze sous », nouveau à l'époque de la création (on sait que le titre est devenu faux par suite de l'appellation de demi-monde donnée à une autre catégorie de femmes), les théories tout hardies, parfois scabreuses de Dumas, bien des scènes émotionnantes, dramatiques, surtout « théâtre », tout le monde a cela dans la mémoire, car *le Demi-Monde*, sur lequel on ne comptait pas dans cette proportion, fut d'abord un grand succès et demeura une des « pièces à recette » de la Maison. Quant à son auteur, il devait entrer à l'Académie française le 11 février suivant.

Et pourtant ce drame datait de loin; Dumas l'avait écrit pour les Français; puis, ne voulant pas attendre, à cause de la *Czarine*, il l'avait porté au Gymnase, où Montigny accueillait l'auteur avec tant d'empressement qu'il s'y était installé depuis lors (1855). Au boulevard, *le Demi-Monde* avait triomphé avec une moyenne de troupe excellente : Rose Chéri avait laissé, dans la baronne d'Ange, une empreinte qu'on jugeait ineffaçable; à Croizette, en plein éclat, en bonne maturité de talent, devait échoir la succession; l'honnête Landrol était remplacé par Got, plus mordant; Febvre recevait la mission difficile de succéder à Berton (et Nanjac fut un de ses meilleurs rôles); Nathalie remplaçait l'excellente Mélanie. Quant à moi, en Olivier de Jalin, je ne me dissimulais pas que je luttais contre le souvenir de Dupuis, parfait dans ce rôle. Je le jouai autrement, et le public ne fut pas mécontent, car bien longtemps j'eus à lancer les tirades généreuses et chevaleresques de mon personnage. — jusqu'à ma retraite, ajouterai-je. Le 1er avril 1886 la recette, avec *le Demi-Monde*, fut de huit mille un francs. C'était la cent soixante-huitième fois que je jouais Olivier de Jalin.

Dumas, lui, fut enchanté, car il me donna deux exemplaires de la brochure du *Demi-Monde*. « Souvenir d'un auteur qui ne peut pas tout dire », écrivit-il sur celle de 1874 (Dupuis vivait encore); nouveau souvenir en 1882, « d'un auteur qui peut tout dire : c'est la *perfection* ». L'exemplaire était celui de madame Alexandre Dumas.

XVI

Bornier et *la Fille de Roland*. — Les semainiers. — Mardis d'abonnement. — *L'Étrangère* et *le Luthier de Crémone*. — *Rome vaincue*. — Adieux de madame Plessy. — *La Cigale chez les Fourmis*. — Lettre de Perrin. — *L'Ami Fritz*.

L'homme de lettres estimable et le poète très distingué qui vient de mourir, Henri de Bornier, connut plusieurs fois le succès dans sa longue carrière, succès qui atteignit la grande renommée avec *la Fille de Roland*. Le beau souffle patriotique qui passait au travers du drame, les allusions vibrantes, d'autant plus faciles à saisir que peu d'années nous séparaient de l'époque terrible, des vers de haute allure et franchement empoignants, le rôle, qui tient toute la pièce, superbement interprété par Sarah Bernhardt, laquelle était fort bien secondée par

Mounet, Maubant, Dupont-Vernon en Ganelon, Laroche en Raguenard, tous ces éléments réunis firent de Bornier, à peine connu la veille, un homme célèbre. Et c'était justice, car *la Fille de Roland* est une des plus belles et plus saines manifestations de la poésie moderne. Le soir même de la première, le 15 février 1875, Sarah Bernhardt fut nommée sociétaire, ainsi que Laroche. Je me rappellerai toujours l'accent ému avec lequel Sarah me dit : « Ah ! mon petit Delaunay, je ne désire plus rien !!! »

Le succès tint toute l'année, et, grâce au *Demi-Monde* et à un répertoire constamment renouvelé à cause des mardis d'abonnement, on n'eut guère à chercher de pièces nouvelles. Brillante époque, dont l'histoire est brève, puisque quelques rares bonnes pièces et un choix d'anciennes suffisent pour satisfaire abonnés et grand public. En fait de nouveautés, je ne vois que *la Grand'Maman*, de Cadol, pièce assez faible que sauva une bonne interprétation, que *l'Ilote*, de Monselet et Arène, et que *Petite Pluie*, agréable piécette de Pailleron, qui est restée au répertoire. A noter encore, la rentrée de Plessy, dans *les Fausses Confidences*, celle de Croizette, dans *On ne badine pas* et *Mademoi-*

selle de *Belle-Isle,* enfin, de bonnes représentations d'*Adrienne* avec mademoiselle Favart.

Parlons maintenant de deux innovations de M. Perrin, les Semainiers et les Mardis. L'année précédente, l'administrateur avait fait reconnaître Régnier comme directeur de la scène, avec appointements de douze mille francs. Son « alter ego », ainsi qu'il l'appelait, le suppléait, dans tout le travail intérieur. Quand Régnier, découragé des difficultés rencontrées parmi ses anciens camarades, eut donné sa démission, Perrin songea à le remplacer en réinstallant les membres du Comité semainiers. L'administrateur prêtait une partie de ses pouvoirs et de sa responsabilité aux membres du Comité, sociétaires suivants : Got, Delaunay, Maubant, Bressant, Coquelin, Febvre.

On a critiqué le bon et le mauvais de cette rénovation qui ne s'installa pas sans difficulté — questions de caractère ou de doigté de quelques-uns — mais qui, en somme, a rendu d'appréciables services et a subsisté. Que n'a-t-on dit des mardis d'abonnement inventés en même temps?

Pour ceux-ci qui devaient faire la fortune du théâtre, Perrin avait bien préparé son petit coup d'État. En sa qualité d'ancien directeur de l'Opéra, il avait habilement consulté ses anciens abonnés; leur qualité et leur situation étaient de sûrs garants que l'institution durerait. A la Comédie, personne n'était prévenu, et, ce fut une vraie surprise, quand certain mardi de janvier, nous nous trouvâmes en face de tant de robes basses et de cravates blanches qui arrivaient en retard. — Ce public extra-élégant, un peu blasé, difficile à dérider et à distraire n'apporterait-il pas une atmosphère réfrigérante? C'est du snobisme, cela ne durera pas... le dernier salon où l'on cause..., exhibition de toilettes..., botte à bavardages comme à l'Opéra — avec la musique en moins pour couvrir le bruit des voix — voilà ce qu'on disait dans le camp des non-élus, un peu jaloux de se voir préférer des ambassadeurs, des femmes du plus haut rang de la société, les plus favorisés de la naissance, de la fortune et du talent. A la Comédie, on s'effrayait un peu de la nécessité de répéter sans cesse pour varier le répertoire. Et le classique? Encore une fois sacrifié! disait-on. Impossible de jouer du Molière devant ce public peu désireux de refaire ses études du XVIIe siècle. Eh bien, ce ne furent ni le camp des jaloux, ni les dénigrants quand même qui l'emportèrent.

Si « les cravates blanches » éprouvèrent quelque étonnement d'abord à entendre *le Mariage Forcé*, *les Fourberies* ou *l'Étourdi*, elles y prirent goût et se déclarèrent satisfaites, confessant de bonne humeur leur demi-ignorance du théâtre de Molière. Les « robes décolletées » surent parfaitement écouter et applaudir et, comme, pour les laisser causer et s'entendre complimenter, Perrin avait eu la bonne idée d'inventer les entr'actes (on sait que d'ordinaire on joue les pièces de Molière sans entr'acte), tout fut pour le mieux. Peu à peu, grâce aux mardis, tout un répertoire un peu négligé revint à la lumière, ce fut le grand bénéfice du théâtre. De même pour les pièces à succès tiède, c'étaient une série de représentations assurées, — car les abonnements du mardi étaient de quinzaine et bientôt les jeudis s'adjoignaient aux mardis...

Depuis près de trente ans que les abonnements existent, l'institution n'a fait que fleurir avec plus d'éclat. Bien des loges et des fauteuils ont changé de titulaires, les patrons de l'idée ont cédé leurs droits à d'autres, car, si varié qu'il soit, le répertoire ne saurait être inépuisable, mais c'est toujours avec le même entrain qu'un public renouvelé fait le siège des places disponibles.

La rencontre des deux étoiles, Sarah Bernhardt et Croizette, dans *l'Étrangère*, d'Alexandre Dumas, n'était pas le moindre attrait de cette pièce extra-moderne, spirituelle et immorale, heurtée et en même temps très dramatique malgré ses trop longues tirades à théories sociales. La distribution des rôles n'alla pas sans difficulté. Sarah Bernhardt s'était mis dans la tête de jouer la Duchesse, aussi se montra-t-elle fort dépitée de jouer l'Américaine. Les bravos la consolèrent, car elle marqua le rôle d'une empreinte bien personnelle, ses petits défauts de prononciation anglaise devenant là de vraies qualités. Et puis, on n'était pas blasé sur les exotiques au théâtre et cela paraissait nouveau. A Croizette, fort en beauté et en pleine vogue, échut le rôle sympathique de la Duchesse ; elle eut de beaux mouvements, des accents vrais et fut appréciée de tous les genres de public.

M. Perrin m'avait offert d'abord le rôle du duc de Septmonts. Je ne le « sentais » pas, et ne le trouvant pas dans mes cordes, je m'abstins. Je répétai alors le rôle de Gérard; il ne me plaisait qu'à moitié, je le cédai volontiers à Mounet-Sully, qui en fit une excellente création. Quant au personnage assez odieux du duc de Septmonts qui, avec un cynisme xviiie siècle, introduit chez sa femme, vertueuse et simple, une étrangère assez dévergondée et d'un état civil bien incertain, ce fut Coquelin qui l'incarna. Prit-il comme modèle, ainsi qu'on l'a soutenu, une ou deux personnalités en vue du monde élégant? Je crois en vérité que sa morgue et ses hauteurs appartenaient tout simplement à l'école de Samson, le marquis « ancien régime » par excellence.

L'*Étrangère* était de février; en septembre, Sarah Bernhardt remportait un grand succès dans un drame en vers de M. Parodi: *Rome vaincue*. Deux rôles de femmes, une jeune fille et une vieille aveugle. Peut-on croire que Sarah s'obstina à jouer, elle encore si jeune et toute « laurée » du triomphe de la *Fille de Roland* — le rôle de l'aveugle? Du coup, Mounet-Sully se déclara décidé à jouer le vieillard... et cette bizarrerie leur réussit à tous deux. Laroche et madame Dudlay, qui débutait, tinrent les rôles que les chefs d'emploi avaient déclinés. Il y avait de fort beaux vers et des scènes émouvantes dans cette *Rome vaincue* qui réveillait nos fibres patriotiques... Mais l'heure ne semblait pas aux drames antiques et le succès ne fut pas de longue durée. Qui sait si *Quo Vadis* ne fera pas sortir de l'ombre *Rome vaincue?*

Pour sa retraite, madame Plessy parut, en avril et en mai, dans une série de représentations : *le Misanthrope, Tartuffe, les Fausses Confidences, Bataille de dames, l'Aventurière* défilèrent tour à tour devant la rampe. Le soir du bénéfice, je tenais ma partie dans *Don Juan* et *le Misanthrope*. Le reste du spectacle se composait du *Legs*, avec Coquelin, et de *l'Aventurière*, avec Plessy naturellement. Ce fut là un de ses meilleurs rôles, et l'excellente grande coquette terminait bien une carrière de trente-deux ans de service.

Le 23 mai, la première représentation de deux pièces nouvelles en un acte eut un succès durable. Du *Luthier de Crémone*, du délicat poète François Coppée, j'ai peu de chose à dire. Je blesserais sa modestie si je lui disais que c'est une des perles de son écrin si varié.

Quoique ne jouant pas dans la pièce, je m'y intéressai vivement, car il me fut donné de la mettre en scène. On se rappelle le succès de Coquelin, de Thiron et de Barretta. Le *Luthier* n'a pas disparu de l'affiche, du reste, et, de temps à autre, on le reprend toujours avec grand succès. C'est frais, jeune, bien pensé et très humain... quoique moral.

L'autre pièce était *la Cigale chez les Fourmis*, de Legouvé et Labiche ; comme j'y jouais le principal rôle, je dirai quelques mots de cette charmante comédie de mœurs qui fit les beaux soirs de la Comédie et... le tour des salons.

Les Chameroy ont plus de trois millions de fortune, mais ils semblent créés pour justifier cet aphorisme que, pour certaines personnes, il est plus difficile de dépenser son argent que de le gagner. Dans ce nid de fourmis où il y a naturellement une jeune fille charmante à marier, s'introduit une cigale sous la forme de Vérac, un jeune homme plus ou moins inutile et quelconque. Ce Vérac a un ami, Paul de Vineuil, qui étant en relations d'affaires avec les Chameroy, en profite pour venir plaider la cause du postulant. Et le voilà parti, étourdissant de bons mots et de paradoxes fous, donnant des leçons de prodigalité aux Chameroy.

Dans la vie ordinaire, les Chameroy auraient peut-être mis dehors les deux étourdis, fanfarons de luxe et de vie désœuvrée. Mais, dans la comédie, ce cliquetis de spirituelles invraisemblances produit un pharamineux effet. Vincuil prend aisément la place de Vérac, plaide sa propre cause et finalement épouse Henriette, jeune fille simple, hypnotisée par le charmant séducteur. Seront-ils heureux ? ceci ne nous regarde pas... Il y avait des mots charmants dans la pièce, et Chameroy, le bourgeois — éternel tremplin de réflexions prudhommesques — en a une large part. Avec quelle emphase comique il s'écrie : « Je ne connais d'ailleurs qu'une noblesse... celle du cœur... Nous avons cent cinquante mille livres de rente... » Ou bien : « On nous traite de fourmis. Fourmis ! J'ai vendu trente obligations Nord, acheté soixante Midi !... On ne se figure pas comme l'argent file ! » Dans le rôle de la mère, madame Jouassain était d'un naturel exquis ; Henriette, c'était Tholer, charmante fleur éclose dans ce milieu prosaïque. Barré, en Chameroy, représentait bien le bourgeois naïf dans sa prétention, brave homme au fond et facile à leurrer. Je n'ai pas à défendre outre mesure le personnage de Paul de Vineuil, puisque c'est moi qui le tenais. Ces désœuvrés, si spirituels et séduisants qu'ils soient, ne sauraient être loués outre mesure, et l'on aimerait peut-être à voir les économies des Chameroy placées en meilleures mains. Mais il est si bon garçon, il promet à sa fiancée tant de choses... qu'il tiendra peut-être... Il a tant d'entrain, et dit si gentiment leur fait à ses antipodes, les fourmis ! M. Legouvé tenait à moi pour interprète et me remercia chaleureusement d'avoir joué ce petit rôle.

Dans l'été de 1876, je pris mon congé annuel et me rendis en Bretagne. M. Perrin me mettait au courant de ce qui se passait par une charmante lettre du 31 août. Cette lettre je ne la relis pas sans émotion :

« Je vous donne, et de grand cœur, le droit de me traiter en ami et de me donner ce nom. Il exprime bien, quant à moi, le cas que je fais de vous, l'affection que je vous porte, l'estime où je vous tiens. Il est donc tout simple que ces cinq années aient passé sans amener entre nous la plus petite ride et le moindre froissement. J'étais sûr de vous, comme vous l'étiez de moi. Il en sera toujours la même chose, comme dit Pierrot.

» Ah ! vous regrettez le *Figaro*, Parisien endurci que vous êtes ! Mais c'est un des charmes du voyage de ne plus lire de journaux, de ne pas savoir où l'on en est, et de se sentir vivre sans aucune de ces préoccupations et de ces habitudes que l'on considérait comme indispensables à la vie. Et d'ailleurs, mon cher Delaunay, trouvez-vous le *Figaro* si bien instruit des affaires de la Comédie ? Vous êtes, ce me semble, habitué à plus de précision, vous que j'appelais un jour : le continuateur du registre Lagrange. Cela doit vous manquer de ne pas mettre à jour vos écritures et je vais essayer de vous mettre un peu au courant... »

Continuateur du registre de Lagrange, aucune appellation ne pouvait m'être plus agréable. Trop heureux si les modestes carnets où j'inscrivais, jour par jour, représentations et recettes peuvent être de quelque utilité aux historiographes de la Comédie !

L'été de 1876 n'avait pas été brillant : mauvais temps et peu de voyageurs ; l'automne s'annonçait bien avec force travail sur la planche.

Personnellement, je devais être constamment sur la brèche.

Une reprise de *Paul Forestier* (31 octobre), avec les créateurs et en plus mademoiselle Barretta, n'eut pas, à beaucoup près, le succès d'antan, mais tint pourtant honorablement l'affiche. Avec *Rome vaincue*, *le Mariage de Victorine*, *le Luthier de Crémone* et les autres spectacles coupés dont j'ai parlé, c'était de quoi occuper le public en attendant une première depuis longtemps annoncée et toujours reculée.

Avant d'être enfin représenté, le 4 décembre, *l'Ami Fritz* avait fait couler beaucoup d'encre. Les auteurs *siamois*, puisqu'ils avaient même confondu leurs noms, Erckmann et Chatrian, s'étaient fait remarquer, à la fin de l'Empire, par une série de romans à *aspect* patriotique : *le Conscrit de 1813*, *Madame Thérèse*, *Water-'o*, etc., ouvrages intéressants, dramatiques, mais conçus dans un détestable esprit, montrant avec détails tous les horribles côtés de la guerre, sans mettre en regard l'endroit de la médaille : les élans patriotiques, les sublimes dévouements.

Comment accepterait-on cette mise en scène des mœurs alsaciennes, alors que la question, encore brûlante — des réveils de frontière et des menaces de guerre avaient éclaté l'année précédente — continuait à servir de tremplin à différents clans politiques? Était-il bien utile de donner un stimulant au chauvinisme emballé de quelques-uns en soufflant sur les cendres chaudes?

Une partie de la presse opinait que c'était une pensée maladroite, inopportune, antipatriotique; qu'il fallait respecter la douleur des vrais patriotes et non pas faire le jeu de ceux qui s'étaient emparés de la question alsacienne, au risque d'amener des difficultés, et l'on répétait un mot de Gambetta : « Y penser toujours, n'en parler jamais! » Bucheron Saint-Genest, du *Figaro*, était le plus enragé; non sans raison, il rappelait la mauvaise influence des romanciers et critiquait la Comédie d'oser représenter leur pièce. Il allait jusqu'à nous menacer d'empêcher de la jouer.

Au fond *l'Ami Fritz* était une idylle poétique — comme l'écrivait si justement M. Perrin au *Figaro* — dont les revendications politiques avaient été peu à peu émondées; il restait une situation touchante, une donnée douce et honnête, qui reposerait le public des pièces réalistes. Perrin tint bon et ne se laissa pas démonter. Les répétitions, un instant interrompues, reprirent en novembre, et Perrin, souffrant, me chargea de les diriger. J'avais un devoir à remplir et des difficultés à éviter; je mis donc tous mes soins à la mise en train de ces trois actes et, admirablement secondé par les artistes, je ne tardai pas à avoir le bon espoir que la cabale en serait pour ses frais, et que *l'Ami Fritz* produirait un bon résultat.

Je ne raconterai pas la pièce, qu'on a reprise maintes fois et qui est restée au répertoire; au moins, ai-je le droit de dire ce que furent les artistes de la création.

En première ligne, Got, parfait dans le rôle du vieux « rebbe », fut acclamé; j'avais dû, aux répétitions, l'encourager, car il avait des doutes; il fut fort étonné le soir de la première. Puis Febvre et Reichemberg, qui ont trouvé là, tous les deux, peut-être leur meilleur rôle. On n'était pas plus séduisante que Suzanne dans ce rôle de Suzel! Elle n'avait rien d'Alsacien, avec sa voix flûtée et sa tournure fine, mais elle composa une délicieuse figurine. Vous vous la rappelez sur la margelle du puits, ou bien cueillant des cerises et les jetant à Fritz pardessus le mur? Il y avait là, et encore ailleurs tout le long de « l'idylle », de charmants jeux de scène qui, autant que le dialogue, contribuèrent au succès. Quant à Febvre, il avait incarné, attitude, geste et costume, un excellent personnage. Je n'ai pas à redire le succès du repas chez Fritz : le potage à la bisque, le beau brochet en chair et en arêtes, et le « rickevier », les cruches de bière... On mangeait et l'on buvait pour de bon autour de cette table, et la monotonie de cette mimique de cuillers et de fourchettes était gaiement relevée par des jeux de physionomie qui firent éclater la salle de rire : ce repas pouvait être discuté et faire sombrer la pièce sous le ridicule ; la note joviale et réaliste, coupant en deux une bucolique un peu monocorde, emporta le succès

Pour éviter la cabale le jour de la première de *l'Ami Fritz*, Perrin et moi étions tombés d'accord pour faire faire un sacrifice utile à la Maison : à la répétition générale comme à la première, *toutes* les places étaient données ; nous sauvions ainsi la mise. Ceux qui étaient venus avec des projets hostiles, n'ayant pas de troupes derrière eux, n'osèrent siffler. La première se passa sans encombre. — Perrin était toujours dans son lit, j'allai lui porter le bulletin de la soirée de très bonne heure le lendemain. — La seconde et la troisième tombaient comme d'ordinaire un jour d'abonnement ; les mardistes et les jeudistes applaudirent ; la partie était gagnée... De ces représentations j'ai gardé un bon souvenir ; l'un des auteurs, Erckmann, est toujours resté dans l'ombre, nous ne l'avons jamais vu. Avec Chatrian j'eus les meilleurs rapports, et j'ai gardé bien précieusement l'exemplaire de *l'Ami Fritz* où il avait fait encarter à mon intention des groupes photographiés.

En terminant, un mot personnel sur les répétitions générales qui sont justement discutées en ce moment dans la presse. Les maintiendra-t-on telles qu'elles sont maintenant, c'est-à-dire comme des premières non officielles, qui ont ce bon côté de permettre aux critiques des quotidiens d'avoir vraiment vu la pièce au lieu de bâcler au galop un compte rendu entre deux et trois heures du matin ? Reviendra-t-on au contraire au système d'origine : trente amis de l'auteur, vingt amis du directeur étaient conviés à écouter dans une salle à peine éclairée ; ils donnaient leur avis et ceci était souvent suffisant pour éclairer auteur et artistes. Quant à nous, l'idée qu'il y avait un public, fût-il de cinquante personnes, nous suffisait. Ce qui fit dégénérer ces répétitions en petit comité, c'est que Vitu obtint d'y entrer ; l'arrivée de Vitu fit des jaloux, on entre-bâilla la porte pour quelques critiques influents (sauf Sarcey qui s'y déroba toujours), bientôt ils en furent tous. Le dilemme est là, non résolu, non facile à résoudre. Mon humble avis est qu'une première doit être une première et non une seconde à fla-fla... Quant aux comptes rendus on les donnera le surlendemain... ce qui permettra de réfléchir, et la terre n'en continuera pas moins à tourner.

XVII

Sophie Croizette. — *Le Marquis de Villemer.* — *Chatterton.* — *Hernani.* — Je suis nommé professeur au Conservatoire. — *Les Fourchambault et le Fils naturel.* — Edmond Got.

Un cruel hasard fait qu'au moment où je vais parler du *Marquis de Villemer* et des *Fourchambault* et, par conséquent, rappeler avec force louanges les noms de Sophie Croizette et de Got, ces deux artistes viennent de disparaître coup sur coup, presque le même jour.

On savait madame Jacques Stern gravement malade depuis longtemps ; frappée toute jeune encore par une de ces maladies qui ne pardonnent pas, elle ne rappelait plus en rien la saisissante et troublante jeune femme que nous avions admirée du *Sphinx* à la *Princesse de Bagdad*. Elle était si changée qu'on ne la reconnaissait pas facilement. C'est ce qui arriva à M. Sardou. Comme il s'excusait sur sa distraction ou sa mauvaise vue, elle répondit résignée : « Non, ne cherchez pas d'excuse... Je suis méconnaissable ! » Elle avait quitté le théâtre en 1882 et s'était consacrée à une vie de famille que son mari, très épris, avait rendue aussi douce et heureuse que possible : à Paris ou dans son château de Fitz-James, elle vivait très retirée.

Pour le monde, pour la vie artistique, elle n'existait plus depuis de nombreuses années. A peine si elle apparaissait de loin en loin dans un salon, et en dehors d'un petit cercle d'intimes et de parents des deux côtés (on sait que sa sœur a épousé M. Carolus Duran), nul ne peut dire l'avoir rencontrée depuis tantôt vingt ans.

Précédemment j'ai dit quelle amitié m'avait lié à Sophie Croizette et à sa mère et j'ai pu donner quelques extraits de ses si intéressantes lettres pendant la Commune. En cherchant bien, j'en trouverais encore quelques-unes de ces lettres, mais elles n'auraient plus le même intérêt. Les unes donnent des détails un peu « boutique » sur la Maison, les autres renfer-

ment des appréciations un peu malicieuses...
mais... j'aime mieux m'abstenir... Je ne la
voyais plus guère, toutefois nous échangions de
petits mots, elle me recommandait ses amies
pour le sociétariat en me demandant « d'exaucer le souhait d'une morte à notre chère Maison » ;
et par la pensée nous restions unis : tant de
souvenirs d'autrefois étaient entre nous; sa
sœur, madame Carolus Duran, m'avait jadis
montré tant de cœur! Quand j'eus le malheur,
en janvier 1867, de perdre une petite fille de
neuf ans, madame Duran me fit la consolante
surprise de reproduire par le pastel les traits
de l'enfant que je pleurais et de m'envoyer ce
précieux souvenir. La bonté est un patrimoine
de cette famille. On a dit et répété que madame Jacques Stern faisait beaucoup de bien
autour d'elle et qu'elle laissait de sincères
regrets ; j'en suis persuadé.

Mais j'en reviens à l'artiste impressionnante,
originale, à l'admirable créature que toute une
génération applaudit et que les générations suivantes oublièrent ou ne connurent point. J'imagine que mes *Petits papiers* comme les articles
éclos ces temps-ci sous des plumes autorisées,
de M. Duquesnel à M. Claretie, apprendront le

nom de Croizette à pas mal de gens... qui ne sont pas tous de Pont-aux-Anes. Pensez donc : être disparue de la scène du monde depuis vingt ans, sans avoir jamais essayé de faire reparler de soi, sans rien donner en pâture au grand public ! N'était-ce pas hier pourtant qu'elle faisait frissonner tout Paris dans le dénouement du *Sphinx*, n'était-ce pas hier qu'elle jouait son duo avec Sarah dans *l'Étrangère*, qu'elle reprenait Clorinde de *l'Aventurière* après le départ de sa devancière, n'était-ce pas hier qu'elle s'incarnait si triomphalement dans la marraine de *l'Étincelle*, dans la baronne d'Ange du *Demi-Monde ?* Et Célimène du *Misanthrope*, et *les Fourchambault*, et Lionnette de *la Princesse de Bagdad*, n'est-ce pas encore hier ? Eh non ! ce sont les neiges d'antan ! Bien des grandes coquettes ont passé depuis sur la scène de Molière et ont rejoint Croizette dans « le gouffre de l'oubli ». Je ne comparerai pas la toute belle et séduisante Sophie à des femmes dont le talent avait plus d'envergure, comme Sarah, comme Plessy, comme Favart, mais on ne peut nier qu'elle eut une vogue très méritée, qu'elle travailla assidument, ne se contentant pas de mettre en œuvre les admirables dons que la nature lui avait donnés, et que son nom, dans l'histoire du Théâtre-Français, a droit à une place honorable. Ceci répond, ce me semble, et à ceux qui ont voulu faire de Croizette une actrice hors ligne, ce qui est exagéré, et à ceux qui n'ont vu en elle qu'une très jolie femme poussée par la mode et secondée par des rôles favorables.

Et voici justement, qu'en suivant mes notes journalières, je retrouve le nom de Croizette dans un rôle de tenue et de distinction. M. Perrin retardait depuis assez longtemps la représentation du *Marquis de Villemer* de George Sand, qu'Alexandre Dumas avait déjà remanié pour l'Odéon. Il avait Croizette à qui il voulait faire jouer Caroline de Saint-Geneix, il avait Madeleine pour la douairière, il avait Delaunay pour le duc d'Aleria; mais qui jouerait le marquis de Villemer? Perrin destinait ce rôle à Worms, ce fut un des débuts de l'excellent artiste qui vient de se retirer. Thiron, Reichemberg et Barré complétaient un rare ensemble. Ainsi monté, *le Marquis de Villemer* eut, on le sait, un succès durable; rappels au deuxième, au troisième et au quatrième acte, le soir de la première, le 4 juin, tous nous en eûmes notre part. Les scènes violentes entre les deux frères épris de la même femme étaient la partie délicate de la pièce; nous étions tellement en confiance, Worms et moi, que nous n'eûmes pas un instant d'inquiétude, et l'on nous applaudit ferme.

Après des rôles de passion violente, Croizette abordait un rôle de sentiment; elle s'y montra délicate, séduisante (Broisat reprit le rôle vers la trentième représentation), et sous les cheveux blancs de la marquise réapparaissait Madeleine Brohan, dès lors vouée aux douairières, ses indiscutables succès de fin de carrière. Le temps avait marché. Comme c'était loin *les Contes de la Reine de Navarre* où Madeleine, en 1850, avait remporté un succès de beauté et de grâce! Alors, je jouais son amoureux... en 1877, j'étais devenu son fils...

Au commencement de cette même année, pour les débuts de Volny, on reprenait *Chatterton*, d'Alfred de Vigny. J'ai déjà eu l'occasion de dire qu'on m'avait, lors d'une précédente reprise, offert le rôle du jeune désespéré qui se tue à dix-huit ans, et que je m'étais récusé. Cette fois le rôle allait tout droit à Volny dont je m'occupai puisque je dirigeais les répétitions,

Je ne croyais guère à cette reprise de *Chatterton* et mes prévisions ne me trompèrent pas. On trouva Broisat agréable... mais le rôle était si faux ! Quant à Volny, il tira un excellent parti d'un personnage peu intéressant, et la pièce, célèbre autrefois, fut jugée ennuyeuse. Et cependant, en faveur de la belle « écriture », en souvenir des luttes romantiques d'autrefois, *Chatterton* eut une bonne presse. Le grand seigneur hautain qu'avait été Alfred de Vigny n'était plus là pour stimuler le zèle des acteurs un peu *déromantisés*, mais, dans Louis Ratisbonne le poëte des enfants... et l'homme méticuleux par excellence, il nous avait légué un consciencieux et énervant régulateur.

Sans obtenir un grand succès, *Jean Dacier*, de Lhomon, eut à partir d'avril des représentations honorables. En fin d'année, une reprise brillante d'*Hernani*, avec Mounet-Sully, Sarah Bernhardt, et Worms très applaudi en Don Carlos.

En dehors du duc d'Aleria dans *Villemer*, je n'avais pas, en 1877, créé de rôle ; ce qui ne m'avait pas empêché de jouer très fréquemment. De plus, une nouvelle occupation m'avait été dévolue : le 7 novembre je recevais ma nomination de professeur au Conservatoire, en même temps que Got; nous étions tous deux choisis en remplacement de Bressant dont la classe était partagée en deux. Le 13, audition des aspirants hommes; le 14, audition des femmes; ma première classe avait lieu le 24 novembre. On n'oublie pas ces dates-là ! Et peu à peu repassent devant moi les visages de ceux ou de celles que j'eus dans ma classe : voici la belle et si douée Marsy pour qui s'ouvrait la plus brillante des carrières... et voici Émilie Lerou, femme de savoir et d'esprit qui n'a pas toujours trouvé les rôles dignes de son talent original; et la gentille Muller dont je relisais naguère les lettres naïves et affectueuses ; du Minil, la zélée sociétaire; Ludwig, charmante soubrette; Biana Duhamel que tout le monde connaît sous les traits de *Miss Helyett*. En fait d'hommes, je retiendrai les noms d'Albert Lambert, aujourd'hui en pleine maturité; Laugier (sociétaire); Numa (du Vaudeville); Gauthier (Porte-Saint-Martin) ; Tarride (du Vaudeville); Desjardins, qui fait partie maintenant de la troupe Sarah-Coquelin; Burguet, Monrose... Je ne puis les nommer tous et je le regrette...

L'année 1878 est la plus fructueuse de toute la direction Perrin. L'Exposition amenait un grand concours d'étrangers, la Comédie fut en vogue tout l'été ; avec son répertoire moderne et ancien, grâce aux matinées, grâce à deux grands succès, *les Fourchambault* et *le Fils naturel*, les recettes dépassèrent toute prévision : deux millions trois cent soixante-seize mille huit cent quarante et un francs ; la part de chaque sociétaire fut de quarante-deux mille francs, chiffre qu'on n'avait jamais vu et qu'on n'a retrouvé que l'année du *Monde où l'on s'ennuie*. La faute n'en est pas aux vivants qui luttent dans la lice, mais aux « morts qui ne reviennent pas », comme dans *l'Ami Fritz*. On ne remplace pas des « fournisseurs » comme Dumas et Augier. Les deux dramaturges, habitués à vaincre sur la scène du Théâtre-Français, remportèrent donc un grand succès, l'un avec *les Fourchambault*, l'autre avec *le Fils naturel*.

La pièce de Dumas, jouée à l'automne, avait la priorité du temps et du sujet sur celle d'Augier, qui fut représentée en avril, car *le Fils naturel* venait du Gymnase. Le succès du *Demi-Monde* encourageait l'administrateur à cette reprise, mais l'analogie des sujets en devait faire reculer la première. Augier avait beau changer un peu les milieux et l'époque, il avait beau se défendre des ressemblances, il faut bien avouer que le fond du sujet était le même : dans *le Fils naturel*, un père qui n'a pas reconnu son fils et se trouve être l'obligé de ce fils ; dans *les Fourchambault*, même situation.

Les Fourchambault étaient admirablement montés : Got et Coquelin dans les deux principaux rôles ; on n'a pas oublié la scène violente entre les frères, le soufflet donné par Léopold (Coquelin) à l'autre, qui, dans un mouvement cornélien, pardonne en tendant sa joue pour le baiser de réconciliation avec ce mot « Efface », qui fit crouler la salle. Madame Fourchambault, c'était Provost-Ponsin ; puis les autres rôles, Thiron, parfait en préfet de Seine-et-Manche et Barré en Fourchambault-Chrysale, Reichemberg et Croizette, dans des rôles de jeunes filles, enfin Agar dont c'était les débuts, excellente en madame Bernard.

Et sur la tombe de mon vieux collègue Got, j'ouvre une courte parenthèse. Nous nous tutoyions depuis plus de cinquante ans, Got et moi, sans être ce qu'on appelle liés, et depuis une quinzaine d'années nous nous voyions fort peu ; lui à Passy, moi à Versailles, nous vivions assez retirés. Mais nous avions travaillé et combattu ensemble, nous avions été nommés en même temps sociétaires en 1850, et professeurs au Conservatoire en 1877 ; tant de succès nous étaient communs, du *Gendre de M. Poirier* à *Il ne faut jurer de rien!*

Tout le long de ces *Souvenirs*, j'ai souligné les rôles où Got s'affirme plus personnel et plus original.

La plupart se souviendront surtout de Got dans *le Fils de Giboyer*, *les Effrontés* et *Maître Guérin*. J'aime mieux, moi, oublier la pipe et les attitudes canailles de Giboyer, comme les vilenies de Guérin, et me rappeler Got dans d'autres rôles où il s'est montré très personnel, tout en ne s'écartant pas des bonnes manières en usage à la Comédie : du nombre, le *Duc Job*, Cliton du *Menteur*, l'abbé d'*Il ne faut jurer de rien*, où j'étais si souvent son partenaire, Poirier, dans la pièce immortelle où je jouais M. de Presles, le « rebbe » de *l'Ami Fritz*, dont j'ai dit le vrai succès.

Le camarade était indépendant, spirituel, parfois peu indulgent et caustique, — chacun a sa manière de se faire aimer, — un peu ombrageux et d'une philosophie plus personnelle que sereine. « Les mains dans les poches ou les yeux au ciel, la bouche narquoise, m'écrivait un jour Madeleine Brohan, Got assistait aux petites querelles domestiques en se désintéressant des choses et des gens. » On a parlé naguère de son goût pour l'économie et l'ordre ; cela lui permit de laisser une jolie fortune. Il parlait lui-même de son profond scepticisme en matière de religion : j'ai appris avec plaisir qu'il avait modifié ses idées, car Giboyer, amendé, s'est réconcilié avec Dieu avant de mourir. Voilà donc pour le « spirituel ». Pour ce qui est du « temporel », Edmond Got laisse un nom indiscutable qui rayonne dans la pléiade des Samson, des Régnier, des Provost. Professeur au Conservatoire, il a formé plusieurs élèves distingués. Chose curieuse, la limite d'âge l'atteignit comme tous, et à soixante-dix ans il ne lui fut plus permis de professer, mais il pouvait encore jouer régulièrement. Voilà une loi qui semble faite en raison inverse de la fatigue ! S'étant retiré fort tard de la Comédie-Française, en 1895, à près de soixante-quinze ans, Got a joué plus de cinquante ans et a été applaudi par près de trois générations. C'est la carrière non interrompue la plus longue qu'on connaisse. Pour montrer l'homme en particulier, j'aurais voulu, comme je l'ai fait pour tant d'autres camarades, citer quelques fragments de lettres; celles que j'ai gardées de Got n'offriraient pas assez d'intérêt, notre correspondance se bornant en effet à de simples affaires de service.

Un petit mot pourtant que Got m'écrivait le 5 mai 1883, comme je venais d'être décoré :

« Mon cher Delaunay,

» Après l'avoir silencieusement, et de tout cœur, serré la main hier soir, je veux être des premiers à t'envoyer le témoignage de ma joie, — je dirai presque de mon soulagement.

» Jamais artiste, dans le vrai sens du mot, n'a mieux mérité la distinction qui vient enfin te récompenser à ton tour... »

L' « accolade fraternelle » qui terminait la lettre ne me trompait guère. Got, qui avait été décoré comme professeur, n'était pas ravi outre mesure de me voir décoré comme comédien... Enfin, passons...

On a reproché parfois aux anciens de se tenir

éloignés du Théâtre-Français. Est-ce bien leur faute ? Quand, au moment de la retraite de Got, en 1895, il fut organisé à Saint-Germain-en-Laye une fête en l'honneur du doyen, la crainte de froisser quelques-uns, absents ou... présents, fit qu'on ne pensa pas à Delaunay. Du moins, on ne me fit rien dire, et l' « apothéose » de mon vieux camarade se passa de moi.

XVIII

Le Misanthrope et la presse. — Montigny. — Lettres d'Agar. — Le baron Taylor. — Mauvaise chance d'une tragédienne. — Lettre de François Coppée. — Voyage de la Comédie à Londres.

Au commencement de cette même année 1878, le lundi 14 janvier, j'avais joué pour la première fois le rôle d'Alceste du *Misanthrope*. Je n'ai pas à redire tout ce qui fut écrit avant ou après la représentation par les moliéristes, les courriéristes et autres critiques ou soi-disant tels. Ce rôle d'Alceste a été l'écueil de tant de comédiens qui m'ont précédé comme il le sera sans doute de beaucoup d'autres après moi ! Accoutumé à jouer dans le répertoire des rôles d'amoureux aimables, il me plaisait assez, « pour une fois », de jouer un philosophe grinchu et, en somme, assez peu sympathique.

Chacun a sa manière de comprendre Molière, et ces différentes manières sont évidemment bien plus compliquées que ne les avait conçues le génie plutôt simpliste de l'auteur du *Misanthrope*. Bref, je jouais Alceste comme je devais le jouer, étant donné mes moyens d'action et mes idées propres : peut-être pas assez amer dans les scènes de cruel égoïsme, je remportai un grand succès dans les passages où Alceste est sur la voie de la détente... Dans la chanson du roi Henri je pus même me laisser aller à l'attendrissement sans trop dépasser la mesure, et, diseur plutôt que chanteur, je fus acclamé. Le reste de la distribution de la pièce n'était d'ailleurs pas banale, puisque Favart et Croizette jouaient Arsinoé et Célimène, Broisat, Éliante, que Coquelin était Oronte, et que Thiron lui-même avait pris les chausses juponnées de Philinte.

Comme je venais de remonter dans ma loge, Worms arrive en courant et m'annonce la visite de M. Montigny. Montigny, le directeur du Gymnase, qui jadis n'avait pas su me garder, que je ne revoyais jamais et qui ne se dérangeait pour personne, que pouvait-il me vouloir ?

Un peu essoufflé, il entre, me serre la main avec effusion, puis, devant Worms, devant mon fils et deux ou trois autres personnes, il me tient véritablement un petit discours :

— Je tiens à vous dire quel plaisir vous venez de me faire dans Alceste. Vous ne me croiriez pas si je vous disais que vous êtes complet; dans *le Misanthrope* on ne saurait être complet, mais tel quel, vous m'avez causé un véritable délice dont je veux vous remercier. Depuis trente ans je vous suis toujours avec intérêt et je n'ai pas eu l'occasion de vous le marquer; je veux vous féliciter de votre longue carrière toute d'honorabilité, de vos succès mérités. Devant votre fils, je vous le dis bien haut en toute sincérité.

J'étais stupéfait, car, personnellement, je croyais à l'indifférence complète de Montigny; un suffrage aussi éclatant avait donc une grande valeur à mes yeux, et je l'en remerciai chaleureusement.

Malgré mon succès, le soir de la première, tous ne furent pas de son avis et je ne reçus pas que des félicitations; le public d'ailleurs m'a toujours aisément consolé des épigrammes de la presse, car plus Sarcey ou d'autres me « bêchaient », plus j'étais sûr de tenir une autre partie de l'auditoire. Cette reprise du *Misanthrope* fut heureuse, et, pour le bénéfice de l'Association des Artistes dramatiques, j'eus l'idée de proposer à M. Perrin de jouer le chef-d'œuvre classique. Le baron Taylor se récriait :

— Du classique! on ne fera pas d'argent!

Il se récria moins quand sur la recette de sept mille et quelques, francs Perrin, généreusement, me chargea de prévenir la Société qu'elle pouvait toucher six mille francs. Ce qui prouve que le classique bien joué peut faire argent.

Parmi les lettres de compliment au cours de l'année, j'en reçus une bien charmante d'une grande artiste malheureuse dont je fus l'ami : « Je ne saurais vous exprimer notre enthousiasme, m'écrivait Agar, toute la salle était transportée. Nous avons pleuré avec Alceste. C'est la première fois que dans cette œuvre j'ai pleuré, non seulement vous y avez mis tout ce que le génie de Molière y a déployé, mais au lieu de le rendre *gênant*, comme on l'a fait jusqu'ici, vous l'avez fait homme, pleurant dans son martyre, et nous avons souffert de sa souffrance. Depuis le premier acte, où l'ovation qui vous a été faite prouve que l'on sait admirer le beau, jusqu'au déchirement du cinquième acte, vous avez été admirable... et puis : « Si le roi Henri... », comment trouver deux fois coup sur coup avec les mêmes sentiments, les mêmes mots, une pareille émotion ?... Et la colère, et cette fin merveilleuse, comme on sent bien que c'est fini et que si elle revenait, il ne pourrait plus l'aimer, c'est merveilleux, c'est une création superbe et qui vous appartient bien. Et quelle force, quelle ampleur, on ne peut s'imaginer que cet adorable gamin de : *On ne badine pas* peut être ce grand cœur, ce héros d'Alceste... »

Cette lettre d'une amitié si chaude, Agar me l'écrivait à la reprise d'automne, au moment même où je m'employais de mon mieux en faveur de l'artiste désemparée. Resterait-elle au théâtre avec la récompense due à son talent ou serait-elle obligée de partir, victime de mesquines jalousies et d'opiniâtres rancunes ?

Et puisque l'occasion se présente, évoquons le souvenir de la tragédienne injustement malheureuse.

Faut-il rappeler ses débuts sous l'Empire dans la Maison qu'une malveillance obstinée lui fermait? Pourquoi Thierry ou son entourage ne voulait-il pas d'Agar? Il fallut que l'Empereur, l'entendant dans un concert, *s'étonnât* qu'elle ne comptât pas encore au nombre de ses « comédiens ordinaires ». Cet étonnement causa de l'émotion; l'opinion, que beaucoup partageaient, fut aussitôt considérée comme une volonté, on fit courir le mot de « début par ordre ». Thierry pensa qu'il pouvait répondre aux espérances de quelques sociétaires tout en obéissant au désir du souverain. Il offrit donc à Agar un engagement de pensionnaire, pensant bien l'amener par là à un refus. Il ne manqua pas de faire ressortir tout ce qu'on pourrait dire de désobligeant : « Entrer par force à la Comédie sous la protection impériale, n'était-ce pas... scabreux ? » Indignée de sous-entendus mal déguisés, Agar ripostait impatiente : « Si vous pensiez que Sa Majesté s'intéressât à moi pour un autre motif que pour mon talent, c'est le sociétariat à part entière que vous m'auriez déjà offert. » — Et pourtant elle courba la tête et débuta dans Hermione d'*Andromaque* : un début d'enterrement. Guyon ne voulait pas qu'elle eût du succès, les répliques lui étaient données avec mauvaise grâce, et, c'est triste à dire, certains camarades persécutaient cette pauvre femme qui ne savait pas se défendre : elle avait de la beauté un peu massive, un talent réel qui ne demandait qu'à mûrir, autant de griefs contre elle, et les cabales succédaient aux cabales. Une partie de la presse la tuait par l'indifférence.

Elle partit, et retourna à l'Odéon, triompha dans *le Passant*, de François Coppée, avec Sarah Bernhardt. Ce succès la faisait rentrer aux Français juste à temps pour jouer *la Fête de Néron* et pour chanter la *Marseillaise* après la déclaration de guerre. Elle la chanta ainsi quarante-quatre fois, jusqu'à la fermeture. Elle la chanta aussi, hélas! aux Tuileries, dans un concert donné pour les blessés de la Commune, et ce « service commandé » pesa sur toute la vie d'Agar. Elle l'avait fait sur la prière de Thierry pour sauver le Théâtre-Français, et on le lui imputa à crime.

Ne la suivons pas, la pauvre tragédienne, errant de chef-lieu en chef-lieu, courant après la fortune qui lui échappait toujours, ne se fixant nulle part, en proie à d'éternels besoins d'argent. Une fièvre de spéculation l'avait prise et elle achetait des terrains sans être en mesure de les payer aux échéances...

Sa vraie place eût été aux Français, mais des difficultés d'administration, surtout des camarades jalouses l'empêchaient d'y rentrer comme elle devait. Et elle repartait, spéculatrice incorrigible, voyageuse obstinée... Quand elle débuta en 1878 dans *les Fourchambault*, ce n'était plus la « Muse immortelle et sacrée » qu'a célébrée Armand Silvestre en des strophes pieuses, ni cette « guerrière aux noirs cheveux des batailles lyriques » que devait louer *trop tard* Catulle Mendès, elle était vouée aux mères en cheveux blancs. Décrocherait-elle ce sociétariat, but de ses désirs, et pour lequel peut-être elle eût fait le sacrifice de sa vie indépendante et de ses représentations en province? Je l'espérais pour elle et y employai tous mes efforts : Agar ne sut pas se faire apprécier à sa juste valeur; Perrin la laissa dans l'ombre; quelques membres du Comité la prirent à tic et, il faut bien l'avouer, se montrèrent souverainement injustes pour elle. Le temps passa, les années s'accumulèrent... et la justice ne vint pas, mais la misère. Elle a rempli le monde des lettres de ses doléances et de ses requêtes, *la vaincue*, comme elle s'appelait elle-même, et je renvoie le lecteur aux épîtres désolées, datées de l'année avant sa mort, que publia naguère M. Gauthier-Villars dans la *Revue hebdomadaire*. Dans l'une, du 14 février 1888, elle rappelle « ses sept années perdues au Théâtre-Français », ajoutant : « En 1878, on me fait perdre quatre-vingt mille francs pour en gagner sept mille pendant l'Exposition et me forcer à partir au bout de l'année après m'avoir promis la place de madame Guyon que je venais de remplacer. »

Nous voici revenus aux environs de 1878 et aux lettres qu'elle m'adressa. Les plaintes sur les personnes, hélas! trop justifiées, je ne puis les répéter toutes. Avant de rentrer, elle se plaint de Sarah Bernhardt « son ennemie jurée »; ceci n'est pas tout à fait exact; Sarah pouvait ne pas désirer avoir à ses côtés une tragédienne de talent; mais, plus tard, quand la vraie détresse sera venue, c'est Sarah qui essaiera le sauvetage : « Elle a été admirable pour moi », écrira Agar en 1888. Elle se plaint de la rentrée de Lafontaine, elle se plaint de mademoiselle Dudlay, elle se plaint de l'injustice de Sarcey.

En revanche, elle ne se plaint pas de mes procédés à son égard; j'appuyai de toutes mes forces sa demande de sociétariat que je trouvais juste et nécessaire ; je me heurtai à des volontés bien arrêtées de ne pas la nommer, et, il faut bien le dire, à une étrange inertie de la part de Perrin. « La Comédie-Française me renvoie », m'écrivait-elle tristement au bout de l'année, et elle demande à partir le plus tôt possible pour « réparer les pertes qu'elle a subies cette année ». De Bordeaux, le 24 janvier 1879, elle m'exposait avec détails le pourquoi de son découragement. Elle vient de jouer avec succès, la neige les a arrêtés en route, mais elle se hâte de rentrer : «... Malgré ma grande fatigue, je suis bien heureuse de ce voyage ; j'ai passé une année si triste, si découragée, on m'a tant fait entendre là-bas que je ne valais pas le diable que je l'ai cru, et j'avais le cœur bien gros, bien serré, et enfin j'avais peur. J'ai été bien sotte, j'aurais dû ne me souvenir que de vos encouragements et me dire que *le plus grand* trouvait que je valais quelque chose et cela aurait dû me suffire, mais, hélas ! sur cette terre, le mauvais l'emporte toujours sur le bon... Enfin, cette tournée a été plus belle que tout ce que nous avons fait jusqu'ici... Tout cela m'a rendu courage et je ne me sens plus la force de recommencer à la Comédie-Française l'année qui vient de finir. Pourquoi y rester malgré tous, quand avec l'appui de M. Perrin, avec votre dévouement que personne ne connaîtra aussi grand qu'il le fut, je n'ai pas pu réussir. Point de profit d'argent, puisque, en huit jours, je gagne en province ce que j'ai en *un an!* Point de gloire, puisque je ne joue plus les rôles qui m'en donnaient. Ensuite, je doute de moi, je me sens entourée de malveillance... Non, il vaut mieux partir... Nous avons un itinéraire de soixante-cinq villes qui nous rapportera au bas mot, je le prouverai, cinquante mille francs. Ne vaut-il pas mieux aller gagner de l'argent, puisque je ne peux pas obtenir à Paris ce que j'espérais : la *situation entière* de madame Guyon. Aller en Angleterre pour y jouer *le Village?* (Il était déjà question d'un déplacement de la Comédie à Londres pour l'été.) Les *Fourchambault*, bien, mais j'y veux jouer au moins une fois Clytemnestre. Enfin, je finis le 1ᵉʳ mars, et comme vous l'avez dit au Comité, mon cher dévoué ami, je quitterai la Comédie, mais c'est elle qui me renvoie en ne me donnant pas la place qui m'est due et promise.

»... J'emporterai de vous le souvenir le plus reconnaissant, une affection sans bornes et je pense bien que vous ne nous abandonnerez pas, que vous viendrez nous voir (Agar avait épousé M. Maryo)[1].

»... Nous ne parlerons plus de ce théâtre qui a été le but de ma vie, que je révère et dont il faut s'éloigner dans l'intérêt de ma fortune, de ma santé, je mourrais de chagrin...»

Sans acrimonie, — ce n'est que plus tard que ses lettres devaient devenir acerbes, — Agar me chargeait de prévenir M. Perrin de son départ. « Lui aussi a été bienveillant, je ne l'oublierai jamais, mais il me conseillera lui-même de partir, j'en suis sûre, car je ne puis plus attendre une nomination qui devrait être faite...»

Agar partit en effet, et c'est en allant jouer à Montélimar, à Agen ou à Rouen qu'elle pensait se rapprocher du but d'autrefois, et il en fut ainsi jusqu'à la paralysie finale. Malgré le mouvement perpétuel auquel la condamnèrent des besoins d'argent, alors même qu'elle vient de jouer à Montmartre, aux Gobelins, aux Bati-

---

1. Aujourd'hui bibliothécaire de la ville d'Alger.

gnolles, elle n'abandonne jamais son rêve : en 1887 elle espérera encore.

Une tristesse vous étreint en reparlant d'elle, car ce fut vraiment « l'artiste malheureuse ». Pauvre grande et malheureuse artiste qui n'a connu le repos que dans la mort !

Lorsqu'un buste de tardive reconnaissance fut placé sur son tombeau, tous concoururent à louer celle qui ne connut que des demi-triomphes... et la misère complète. Les Parnassiens, à qui l'on devait ce pieux hommage, se montrèrent courageux d'épithètes et hardis dans la louange posthume. Que n'avaient-ils lutté plus efficacement alors qu'il en était temps! J'ai déjà cité Silvestre et Catulle Mendès qui s'étaient maintes fois entremis entre des puissances hostiles et une insaisissable artiste. Il faut redire les vers émus qu'en souvenir de la Sylvie du *Passant*, François Coppée récita sur sa tombe :

D'autres rappelleront que ton sort, pauvre femme,
Fut rigoureux, malgré tant de soirs éclatants,
Qu'on disputa son trône à la Reine du drame
Et qu'un injuste oubli l'exila trop longtemps.

Que, dans les durs wagons, la généreuse artiste
Reprit les longs chemins où roulèrent jadis
Le coche de Molière et le char de Thespis,

Et que donnant partout un admirable exemple,
Prêtresse du grand Art et du rythme immortel,
D'une grange enfumée elle faisait un temple
Et, devant trois quinquets, allumait un autel...

L'auteur du *Passant*, lui, n'avait pas attendu la mort de sa belle interprète d'antan pour penser à elle. En janvier 1888 on organisait une représentation à son bénéfice et, sachant quel intérêt j'avais porté à la pauvre Agar (seul, oserai-je dire, rue de Richelieu), M. François Coppée essayait de me faire sortir, pour un soir, de ma retraite.

« Encouragé par les cordiaux et sympathiques rapports que nous avons eus lorsque vous mettiez en scène mon *Luthier*, je viens vous parler de la pauvre Agar. Vous savez quelle dure épreuve elle subit. La voici paralysée, hors d'état de travailler. Ses vieux amis — et j'en suis — s'occupent d'elle, voudraient surtout que la représentation qui sera donnée à son bénéfice fût fructueuse et soulageât la gêne extrême où se trouve la pauvre artiste. On m'assure que vous ne seriez pas éloigné de reparaître, en cette occasion, devant le public...»

Pour vaincre mes scrupules (je ne voulais à aucun prix revenir sur la scène), M. Coppée insistait de façon charmante, ajoutant pour Agar, ce qui était vrai : « Nous sommes en présence d'une infortune exceptionnelle. Il s'agit d'une digne et vaillante artiste dont toute la vie a été consacrée au grand art, qui n'a eu qu'un malheur, celui de mal placer ses modestes épargnes et qui gémit à présent dans la maladie et la pauvreté... » La lettre de M. Coppée, où confiance et amitié m'étaient prodiguées, sans compter la sympathie que m'inspirait Agar, était bien faite pour m'émouvoir, mais... je dus me récuser. J'avais refusé à Got, à Maubant, à Coquelin, à Taillade, je ne pouvais faire une exception, blessante pour ceux que je viens de nommer et qui, de plus, eût entraîné des conséquences. En retraite j'étais, et devais rester...

L'année 1879 débutait avec des continuations de succès. *Les Fourchambault, le Fils naturel, le Sphinx*, avec Worms dans mon rôle, en attendant une reprise de *Ruy Blas*, en avril, pour Sarah Bernhardt, alternaient avec *les Caprices de Marianne*, pour Croizette et moi, dans le rôle d'Octave, et le vaste répertoire d'abonnement. En fait de nouveautés, peu ou prou : *le Petit*

Hôtel, un acte assez ordinaire de Meilhac; puis *l'Étincelle*, de Pailleron.

J'ai déjà dit tout le bien que je pensais de cette délicieuse pièce; mais je me plais à le répéter, car vraiment Croizette, Samary et moi, nous fûmes chaleureusement accueillis. Lorsque je nommai l'auteur, le soir de la première, le 13 mai, il y eut grande ovation. Pailleron ne se sentait pas de joie, et quand je rentrai dans la coulisse, il me dit :

— Il est rare qu'un auteur soit tout à fait content de l'interprétation; eh bien! moi, je suis enchanté de vous trois.

Il est de fait que Croizette, qu'on aurait pu craindre emballée, y était parfaite de tenue ; Samary, la jeune fille malicieuse, avait travaillé son rôle avec l'auteur, et elle se montrait tour à tour, à point nommé, enjouée, railleuse, même gentiment émue. Comme elle disait bien, presque en pleurant : « Ah! ma chère marraine! » Quant à mon rôle, il était bien dans mes cordes : lutin et sentimental tour à tour, — j'avais même des vers à dire entre ces deux appétissantes jeunes femmes — je pouvais me croire presque dans le domaine de Musset, et c'est le plus grand éloge, à mes yeux, qu'on puisse faire de la pièce de Pailleron.

Une toilette générale de la Comédie ayant été jugée nécessaire, presque toute la troupe s'embarquait, au commencement de juin, pour l'Angleterre. Il ne s'agissait plus, comme en 1871, d'un voyage commandé par le vide de la caisse : nous payions une dette de reconnaissance pour l'appui apporté aux jours de détresse. — Notre séjour à Londres fut de six semaines, le succès très vif et les recettes fructueuses. Pour éviter les tracas et les responsabilités, nous avions confié la direction administrative à un « manager », M. Mayer, qui devait tout prévoir et supporter l'aléa ; il eut surtout à encaisser et ne put se plaindre de sa petite combinaison.

Le programme se composait de pièces de l'ancien répertoire, dont le résultat moyen est toujours sûr : *les Précieuses, Tartuffe, le Misanthrope* (je jouai Alceste avec succès) ; le deuxième acte de *Phèdre*, pour Sarah ; *le Menteur, le Médecin malgré lui, les Plaideurs, le Jeu de l'Amour, Zaïre* et *Andromaque*. Dans le répertoire moderne, c'étaient : *le Gendre de M. Poirier,*

Il ne faut jurer de rien, *On ne badine pas* et le *Caprice*; *Ruy Blas*, *Hernani*, *Mademoiselle de la Seiglière*, *Gringoire*, *Mademoiselle de Belle-Isle*; les pièces en vogue de Dumas; *le Marquis de Villemer*, *l'Été de la Saint-Martin*, *la Joie fait peur*, *les Fourchambault*, *le Sphinx*, *l'Étincelle*, *l'Ami Fritz*, enfin une pièce nouvelle d'Aicard, dont je dirai deux mots. Les grands succès furent pour *le Demi-Monde*, *la Joie fait peur*, les pièces de Musset (moins *le Caprice*), *le Marquis de Villemer*, *le Gendre de M. Poirier*, *le Misanthrope*, *Mademoiselle de Belle-Isle*.

Le Fils naturel fut peu apprécié (le titre effrayait la pudeur britannique), mais *l'Étrangère* avait amené beaucoup de monde et la rencontre des deux artistes en vogue, Sarah et Croizette, était une grande « attraction ». Là, le succès principal fut pour la distinction diaphane de Sarah (alors très maigre); les formes plantureuses de Croizette furent jugées excessives.

Par coquetterie pour le public anglais, on monta une nouvelle pièce d'Aicard, *Davenant* (fils de Shakespeare), qu'à Londres on apppelait *William*. Aicard était venu nous lire sa pièce à l'hôtel; elle fut reçue, répétée au galop. Sarah devait jouer le travesti. Au dernier moment, elle se récusa, et mademoiselle Dudlay, qui n'avait eu guère l'occasion de jouer, en fut chargée. Le drame, convenablement accueilli à Londres, n'eut aucun succès à Paris.

Le dernier spectacle se composa de *Gringoire*, du deuxième acte d'*Hernani*, de la *Bénédiction* de Coppée dite par Febvre, de *William* et de *l'Étincelle*. De la sorte, tous les sociétaires paraissaient une dernière fois devant le public qui leur avait fait fête. C'était le samedi 12 juillet... La veille avaient eu lieu à Chiselhurst les obsèques de l'infortuné Prince Impérial dont nous avions appris la mort le 20 juin ; l'émotion fut vivement ressentie dans tous les milieux et tout particulièrement par moi...

De ce séjour à Londres, où tous nous avions reçu un accueil flatteur, j'emportais personnellement un charmant souvenir. J'avais dîné plusieurs fois dans les clubs, et le grand tragédien Irving, que j'avais été voir jouer dans *Hamlet*, m'emmena ainsi que Mounet-Sully dans une grande excursion organisée par lui à Dorking.

Voici enfin, touchant le séjour à Londres, un souvenir sur Madeleine Brohan.

Je m'étais sans doute plaint de ne faire qu'entrevoir Madeleine les jours où nous jouions ensemble. Un matin, elle me répondait de façon enjouée :

« Je vais peu au théâtre, j'y ai les nerfs tendus comme cordes à violon. Notre directeur londonien est mystérieux, rien à gagner à lui parler. Je reçois un bulletin, je vais à mon devoir et reviens vite à mes parcs, si marécageux qu'ils soient en ce moment. Dans une lettre reçue hier, maman me charge de toutes ses vieilles amitiés pour vous. Voilà qui est fait.

» Je vous dirai, mon cher ami, à parler franc, que j'ai été presque heureuse d'être froissée dans ma dignité de doyenne (triste dignité entre nous). Je n'ai ici que des robes de théâtre ou des costumes de voyage, et j'eusse été fort embarrassée

> Pour aller tenir boutique
> Sur les marches du palais

comme Arlequin. Je me drape donc dans ma dignité.

» Au revoir, à demain, messire Clitandre. »

La lettre de Madeleine Brohan se termine en boutade :

« Je vais continuer mon traitement hydrothérapique, c'est-à-dire me promener. Avez-vous été au Zoological Gardens ? O mon ami, il y a là des cacatoès, c'est un rêve ! Il y en a un qui relève sa crête, toute doyenne que je suis, et qui me dit : « Good morning, madame ». — Ça vaut bien des conversations… Il danse avec des airs coquets… J'ai appris à parler cacatoès… C'est une ressource. »

A la mi-juillet nous étions rentrés à Paris ; quelques jours de repos furent accordés à tous, et la soirée de réouverture fixée au 2 août.

Avec ses baignoires retrouvées et rouvertes, son plafond peint par Mazerolles, les bustes de Samson et de Provost installés au foyer des artistes, ses décorations rajeunies et rafraîchies, mon cher théâtre me paraissait fort embelli, et c'était d'ailleurs l'avis général. Le Président de la République, M. Grévy, accompagné de sa fille, vint visiter la salle et les foyers et félicita chaudement M. Perrin, M. Chabrol, architecte, M. Mazerolles. Les membres du Comité même eurent leur petit compliment.

Le spectacle de la réouverture du 2 août était uniquement consacré à Molière fêté dans sa Maison : *les Femmes savantes* et *le Malade imaginaire* suivi de la cérémonie. Ovations ininterrompues pour les artistes et soirée exceptionnellement belle.

Le 6 septembre mourait le président de la Société des artistes dramatiques, le baron Taylor ; le 10, on célébrait en grande pompe les obsèques de cet homme de bien. Sénateur sous le Second Empire, il versait son traitement par cinquième à chacune des associations. Ce qu'il a fait pour les artistes, ce qu'il a été utile à l'organisation, à la marche et au développement de nos associations, nul ne l'a oublié, je l'espère. Mais je tenais à le rappeler, car le baron Taylor est une de ces belles figures de philanthrope dont le nom doit être gardé avec une vénération attendrie. Détail curieux : j'habite, à Versailles, la maison du baron Taylor, et c'est cette même année 1879 que je me rendis acquéreur de cette petite propriété que je devais agrandir après ma retraite... Il fallait bien loger tous mes souvenirs.

Aucune pièce nouvelle jusqu'à la fin de l'année ; mais les succès du début n'étaient pas épuisés. M. Sardou lisait au Comité son *Daniel Rochat*, et, le 17 novembre, prenait place une reprise éclatante du *Mariage de Figaro*, avec moi en Almaviva pour la première fois, Coquelin en Figaro, Thiron charmant en Brid'oison, Barré, Croizette fort agaçante en Suzanne, Broisat dans le rôle ingrat de la comtesse, Reichemberg gentille en Chérubin, Jouassain et Frémaux. La reprise, très soignée, — artistes, mises en scène, détails, — eut un grand succès. Thiron assurait qu'à la fois « protecteur et lutin » j'étais bien dans mon rôle, et pourtant je m'en effrayais d'avance... Souvenir de Bressant qui y apportait ses grandes qualités de charme ? Défiance d'un rôle plus « coquin » que ceux que je jouais le plus volontiers ? L'un et l'autre peut-être. Bref, ce rôle du comte si pervers et si séduisant, je le traitais à ma façon. J'avais lu et relu la préface de Beaumarchais qui dit entre autres choses en parlant d'Almaviva : « La corruption du cœur ne doit rien ôter au bon ton de ses manières... » Et encore ceci, qui explique tant d'invraisemblances de l'imbroglio : « Dans les mœurs de ce temps-là, les grands traitaient en badinant toute entreprise sur les femmes. » Et me voilà parti, lutinant et corrompant, un Perdican expérimenté, mais non assagi.

A peine le *Mariage* battait-il son plein que l'on devait songer aux répétitions de *Daniel Rochat*.

XIX

Daniel Rochat. — Débuts de mademoiselle Bartet. — Départ de Sarah Bernhardt. — Émilie Lerou et *Athalie.* — *La Princesse de Bagdad.* — *Le Monde où l'on s'ennuie.* — *Barberine.* — *Le Roi s'amuse.* — *Les Corbeaux.*

Jeter sur la scène la question du mariage civil et faire combattre par la femme ce que veut le mari dirigé par un intérêt électoral, la tentative était hardie, et comment passerait-elle ? « Il ne peut pas aller à l'église », dit un des acolytes de ce sous-Rabagas. — « Mais puisque c'est au temple… » répondait la jeune protestante ; mais la « queue » du député n'admet aucune immixtion religieuse, et c'est là une lutte terrible tout le long d'une pièce scabreuse…

M. Sardou tenait d'autant plus à son drame politico-social que le beau rôle était pour la femme, et que, par conséquent, toute une partie du public aurait dû être pour lui. Pour la femme de Rochat, il avait pensé à mademoiselle Bartet, alors au Vaudeville.

En attendant, Bartet n'était pas encore engagée, bien qu'il en eût été maintes fois question. Elle eut le courage de prendre les devants et me pria d'en parler à M. Perrin. Je ne réussis pas la première fois, mais enfin, le directeur, sur mon insistance, la fit venir chez lui et l'engagea. M. Sardou avait la femme qu'il désirait. Qui serait chargé du rôle de Daniel. Qu'on trouve ou non qu'il ait eu raison, l'auteur ne voulait pas d'autre que moi ; et il en donnait l'explication suivante : « Le rôle est désagréable, pénible, très dur à faire passer ; il faut de la souplesse et de la grâce plus que de l'énergie et de la rudesse, et Delaunay peut et doit m'aider à faire avaler une assez indigeste « muscade ».

Je promis d'essayer et, à la première, je tins bon, malgré une cabale organisée, malgré une presse détestable et un public très monté. Bartet et moi soutînmes la pièce de toutes nos forces, au-dessus de nos forces, devrais-je dire. Quand je nommai l'auteur, le public fut obligé de suspendre ses sifflets. Et c'est en luttant de nouveau chaque soir, que nous conduisîmes *Daniel Rochat* jusqu'à la cinquante-huitième représentation ! Ceci était vraiment un joli tour d'adresse et de persévérance.

Ce que nous étions attaqués dans les journaux, on le devine. Sarcey profitait de l'occasion pour *tomber* et Sardou et ses interprètes. Moi qui, d'ordinaire, ne me défends pas bien vigoureusement, j'en eus l'épiderme agacé, et dans un dîner donné pour le cinquantenaire d'*Hernani*, j'entamai un soir une vraie discussion avec « l'Oncle » peu généreux. « Vous n'êtes pas juste, et cette fois moins encore que d'ordinaire... » Bref, je ne me reconnaissais pas, et le « puissant » critique s'étonnait de tant de hardiesse.

... Quant à Bartet, elle avait du premier coup reçu ses lettres de grande naturalisation ; le public, dès 1879, l'adoptait avec faveur après son second début dans *Ruy Blas*, et après le départ... précipité de Sarah, en avril, une partie des rôles de la fugitive allait lui incomber.

Bartet était une bien importante et utile recrue ; je suis bien heureux d'avoir participé à son entrée. Après *Ruy Blas*, Perrin se montrait enchanté. « Croyez-vous, Delaunay, me dit-il un jour, que j'ai eu du nez d'engager Bartet ? » — J'aurais pu lui répondre : « C'est moi qui vous l'ai proposée. » Mais je n'insistai pas.

L'ancienne élève de Régnier a toujours progressé, et la place qu'elle tient au Théâtre-Français dans le répertoire dramatique est tellement considérable qu'on ne saurait envisager sans effroi le jour où il lui prendrait fantaisie de se retirer. — Pour terminer avec *Daniel Rochat*, de militante mémoire, je citerai le petit mot inscrit par Sardou sur la brochure : « Que ne vous dois-je pas, mon cher Delaunay, pour tant de talent à m'interpréter, tant de vaillance à me défendre et tant de cœur à me réconforter. »

Je viens de dire que Sarah Bernhardt venait de quitter brusquement le Théâtre-Français. C'était après une reprise de *l'Aventurière* où elle se sentait critiquée dans Clorinde. La lecture des journaux, le lendemain de la première, lui fit faire un regrettable coup de tête, et, sans écouter personne, elle fuit... pour ne jamais revenir. Si ancienne que soit cette fuite, elle a été pour la Maison cause d'assez d'ennuis et de préjudices pour être rappelée!

Les rôles furent partagés entre les artistes-femmes en vue : Croizette, dès mai, reprenait le rôle de Clorinde, et avec succès; à Bartet, nous l'avons vu, était échue Maria de Neubourg, de *Ruy Blas*; mademoiselle Dudlay débutait dans *Hernani*.

Pendant ce temps, le *Garin*, de Delair, remportait un succès d'estime; et l'assemblée générale des Artistes dramatiques nommait M. Halanzier président (j'avais été honoré de cent trente-cinq voix).

En août, débutait une élève à moi, dont j'ai déjà dit beaucoup de bien, tout le bien que j'en pense. Naguère, dans le *Carnet historique et littéraire*[1], j'ai publié de curieuses et spirituelles lettres d'Émilie Lerou; on y retrouve bien la femme primesautière, originale de figure et de caractère, à l'esprit cultivé... qui n'a pas conquis la place qu'elle espérait.

Pendant l'absence de M. Perrin qui m'avait délégué ses pouvoirs, je fis débuter mademoiselle

---

1. Janvier 1901.

Lerou dans *Athalie*. Elle obtint un certain succès : *Athalie*, Jocaste d'*Œdipe* et Agrippine de *Britannicus* sont restés ses meilleurs rôles ; mais, hélas ! elle n'en joua guère d'autres après un long stage à la Comédie. Un moment elle perdit courage et émigra à l'Ambigu pour jouer *les Mères ennemies*... Puis elle rentra, pensionnaire résignée et effacée par la mauvaise veine.

L'année 1881 s'ouvrait par *la Princesse de Bagdad*, d'Alexandre Dumas. Faite en vue de Croizette, la pièce offrait à l'artiste en vogue des scènes curieuses, des effets de beauté et de révolte ; mais le public se choqua du cynisme de la thèse, et ce ne fut qu'un demi-succès dû au nom de Dumas et à l'interprétation. (Aux côtés de Croizette : Febvre, Thiron, Worms, etc.)

Pendant ce temps, le 25 avril, avait pris place, avec un triomphe sans égal de temps immémorial, *le Monde où l'on s'ennuie*, la nouvelle pièce de Pailleron, celle qui devait le rendre célèbre dans l'univers entier et le faire entrer à l'Académie française.

Pailleron avait fort spirituellement lu sa pièce et, devant le Comité, elle obtint un grand succès. Chose curieuse, le personnage du général-sénateur qui aime la tragédie à sa façon, parut amusant à la lecture... Le « Il y a un beau vers » et les réflexions naïves du vieux père conscrit paraissent aujourd'hui un peu « chargé ».

Nous avions répété le samedi 23. Après la séance, je me rencontrai avec M... (ne le nommons pas puisqu'il manqua de flair), habitué du foyer, sorte de Mécène-Auber ne craignant ni de papillonner, ni d'offrir sa protection... M'interpellant :

— Eh bien ! cette pièce dont on fait du bruit, la trouvez-vous si bien ?

— Je n'aime guère à me prononcer d'avance, répondis-je, je réserve mon opinion.

Le monsieur continua :

— Au fond, il n'y a rien... Un joli mot au premier acte, et encore c'est le domestique qui le dit, vous savez bien : « le fils de celui qui avait tant de talent... »

Ce parti pris de nier m'agaça, et je ripostai :

— Ah non, par exemple, je ne suis pas de votre avis... et puisque c'est comme cela, je vais vous donner le mien : ce sera le plus grand succès du Théâtre-Français ! Vous verrez et vous ferez amende honorable.

Il fut bien obligé de venir à composition, et

nous restâmes bons amis. J'avais deviné, au reste, ses raisons : certaine gentille jeune femme qu'il aurait voulu voir jouer n'était pas de la pièce; donc, pas de succès. Ce que les chauves... affectueux peuvent être exigeants, on n'en a pas d'idée!

Pour ce qui est du personnage de Bellac, je sais bien que Pailleron s'est défendu d'avoir voulu faire le portrait de M. Caro. Tous deux sont morts, on peut bien dire la vérité : c'est la flagrante reproduction du philosophe un peu trop mondain que silhouettait Bellac, et nul, excepté Pailleron, — à force de nier, — ne pouvait s'y tromper. Le nom même du personnage avant d'être Bellac avoisinait beaucoup celui du célèbre professeur. C'en était trop, et l'auteur consentit à une mutation. Pourquoi donna-t-il le rôle à Got, qui y fut — de son aveu même — détestable? Par la même raison qui l'avait fait choisir Coquelin et Delaunay pour de petits rôles : en haut de l'affiche, il tenait à avoir les principaux sociétaires. En somme, Got fut remplacé à la seizième représentation par Prudhon, qui fit de Bellac une excellente création (elle le mena même rapidement au sociétariat); Truffier remplaçait Coquelin à la treizième et s'y est maintenu. Quant à moi, je résistai jusqu'à la cent vingt-huitième avant de céder mon rôle à Baillet, qui le joue encore.

Le rôle de la duchesse de Réville était excellent par lui-même et il fut parfaitement joué par Madeleine Brohan. Je l'ai déjà dit et redit. L'occasion venant de parler d'une de celles qui lui a succédé, il m'est fort agréable de citer le nom d'une artiste de tenue et d'intelligence qui, prématurément, a arboré les cheveux blancs et les rôles de douairière; Blanche Pierson a connu de grands succès de charme et de finesse, au Gymnase, dans le répertoire de Dumas; elle rend aujourd'hui les plus grands services à la Comédie et est justement appréciée de tous comme elle le mérite. Le meilleur compliment qu'on lui ait fait est celui que Dumas inscrivit dans une de ses célèbres préfaces. Il l'appelait Blanche *Perfection*. Voilà un surnom qui s'adresse à la fois à l'artiste et à la femme.

Quand j'ai une première fois évoqué *le Monde où l'on s'ennuie*, j'ai noté le rire perlé et les attendrissements de Jeanne Samary, les malices de la sous-préfète Reichemberg. L'ensemble était vraiment excellent, et si je n'aimais pas mon rôle de savant figé, je n'en aimais pas moins la donnée, l'agencement, les tendances de la pièce spirituelle, amusante, gaie, tout en étant de bon ton, qui devait du reste faire son tour du monde; ne l'oublions pas, depuis *le Mariage de Figaro*, la Comédie n'avait pas connu pareil succès. Un détail : ce ne fut qu'à la vingt-quatrième que le bureau des premières ouvrit pour la première fois. Jusque-là tout était archi-loué d'avance.

Avec un pareil triomphe on conçoit que nous n'ayons guère eu à nous occuper cette année-là de monter des pièces nouvelles.

L'excellent répertoire et, de plus, *Jean Baudry*, qu'on venait de reprendre avec Worms dans mon rôle, *OEdipe Roi*, de Jules Lacroix, remis à la scène en août, suffirent amplement à faire les lendemains d'une pièce qui allait aux nues. J'ai déjà parlé d'*OEdipe Roi*; de la création, il reste toujours aujourd'hui Mounet-Sully, Silvain et Émilie Lerou ; et il semble que cette avant-dernière tragédie soit mieux goûtée encore aujourd'hui qu'il y a vingt ans.

Mademoiselle Bartet fit son début en Camille d'*On ne badine pas*, et même après Croizette et Favart, elle y marqua de façon toute particulière.

C'était pendant une absence de M. Perrin. Dans ses lettres il me donnait carte blanche, et l'une d'elles se terminait par ces mots charmants : « Je suis très tranquille sur toutes choses quand c'est vous qui me suppléez. Nous avons, vous me l'avez dit souvent, la bonne habitude d'être presque toujours du même avis. Et c'est une habitude que je ne compte pas perdre. »

Ne quittons pas *On ne badine pas* sans signaler le charmant début en décembre de mon élève Muller dans Rosette ; j'avais été heureux cette année au Conservatoire : deux seconds prix avec Muller et le jeune Samary, un accessit avec Albert Lambert.

Dans mes notes, je trouve, piquées, quelques dates. Le 13 mars, comme se jouait la cent trente-deuxième de *l'Ami Fritz*, nous apprîmes l'assassinat du tsar Alexandre II. Dans un autre ordre d'idées, M. Perrin était fait commandeur de la Légion d'honneur au 14 juillet, et, quelques jours après, Got était décoré comme professeur au Conservatoire et à l'École normale. Le soir du 4 août, entre le deuxième et le troisième acte des *Femmes savantes*, les dames sociétaires présentaient à Got un bouquet attaché par une croix d'honneur en brillants. En ma qualité de plus ancien après le doyen, je pris la parole, et, au nom de mes camarades, je félicitai le nouveau décoré. Après la représentation, le public rappela Got, mais le doyen avait eu peur de manquer le dernier moyen de transport et s'était modestement esquivé. Je dus encore m'adresser au public pour lui expliquer le cas particulier.

Place aux jeunes! fut-il décrété en janvier 1882, et c'est pourquoi dans *le Supplice d'une Femme*, on vit apparaître Laroche et Garnier, mesdemoiselles Fayolle et Rosamond.

Barberine, jouée en février, eut un succès de curiosité, mais c'est tout; il y avait pour soutenir la pièce de Musset, Laroche et Coquelin cadet, Truffier et Leloir, Lloyd et Barretta et cette originale, séduisante petite Feyghine, que la mort s'est hâtée de prendre. En ma qualité de *mussettiste*, j'avais été chargé de monter la pièce.

Avec les *Rantzau*, d'Erckmann-Chatrian, représentés en mars, nous tenions un bon succès. Non pas que la donnée en fût bien neuve : une querelle de famille partageait en deux camps une petite bourgade, et, naturellement, la fille de Capulet est aimée du fils de Montaigu. L'un des Rantzau, c'était Got qui s'y tailla une belle figure, l'autre c'était Maubant; Worms y aimait Bartet, et ce duo remporta tous les suffrages. Une excellente interprétation, une mise en scène suggestive — certaine lumière descendant l'escalier produisit grand effet — puis aussi le souvenir de *l'Ami Fritz* donnèrent un brillant essor aux *Rantzau* qui ne furent interrompus que pour ce four triomphal que fut *le Roi s'amuse*.

Si je consulte mon petit cahier, je vois bien une cinquantaine de représentations à cheval sur 1882 et 1883, mais au prix de quels sacrifices, en l'honneur du grand poète! Ce fut le désastre des marchands de billets, et c'est assez facilement qu'on put donner l'apparence d'un quart de succès. *Le Roi s'amuse* fut donné le 22 novembre, date cinquantenaire de la première, et, par le fait, c'était la deuxième représentation, car tous les gouvernements depuis 1832 avaient successivement interdit ce drame à tendances non équivoques. Glissons sur Maubant, en Saint-Vallier, imposant à François Ier, (Mounet), ses longues tirades sur le déshonneur de sa fille. Le rôle de Triboulet était difficile à faire passer, il ne passa pas. Got s'entêta à le jouer et y fut très inférieur à lui-même; il comptait pourtant bien sur ce rôle, puisqu'il avait précédemment refusé de figurer dans *les Corbeaux*. Les femmes, c'étaient Bartet, Jouassain et Samary, en Maguelonne.

Entre temps, on avait joué une agréable comédie en vers du marquis de Massa, *Service en Campagne* (12 mai, avec Worms et Reichemberg, Laroche et Broisat), et, d'Octave Feuillet, *les Portraits de la Marquise* (20 mai), où jadis à Compiègne s'était essayée l'impératrice Eugénie (Worms, Coquelin cadet, Barretta et Reichemberg).

On avait représenté aussi, le 14 septembre, *les Corbeaux* d'Henri Becque. Peu de pièces ont fait couler autant d'encre depuis, et, moins elle eut de succès, et plus on voulut faire de son auteur un martyr littéraire, un homme supérieur incompris. Il est vrai qu'on lui doit le théâtre rosse...

A distance, et en jugeant impartialement, il me semble qu'aussi bien dénigrateurs que thuriféraires en retard exagéraient la note. Il y avait dans ce drame bourgeois, terne et maussade, des idées justes, des situations d'un réalisme souvent vrai, et celui qui l'avait écrit n'était pas quelconque. Mais était-il bien nécessaire de mettre au jour des plaies sociales dont on n'indique pas le moyen de guérison? D'accord avec le discours d'un « immortel », M. Émile Ollivier, dans sa réponse à M. Faguet, je suis d'avis que « la fiction doit distraire des tristesses de la vie et non y ajouter celles de la fantaisie, faire oublier les laideurs et non s'y appesantir, rendre la douceur des heures heureuses ou en créer l'illusion ».

Chose curieuse, la pièce avait été refusée partout avant que Becque, chaudement recommandé par Thierry, ait eu le courage de nous la présenter. Courage *in extremis*, puisque, n'y comptant plus, il avait fait imprimer sa pièce, et que c'est sur des feuilles composées qu'il nous la lut. J'ai voulu parcourir de nouveau cette œuvre inégale, mais curieuse, et je lis sur le faux titre: *A la Comédie-Française*. Becque se serait bien gardé, en effet, de dédier sa pièce à M. Perrin, avec lequel il était plus que fraîchement. C'est à son corps défendant que l'administrateur avait laissé passer ce drame, dont la donnée, l'esprit général, le milieu de petite bourgeoisie lui déplaisaient superabondamment. Il ne croyait nullement au succès, et en cela il avait raison, et ne voulant pas s'en mêler, il fut de l'avis de Becque, qui me priait de monter la pièce. Voilà pourquoi je me trouve amené à parler un instant d'une œuvre tombée avec fracas, bien que n'y ayant pas joué.

Got n'avait pas accepté le rôle du financier véreux Teissier, que Becque aurait voulu lui voir prendre, se réservant, disait-il, pour *le Roi s'amuse*, sur lequel il comptait à tort. Je l'offris donc à Thiron, qui s'en acquitta avec un tact et une mesure propres à le faire accepter sans trop de murmure... Mais je ne veux pas raconter cette pièce, où les questions d'argent ont trop d'importance — souvenir de *Mercadet* et de *Turcaret* — et où les pensées justes se perdent au milieu de théories pénibles. Il y a deux actes très remarquables : quelques caractères sont esquissés de main de maître, celui, surtout, de madame Vigneron, que jouait supérieurement Pauline Granger. Excellente et consciencieuse artiste, trop longtemps laissée dans l'ombre, et que mit en pleine lumière cette « veuve bourgeoise » ; sa mélopée de sanglots pendant les visites de condoléances, avec, dans l'intervalle, toute la gamme courante d'affaires, c'était bien composé et fort naturellement rendu. Le rôle de Marie Vigneron était agréable et joué d'une façon charmante par Barretta, les rôles d'hommes, pénibles, étaient bien interprétés : Febvre roublard en Bourdon, Thiron faisant accepter un rôle presque odieux, Barré, tout à fait petit fabricant, travailleur, honnête homme, un peu apoplectique et vulgaire; dans deux petits rôles, l'un de naturel, l'autre de fantaisie, Féraudy et Coquelin cadet représentaient la note... moins triste.

Quelles répétitions! je me les rappellerai toujours, grâce à l'auteur grinchu et insupportable et aux artistes devenus tous nerveux. Quelles représentations! Les sifflets avaient été annoncés, et ils vinrent nourris et répétés, surtout à la fin du troisième acte, après la scène entre Lloyd et Reichemberg. Le quatrième acte était plus que pénible et le dénouement fut, en grande partie, supprimé. Après avoir d'abord résisté aux répétitions, Becque était devenu conciliant : « Coupez, coupez », disait-il, pour sauver sa pièce. Il ne la sauva pas, puisqu'elle eut dix-huit représentations, mais il y gagna une certaine notoriété et force imitateurs...

On sut gré aux artistes qui avaient courageusement lutté, et ceux-ci se montrèrent reconnaissants pour leur metteur en scène qui n'avait pas épargné sa peine. La gentille Barretta, entre autres, me remercia chaleureusement le lendemain de la bataille. Recevant des lettres de félicitations pour son succès personnel, elle me disait gentiment dans son billet : « C'est à vous, à vos encouragements, à vos précieux conseils, qu'en revient la plus grande part. » Et très gentiment, comme toujours, elle savait me l'exprimer.

XX

Démission. — Représentations de retraite. — Vacquerie et la croix d'honneur. — M. Jules Ferry. — A l'Élysée. — Je m'engage pour trois ans. — *Mademoiselle du Vigean* et le nez du prince de Condé. — *Les Pattes de Mouche*. — Mort de M. Perrin. — Visite de M. Denormandie. — M. Clarelie.

Le 31 mars 1882, j'avais annoncé au Comité ma retraite pour le 31 mars de l'année suivante. Ce genre de démissions est souvent de pure forme, et d'aucuns n'y croyaient pas. J'y étais pourtant bien décidé en principe; on verra quelles circonstances purent me faire retarder l'heure du départ.

Quelle lettre plus flatteuse que celle qu'adressaient à Perrin, le 5 décembre 1882, M. Legouvé, Émile Augier, Alexandre Dumas, Octave Feuillet, Pailleron, Sandeau, Sardou, Camille

Doucet, Vacquerie! N'appelaient-ils pas ma retraite « un véritable malheur pour le théâtre » ? Et après avoir insisté sur l'utilité de mon concours et sur la « conscience de mon talent », ils suppliaient M. Perrin de joindre son influence à leurs prières. Si une démarche devait me toucher, c'était bien celle-là. Et pourtant je ne cédai pas ; j'avais pris mon parti et je le croyais inexorable.

En tout cas, ce fut pour moi prétexte à plaisanterie à la réception du jour de l'An au ministère de l'Instruction publique.

Comme je défilais avec le Comité, M. Duvaux, le ministre, m'interpella :

— Ah! monsieur Delaunay, j'espère bien que vous nous restez.

— Oui, oui, répondis-je assez hardiment, je vais repasser tout à l'heure avec l'Association des Artistes dramatiques.

Dans le défilé j'avais, en effet, à passer dans trois groupes différents.

En attendant mes dernières représentations, je jouais mon rôle dans la reprise des *Effrontés* (7 mars). Personnellement, j'y eus un grand succès, ainsi que mademoiselle Tholer, enfin parvenue aux vrais rôles. Après le quatrième acte, le public me redemanda, mais j'étais monté dans ma loge ; au cinquième acte, il y eut encore rappel. La seconde représentation devant les abonnés ne fut pas aussi bonne et certaines protestations se firent entendre. Les soirs suivants, le public applaudit et rappela, et les *Effrontés* firent de nouveau une bonne carrière.

Malgré tout, je n'en préparais pas moins ma retraite, et nous nous installions définitivement, ma femme et moi, à Versailles, dans la maison achetée en 1879. Plus j'approchais de mes dernières représentations et plus je voyais la sympathie du public se manifester de façon ostensible. M. Perrin fit des efforts pour me retenir et me parla le langage le plus affectueux, me faisant entrevoir la croix pour... après ; mais, sincèrement, je ne songeais guère qu'il fût possible de revenir sur ce que j'avais décidé après mûre réflexion.

— Vous le regretterez, me dit Perrin, dans les premiers jours d'avril... Alors, il me faut annoncer les dernières représentations? (On avait déjà reculé de quinze jours.)

— Il le faut, répondis-je, tout en remerciant l'administrateur de sa constante amitié.

Les affiches furent commandées, et quand,

le 9 avril, j'arrivai au théâtre, je lus, non sans un serrement de cœur et une vive émotion, écrit en gros caractères :

POUR LES DERNIÈRES REPRÉSENTATIONS DE M. DELAUNAY

La série commençait par la dix-septième des *Effrontés*.

Dans *l'École des Femmes*, le 10, je fus chaleureusement applaudi et rappelé plusieurs fois. Puis ce fut, alternant avec *les Effrontés, Il ne faut jurer de rien*, encore *l'École des Femmes, le Marquis de Villemer, Mademoiselle de Belle-Isle* (je jouais Richelieu depuis 1879 et Camille Doucet prétendait que j'y étais *trop jeune*; or, Richelieu déjà ambassadeur n'avait que trente-un ans, donc j'avais raison); *la Nuit d'Octobre*, avec Bartet, *le Demi-Monde, le Gendre de M. Poirier*, puis encore *l'École des Maris*.

Dire que je n'étais pas ému des nombreux témoignages de regret donnés au cours de ces soirées, ni des efforts faits pour me retenir, ne serait pas la vérité.

Certains de mes camarades insistaient sincèrement, d'autres... faisaient semblant...

Le 15 avril 1883, M. Perrin m'écrivait une lettre qu'on m'excusera de transcrire, car elle est encore plus à l'honneur de l'administrateur qu'à la louange du sociétaire qui veut partir et qu'on veut retenir par tous les moyens possibles.

« Oui, mon cher Delaunay, c'est le premier chagrin que vous me causez. Pour la première fois depuis douze ans, nous ne sommes pas d'accord, et, voyez comme cela est triste, de ce désaccord naît une sorte de gêne entre nous. Pendant le cours de votre semaine, vous n'êtes pas entré une fois chez moi. Je vous ai attendu les deux premiers jours ; le troisième, j'ai bien vu qu'il y avait un parti arrêté. Je me le suis tenu pour dit. Je ne vous ai pas évité, mais je ne vous ai pas cherché, et la semaine s'est passée sans que j'aie eu avec vous d'autres communications que vos bulletins de semainier. Au bas de chacun d'eux vous me transcriviez de votre belle écriture quelques vers, parmi tous ceux dont votre mémoire est meublée et qui vous paraissaient conformes à l'état de votre esprit. Dans ces fines allusions, savez-vous ce que j'ai lu ?... N'essayez pas de vous défendre, je ne vous croirais pas ! J'y ai lu un profond chagrin de quitter le théâtre dont vous avez été l'honneur et qui a été l'honneur de toute votre vie.

» Jamais, en effet, un fait semblable ne s'est produit. Jamais un comédien n'a dit adieu au public lorsqu'il était à ce point dans la force de son talent, dans l'éclat de son succès. L'épreuve que vous faites en ce moment se retourne contre vous ; vous vous montrez dans tous vos rôles, aussi jeune et plus accompli que vous ne le fûtes jamais, si bien que le public ne comprend pas, qu'il cherche et qu'il ne peut s'expliquer votre départ. »

Faisant allusion à la croix promise et toujours ajournée, M. Perrin ajoutait :

» Que vous ayez au cœur une secrète blessure... cela est juste. Mais maintenant que cette distinction vous est assurée à bref délai, que vous sacrifiiez ainsi vos intérêts, que vous deveniez indifférent aux instances de vos amis, aux regrets du public, à la prospérité d'une Maison que vous aimez d'un amour filial, que vous restiez sourd au cri intérieur de votre conscience qui vous dit que vous avez tort de partir, voilà ce qui est inadmisssible, et, pardonnez-le-moi, inexcusable... »

Comme il insistait affectueusement, comme

il savait toucher les cordes sensibles, panser la blessure, si blessure il y avait, chatouiller l'amour-propre qui jamais ne peut s'endormir en nous!

« Savez-vous pourquoi il y a de la gêne entre nous ? J'aurai le courage de vous le dire et vous le savez bien aussi, car nous avons l'habitude de nous deviner. Je trouve que vous ne partez pas bien, que ce départ précipité sans raison d'être n'est pas digne de vous, digne d'une « vie toute faite d'honneur et de talent », comme dit la lettre du ministre que vous n'avez pas assez lue, tant vous craigniez d'y prendre confiance. A voir les choses de haut, et c'est le point de vue où il faut se placer avec un artiste tel que vous, vous avez l'air de déserter. Eh bien ! le soldat, et à plus forte raison le général, ne quitte pas son poste quand tous les yeux sont tournés vers lui, quand sa présence est utile à tous, quand personne ne peut le remplacer... »

J'abrège des éloges dont Perrin n'avait pas mesuré le nombre et que je ne saurais accepter tous, mais je cite encore ses instances finales :

« Revenez sur une décision que l'on se refuse encore à croire définitive, et vous verrez quelle joie cela causera et combien le public vous en sera reconnaissant. Surtout, ne vous inquiétez pas, si la grâce d'en haut vous touche, si vous consentez à ne vous inspirer que de votre cœur, de votre raison, de votre passion pour votre art, ne vous inquiétez pas de la forme à donner à ce changement de décision. Vous y auriez si bonne grâce. Une lettre de vous suffirait et vous verriez avec quels transports de joie elle serait accueillie. Vous savez combien le public aime les heureux dénouements... J'ai voulu vous dire cela, mon cher Delaunay, c'était mon devoir, l'estime et l'affection que j'ai pour vous me conseillaient cette nouvelle démarche. Je vous le répète, avec une conviction profonde, au nom de tous ceux qui vous aiment, vous ne devez pas terminer une carrière aussi brillante et aussi digne que la vôtre. »

Ce que Perrin ignorait alors, c'est certaine visite que j'avais reçue, un soir, de Vacquerie qui m'avait, je l'ai dit, toujours témoigné de l'intérêt. Vers le 6 ou le 7 avril, Vacquerie entre donc dans ma loge, entre deux actes des *Effrontés*.

— Causons à cœur ouvert, me dit-il sans préambule. On annonce vos dernieres représentations, il ne faut pas que vous partiez...

Je me mis à sourire en ayant l'air de dire : « Puisqu'il le faut ! »

— Mais si l'on vous décorait, resteriez-vous ?

De la part de Vacquerie, je ne pouvais croire à une plaisanterie, mais après tout ce qui avait été fait et écrit, je ne pensais pas qu'on pût revenir à l'idée de M. Legouvé de décorer les comédiens au théâtre. Quelque pénible qu'eût été pour moi ce renoncement à ce que je désirais le plus au monde, j'en avais pris mon parti en philosophe... La proposition de Vacquerie était si inattendue que j'en demeurai stupéfait. Il renouvela sa question avec insistance :

— Si je vous fais décorer, donnez-moi votre parole d'honneur que vous resterez.

Je pris un temps — comme c'est la coutume à la Comédie-Française, — et je répondis simplement :

— Oui, je vous la donne.

— Donnez-moi carte blanche et laissez-moi agir, j'en fais mon affaire.

Vacquerie alla trouver M. Jules Ferry, qui, contre son attente, ne se montra point rebelle à l'idée. Quelques jours après, entre le 15 et le 20, Vacquerie revenait dans ma loge, triomphant :

— C'est convenu, Ferry m'a chargé de choisir un jour où l'on jouera deux pièces, et il vous décorera pendant l'entr'acte dans le cabinet de Perrin.

J'étais abasourdi mais confiant, confiant et discret, car âme qui vive n'était au courant ; M. Perrin lui-même ne le sut qu'à la dernière minute. Les représentations de retraite battaient leur plein avec leur cortège quotidien de bravos et d'ovations.

Pour la petite « cérémonie » on avait d'abord pensé au 28 avril, elle fut remise au 4 mai.

Ce soir-là, le spectacle se composait du *Mariage forcé*, de *la Nuit d'Octobre*, de *Il ne faut jurer de rien*.

Après *la Nuit d'Octobre*, je suis appelé chez l'administrateur où se trouvent avec lui M. Jules Ferry et le général Pittié. M. Jules Ferry me prend les deux mains et m'annonce que le gouvernement de la République, désireux de consacrer toutes les supériorités dans les arts, m'a nommé chevalier de la Légion d'honneur. « Après une vie de travail et d'honneur consacrée au succès de la Comédie-Française, il est juste de récompenser, a-t-il ajouté, l'artiste de talent et l'homme désintéressé dont l'honorabilité est si bien connue de tous. »

Je réponds au ministre que je n'ai qu'une seule façon de lui témoigner ma reconnaissance, c'est de lui dire que s'il me croit utile à cette illustre Maison, je ne puis mieux faire que de retirer ma démission et de m'efforcer de consacrer toutes mes forces à acquitter cette dette.

Et je promis à M. Perrin de rester encore trois ans; j'avais cinquante-sept ans, je prendrais ma retraite à soixante.

Je jouai ensuite avec beaucoup de verve *Il ne faut jurer de rien*, applaudi à mon entrée et souvent rappelé par une salle qui ne connaît encore qu'*imparfaitement* ce qui vient de se passer. C'est avec un peu de fièvre que je termine cette journée : elle devait compter dans mon existence, car c'était la fin du préjugé qui excluait les comédiens de la Légion d'honneur, la réponse à certains articles haineux.

Le lendemain matin, j'étais conduit auprès du président de la République par M. Perrin et introduit par le général Pittié. En termes fort gracieux, M. Grévy m'expliqua qu'il avait justement une croix dans sa poche et qu'il ne pouvait mieux la placer que sur la poitrine d'un homme qui avait su sacrifier ses intérêts personnels aux intérêts de sa société.

Quelle touchante ovation, le 4 mai, quand je parus dans *les Effrontés!*

Me voilà donc rentré... sans être sorti, et tout heureux, ma foi, d'être décoré comme sociétaire. Ce que les décorations et les souvenirs s'*avalanchèrent* chez moi, j'aurais peine à le dire.

Mes camarades se réunirent pour m'offrir une délicieuse édition d'Alfred de Musset, *mon poète*; puis ce furent des bibelots, des fleurs, des billets, dont celui de ma vieille Suzanne; une partie de la presse fut bonne, l'autre... désarma.

Je ne perdis pas de temps pour rendre le plus de services possible, comme si je n'avais pas eu mes cinquante-sept ans et je continuai à jouer *On ne badine pas* et *l'Étincelle*.

Avant de prendre mon congé d'été, j'avais le plaisir de créer le rôle du grand Condé dans *Mademoiselle du Vigean* de madame Simone Arnaud[1]. Il y avait de jolis vers et des scènes émouvantes dans cet acte élégant, et on le reverra sans doute un jour. Ma partenaire, c'était Bartet, qui y fut fort appréciée.

---

1. Morte dans l'été de 1901.

L'aimable auteur était fort contente de moi, car elle écrivait à « Monseigneur » un fort galant billet de remerciement où elle se disait toute émue de « la vivante reconstitution de Louis de Bourbon ».

Une anecdote de grimage : on conçoit que pour jouer le grand Condé au nez légendaire, il m'ait fallu pas mal truquer le cartilage un peu capricieux dont m'a gratifié la nature. Il fallait remplacer l'impertinence de l'appendice nasal de Delaunay par la pointe majestueuse et grandiloquente de M. le Prince. (Ce n'était, du reste, qu'un grimage bien fait). Or, voici que l'historien de la Maison de Condé, M. le duc d'Aumale, le soir de la première, s'avisa au foyer, de me faire demander ; il voulait, de près, se rendre compte comment j'avais pu m'assimiler le nez de son héros ; on me prévint trop tard, et, quand je descendis, mon appendice nasal avait dépouillé son armure princière...

La première de *l'Épreuve*, où mon élève Muller continuait ses débuts, m'amène à parler du concours du Conservatoire. L'année 1883 me fut particulièrement heureuse, car j'obtenais trois premiers prix, avec mademoiselle

Marsy, Samary et Albert Lambert. En fin de saison, notons les *Maucroix*, d'Albert Delpit ; l'auteur était déjà connu comme romancier et avait eu un drame représenté au Gymnase ; il n'eut pas le temps de prendre sa revanche d'une pièce que sa bonne interprétation ne sauva pas de l'indifférence.

Smilis, de Jean Aicard, en janvier 1884, ne fut pas un succès, malgré une bonne « écriture » et une excellente interprétation ; passons donc rapidement. Le début de mademoiselle Marsy dans *le Mariage de Figaro* devait nous consoler, car la belle et intelligente artiste conquérait rapidement droit de cité ; puis ce fut *le Député de Bombignac*, de Bisson, où les deux Coquelin se taillèrent un très grand succès ; une piécette de Meilhac, *la Duchesse Martin* ; la préparation des *Pattes de Mouche*.

Pendant ce temps, je jouais sans trêve mon répertoire favori, mais je n'eus pas à créer de rôle ; j'éviterai donc des répétitions en donnant des nomenclatures. J'aime mieux conter une anecdote à laquelle furent mêlés un ministre, une artiste et les membres du Comité. Le ministre c'était... Eh bien, non, ne le nommons pas, il ne faut pas lui montrer qu'on a trop de mémoire. Bref, au sujet d'une artiste femme que le ministre, usant de son droit, — était-ce justifié ou non ? — voulait nous faire garder comme sociétaire, nous étions convoqués, Got et moi, chez le ministre, qui nous exposa son desideratum, presque un ordre. Nos figures exprimaient un peu la déconvenue.

Tout en grommelant, de son habituel ton bourru, Got laissa échapper :

— Mais alors, monsieur le ministre... c'est un acte d'autorité... Cela rappellerait les plus beaux temps de l'Empire !

Ceci amusa le ministre, qui prit spirituellement la repartie.

— Eh ! monsieur Got... dit-il finement, l'Empire avait du bon...

On se regarda en souriant. Inutile de dire que le ministre obtint par la douceur ce qu'il pouvait imposer par la force.

En août, M. Perrin, alors à Aix, correspondait directement avec moi, qui, sur sa demande, avais pris le service de deux semaines.

Pendant ses fort rares absences, l'administrateur tenait à ce que la Comédie restât dans les mêmes mains, d'où un préambule de remerciement pour ma « suppléance » qui lui « laissait l'esprit tranquille ». Le théâtre traversait une saison difficile sous tous les rapports : « l'absence simultanée de beaucoup d'entre vous, la rigueur de la température, le vide qui s'est fait dans Paris par suite de craintes plus ou moins fondées sont autant de causes exceptionnelles de difficultés dont nous ne pouvons triompher. La Comédie-Française aura tenu ses portes, tous les jours ouvertes pendant cet été désastreux. Franchement, c'est tout ce qu'on pouvait lui demander et je crois qu'on lui doit en tenir grand compte.

» Je sais gré aux artistes qui sont restés à leur poste pendant ces jours pénibles. Je vous sais parfaitement gré d'avoir, comme toujours, prêché d'exemple et de donner ainsi une preuve de plus de votre dévouement à la Maison que je vous ai confiée pendant quinze jours... Je vous ai dit souvent que j'étais tranquille quand vous étiez là... »

La persévérance du beau temps attriste fort l'administrateur. Rien de nouveau à tenter, car « ce serait sacrifier inutilement ce qui pourrait être plus tard une ressource productive et manger son blé en herbe », varier le plus possible le répertoire et... attendre patiemment la hausse des recettes en « se résignant à vivre au jour le jour ».

La fin de la lettre a trait à une pièce en préparation. « J'ai laissé Sardou en bon train avec *les Pattes de mouche*. C'est un travailleur acharné et qui fait vite de la bonne besogne. Mais il faut qu'il ait bien exactement ses instruments dans les mains. Je l'ai prévenu qu'un de ses premiers instruments pourrait bien lui manquer un ou deux jours de cette semaine, mais il s'en arrangera, ayant à faire avec les autres... Je voudrais donc qu'on laissât le théâtre à Sardou et que les autres répétitions se fissent autant que possible au foyer. Voyez si, de votre côté, vous ne pourriez pas « utiliser » votre temps de semainier. Il y a des ouvrages du répertoire qui se trouveraient si bien de vos conseils !... »

Les Pattes de mouche, c'est l'espoir du recommencement de la vraie saison théâtrale. A ma lettre donnant de bonnes nouvelles des répétitions, M. Perrin répond, moins découragé : « Si M. Sardou pense avoir fini la mise en scène à la fin de la semaine, il ne lui faudrait guère plus que l'autre semaine pour que la pièce fût presque complète. Ce serait là un bon travail de fait, et si nous étions maîtres de la pièce dans les premiers jours de septembre, peut-être serait-ce une excellente entrée en campagne... »

Au commencement de ma seconde semaine, le dimanche 24 août, je recevais une nouvelle lettre de Perrin. Après l'habituelle doléance sur « l'implacable » température : « Je m'en veux d'être si bien dans le repos de ce beau pays et que, pendant ce temps, d'autres peinent à ma place. Vous avez même mérité les éloges de Sarcey, mais il a un compte ouvert chez vous qui ne se soldera pas, j'en suis sûr, par ces éloges-là. Enfin, la vérité a de ces surprises... » Tout en disant : « Je n'ose, par ce soleil, parler du travail au théâtre », Perrin ne manquait pas de s'intéresser aux répétitions pendantes des *Pattes de mouche*; il me chargeait, de plus, de m'occuper de *Polyeucte*, que Mounet-Sully désirait reprendre. Hélas! ce devait être sa dernière correspondance.

Les Pattes de mouche furent jouées le 21 octobre; le succès fut estimable, mais la pièce spirituelle de M. Sardou ne retrouva point pourtant sa vogue d'antan au Vaudeville. Blanche Pierson y continuait ses débuts de façon fort remarquée.

Denise, d'Alexandre Dumas, inaugura l'année 1885. C'est, on se le rappelle, car la pièce est restée au répertoire, le thème de la réhabilitation de la femme tombée... par accident. Le rôle de Denise incombait à mademoiselle Bartet, qui y fut de tous points émotionnante. Madame Pierson, excellente en madame de Thauzette, Pauline Granger et Worms la secondaient très intelligemment. Quelques protestations furent esquissées à la deuxième, jour des abonnés... puis tout rentra dans l'ordre et la pièce se maintint facilement.

Deux morts devaient particulièrement frapper la Comédie cette année-là. Je n'ai pas à parler de Victor Hugo en tant qu'homme politique, cela simplifie mon rôle; il reste le poète de génie, la gloire nationale, devant lequel tous s'inclinent et s'inclineront. Sa mort, le 22 mai, fut donc un grand deuil auquel devaient s'associer et la Comédie et l'Association des Artistes dramatiques. Le 29, Halanzier, Marty, Dumaine, Garraud et moi, nous nous rendîmes à la maison mortuaire, où madame Lockroy et ses enfants nous faisaient accueil. Il y eut tout naturellement relâche, le 1ᵉʳ juin, pour les obsèques de l'immortel auteur d'*Hernani*.

Un autre chagrin allait bientôt nous frapper tous, et moi tout particulièrement.

Depuis longtemps malade, surtout depuis un accident de voiture qui l'avait fortement ébranlé, affaibli par une succession d'hémorragies, M. Perrin avait lutté tant qu'il avait pu. A la fin de mai, à bout de forces, il demandait un congé de trois mois, qui lui était aussitôt accordé, et M. Kaempfen était nommé directeur intérimaire. Perrin se retira donc d'abord à Louveciennes, puis revint mourir à Paris.

Les uns et les autres, nous allions, soit à Louveciennes, soit à son domicile de Paris, savoir de ses nouvelles ; mais on était peu admis auprès du malade : toute visite le fatiguait. Deux ou trois fois, sur sa demande, je vins lui serrer la main et lui dire quelques mots : son accueil était toujours le même, affectueux et amical ; mais, de ces entrevues que je sentais suprêmes, je sortais le cœur navré.

Chaque fois, je pouvais suivre la progression du mal. Des bruits étranges résonnaient à ses oreilles :

— N'entendez-vous rien, Delaunay ? me dit-il un jour.

— Non.

— C'est curieux. Des bruit incessants me martèlent la tête...

Et c'étaient des souvenirs du théâtre.

Parmi ceux que M. Perrin demanda à revoir avant le grand départ, — car il se savait perdu, — il faut citer un fervent de la Comédie, un homme de grande notoriété et justement considéré de tous, M. Denormandie. Je lisais dernièrement ses spirituels *Souvenirs*, et j'y trouvais cette annecdote sur sa dernière entrevue avec M. Perrin, en juin 1885.

M. Denormandie, en franchissant le seuil de sa chambre, fut saisi d'une grande émotion, car, au premier coup d'œil, il constata le grand changement qui s'était opéré dans la personne du malade. « Sa voix est basse et faible ; il est dans un grand fauteuil, mais habillé, et avec cette correction dont il ne se départait jamais. Un fauteuil était disposé en face de celui qu'il occupait ; il me fit signe de m'y asseoir. J'hésitais un peu à parler, craignant de le fatiguer. Nous étions donc vis-à-vis l'un de l'autre, tristes et silencieux... Mais il avait encore plus de forces physiques et morales que je ne le supposais. Ce fut lui qui rompit le premier ce douloureux silence, il avança sa main, je m'empressai de lui donner la mienne, et, à ce moment, il fit un effort pour se redresser, afin d'être plus près de moi. Puis après avoir échangé quelques mots :

» — Mon ami, dit-il, vous pensez comme moi, n'est-ce pas ?

» Je m'inclinai en signe d'assentiment.

» Il reprit alors :

» — La vie éternelle ?

» Je m'inclinai de nouveau.

» Il continua :

» — L'immortalité de l'âme ? »

» Je répondis alors avec l'émotion qui, du cœur, me montait à la gorge...

« — Assurément, oui.

» Il y avait eu là un suprême effort, car il retomba dans sa première attitude au fond du fauteuil. Puis ses yeux se fermèrent, et il demeura anéanti et brisé ; l'effort avait dépassé ses forces. »

Très profondément ému par cette scène, M. Denormandie serrait la main de M. Perrin sans prononcer une parole et sortait, sous l'impression des mots échangés dans cette entrevue suprême avec la certitude du revoir éternel...

Ici une parenthèse : je n'ai guère eu l'occasion jusqu'ici de parler de M. Denormandie, aussi suis-je heureux, le cas se présentant, de dire quels services il a rendu à la Comédie par son expérience juridique, ses conseils avisés et prudents. Il aimait la Maison, mais on le lui rendait bien, et ce qui était de mon temps existe encore certainement aujourd'hui.

Quelques jours après, le 8 octobre, M. Perrin s'éteignait doucement. La Comédie fit relâche le 13, jour choisi pour ses imposantes funérailles à l'église de la Trinité ; sur sa tombe, des discours furent prononcés par MM. Kaempfen, Bouguereau, Got, Halanzier, Delpit, Alexandre Dumas. L'Institut, le Gouvernement, les Associations, la Comédie avaient leur représentant.

Dans l'intervalle, pour faire plaisir à un vieil ami de la Maison, Abraham Dreyfus, j'avais pris un rôle dans *une Rupture*, acte spirituel qui réussit bien (19 juin) ; j'avais pour partenaires Émilie Broisat, l'excellent Thiron et Féraudy.

Dans le personnage que je représentais, je désirais rompre une ancienne liaison et parlais de mon projet d'un voyage en Norvège. Thiron ne s'avisa-t-il pas, s'adressant à moi, son partenaire, de dire : « Ne crois-tu pas qu'un joli petit voyage à Versailles ?... » La salle éclata de rire...

Le 24 du même mois, le Comité de l'Association des artistes dramatiques me nommait premier vice-président en remplacement de Derval; enfin une autre satisfaction d'amour-propre m'était donnée à la distribution des prix du Conservatoire : j'obtenais un premier prix avec Laugier et un second avec mademoiselle Du Minil, deux accessits avec Gautier et mademoiselle Ludwig; Laugier fut applaudi par le jury et par Sarcey.

A l'automne, la reprise de *Don Juan d'Autriche*, de Casimir Delavigne, me donnait un rôle. Nous fûmes fort fêtés (Thiron, Duflos, Tholer, Muller, etc.), mais ce ne fut pas un succès; puis, honorables représentations d'*Antoinette Rigaud*, de Raymond Deslandes, avec Reichemberg et Barretta, Febvre et Worms.

Émile Perrin était mort le 8 octobre : dès le 22 son successeur était nommé; le choix de M. Jules Claretie, publiciste, romancier et critique connu depuis plus de vingt ans, membre de l'Académie française, était fort heureux.

Je ne suis pas de ceux qui, pour louer un homme, se croient obligés d'en démolir un autre ; entre mes directeurs, je ne saurais faire de long parallèle. L'un fut mon ami et a gouverné la Comédie dans les temps les plus prospères qu'elle ait connus, avec des pièces triomphales ; M. Claretie s'est employé à garder les bonnes traditions intactes, et il est sorti victorieux de très sérieux embarras. Si une cruelle catastrophe a attristé son principat, il n'en faut pas moins être juste pour l'administrateur lettré et habile qui, malgré les difficultés, a su conserver au Théâtre-Français sa place prépondérante.

J'ai été de cœur avec lui au moment de la catastrophe, si vaillamment supportée, et je me rappelle l'avoir félicité chaudement de n'avoir pas désespéré du sort de la Comédie pendant ces longs mois où le chariot de Thespis dut se promener de scène en scène. Le voilà de nouveau rentré dans son immeuble, mon cher Théâtre, et désenguignonné par la reprise de *Patrie* et du *Fils naturel*. J'en suis fort heureux.

Personnellement, je suis à peine resté un an sous l'administration de M. Claretie. J'aime à me rappeler que nous nous entendions franchement bien, et, depuis comme pendant, nos relations sont restées parfaitement cordiales.

XXI

Mort de Bressant. — Autographe de M. Claretie sur l'album de Mounet-Sully. — Représentation à mon bénéfice. — Adieux au public. — Mon élève Numa. — La presse et le public. — *La Soirée perdue*, à Versailles.

Le 22 janvier 1886, mourait Bressant. Naguère, j'ai parlé de la mort lente du grand comédien qui, depuis longtemps, n'était plus que l'ombre de lui-même. La visite navrante de Madeleine Brohan à celui qui avait été Almaviva et le Lion amoureux, à celui qui incarnait le charme et la distinction... on s'en souvient et je n'y reviendrai pas. Il faudrait redire aussi la place qu'avait occupée Bressant à la Comédie, rappeler les bonnes traditions qu'il a laissées.

Eh oui! son nom existe encore, et c'est une

consolation pour nous, comédiens qui avons percé de notre vivant, de laisser quelque chose de nous après notre mort.

Et, à l'appui de ce que je viens de dire, il m'est agréable de citer une page éloquente qu'inscrivit naguère M. Claretie sur l'album de Mounet-Sully.

C'était après une représentation en matinée, de *Zaïre*, où le grand tragédien avait été acclamé. Malgré cela, Mounet se montrait découragé; pour le remonter, M. Claretie écrivit ces lignes qu'il m'autorise à reproduire :

« Que de fois n'a-t-on pas dit qu'il ne reste rien de l'acteur disparu, pas même un peu de fumée! Et tragédiens et comédiens de répéter avec mélancolie: « Il ne restera rien de nous,
» de nos efforts, de nos recherches, de nos
» évocations, de cette existence où nous avons
» usé notre vie à donner la vie aux œuvres des
» poètes!

» Il ne reste rien qu'un nom!... »

» Mais un nom jeté à l'avenir, un nom fixé dans la mémoire des hommes, n'est-ce pas la forme la plus sûre et la plus achevée de la gloire? On discute une œuvre palpable, on ne discute pas un nom, pas plus qu'on ne discute un rêve, un souvenir, l'écho mystérieux, venu du fond d'une solitude. Un nom, c'est la renommée à l'état de légende, c'est l'immortalité assurée par l'infini, par l'inconscience même des multitudes à naître.

» Mais ne le laissât-il pas même après lui, ce nom éternel, ne fût-il pas Roscius ou Talma, quel homme a vécu une vie supérieure à celle de l'artiste qui a passé, dans notre banale comédie humaine, en incarnant les poésies, les colères, les fureurs, les enthousiasmes de l'humanité ?

» Avoir été l'homme qui pense et cherche avec Hamlet, l'homme qui souffre avec Œdipe, l'homme qui châtie avec Ruy Blas, l'homme qui aime avec Hernani, l'homme aux cent cœurs d'homme dans sa poitrine, l'homme avec les chansons des poètes sur les lèvres et les éclairs de Dieu dans le regard ; avoir été tous ces hommes *sublimes* dans une seule existence, et cela devant la foule qui frémit, devant le peuple qui acclame ; avoir été cela, c'est avoir vécu de la pure vie de l'idéal, c'est avoir incarné son rêve ; et en dépit des tristesses et des découragements de notre nature, celui qui a eu cette existence peut dire qu'il a été heureux — heureux comme on peut l'être avec nos inévitables misères... il a consolé ses contemporains, et, en ressuscitant le passé, il a jeté son âme au présent et son nom à l'avenir. »

» JULES CLARETIE. »

15 mars 1891.

En ce moment même, je venais de monter *le Parisien*, de Gondinet, pièce spirituelle et aimable. Veut-on un détail amusant de mise en scène ? Coquelin avait eu l'idée, pour mieux personnifier son personnage, d'emprunter un veston au prince de Sagan, « arbitre des élégances ». Avec empressement, le prince non seulement prêta mais donna son veston, ce que Coquelin aimait à raconter.

Par la préface inscrite en tête du volume on verra dans quels termes je continuais à vivre avec ce charmant auteur qu'était Gondinet. En la donnant, je ne fais pas œuvre de modestie... mais vraiment je suis trop fier de ce témoignage d'estime pour ne pas le transcrire :

« A mon cher Delaunay,

qui, sous une forme toujours charmante et

gracieuse, apporte dans l'art de la mise en scène ses qualités exquises de grand comédien : la finesse, le tact et la mesure, le goût, la science des effets, et de plus, une habileté étonnante à surmonter les obstacles et une ingéniosité merveilleuse pour mettre les scènes en lumière. — Pour lui rappeler une pièce toute de fantaisie et de détails à laquelle il a su donner la vie et l'éclat, et des répétitions qui ont été pour moi les plus intéressantes et les plus douces de ma carrière. Avec les remerciements les plus sincères de son vieil ami, profondément reconnaissant.

» EDMOND GONDINET. »

Mais je dois me hâter, car l'heure de la retraite a sonné, et cette fois définitivement. Je me contentais d'apporter mon concours au répertoire, et pourtant, sur les instances de M. Claretie, je créais un beau rôle dans *1802*, à-propos de Renan, donné le 26 février, pour l'anniversaire de la naissance de Victor Hugo. Ai-je besoin de dire que le philosophe, styliste charmant, n'avait rien d'un auteur dramatique et que *1802*, ne réussit pas? Glissons sur les derniers efforts faits pour me retenir, sur *la Souris*, de Pailleron, entrevue. Ces projets n'aboutirent pas, et le 1⁰ʳ avril, jour de la Mi-Carême, la cent soixante-huitième du *Demi-Monde*, où le public m'avait fait fête, devait être ma dernière représentation.

Poisson d'avril ! dirent quelques-uns, comme Suzanne Reichemberg, m'envoyant ce même jour un magnifique joujou en carton !

Eh non ! c'était sérieux, *finita la comedia*, et... le rideau était baissé...

Il ne devait plus se relever que pour ma représentation d'adieux, donnée seulement l'année suivante, le 16 mai 1887.

Sur cette représentation, qui fut la consolante récompense de toute ma carrière, on m'excusera de m'étendre un peu.

La représentation s'annonçait bien et la location dépassait vite toute espérance : quarante-deux mille francs, chiffre qui n'avait jamais été atteint. Un fervent du théâtre voulut payer sa place cent francs au lieu de cinquante. Le programme était varié et agréable. J'avais tenu à ce que Molière, Corneille, Beaumarchais, Musset et Victor Hugo fussent représentés : ce sont les géants, et ceux à qui je devais la plus grande part de mes succès.

Donc le 16 mai 1887 fut donnée la

REPRÉSENTATION DE RETRAITE DE M. DELAUNAY,

après trente-huit ans de service, avec le concours de M. FAURE, madame LUREAU-ESCALAÏS, M. TALAZAC.

J'avais voulu que les noms des trois grands artistes de l'Opéra et de l'Opéra-Comique fussent inscrits en aussi gros caractères que le mien.

Le spectacle qui commençait par le deuxième acte du *Dépit amoureux*, joué par Féraudy, Boucher, mesdames Frémaux et Kalb, se composait de :

Le premier acte du *Menteur* où je jouais mon rôle de Dorante, — Got, Prudhon et Baillet, Émilie Broisat, Lloyd et Kalb —. C'était là un des rôles que j'ai le plus aimés et où le public m'aimait. La soirée débutait bien.

Puis vint un premier intermède consacré à Victor Hugo : Mounet-Sully dit *Oceano nox*, Laroche, *Laissez venir à moi*, Worms, *le Triomphe*.

Le premier acte du *Misanthrope* suivait avec

Prudhon en Oronte, Baillet en Philinte ; je faisais mes adieux à Molière dans le personnage d'Alceste.

Deuxième intermède pour Musset. Suzanne Reichemberg dit, *Va dire, Amour* ; Barretta, *Sur trois marches de marbre rose* ; Bartet, *Mimi Pinson*. Cette dernière pièce devait être dite par Samary ; une indisposition l'en empêcha, et Bartet, par excellente amitié pour moi, s'offrit à remplacer Samary, — bien qu'elle jouât aussitôt après dans *le Chandelier*.

On pense bien que dans le troisième acte du *Chandelier*, j'incarnais encore Fortunio (Dupont-Vernon, Clavaroche ; Thiron, Maître André ; Bartet, Jacqueline ; Kalb, Madelon). Ai-je besoin d'ajouter que, dans ce personnage de dix-huit ans, je fus particulièrement acclamé, et que le public, par ses ovations, s'acharna à me prouver que je n'avais pas soixante ans ?

Venait ensuite un troisième intermède : *Notre Père*, de Faure, chanté par Faure et Talazac ; l'air de la Folie d'*Hamlet*, chanté par madame Lureau-Escalaïs ; l'Invocation de la *Reine de Saba*, chantée par Talazac ; les *Enfants* de Massenet, et l'*Alleluia d'Amour* (Faure), chantés par Faure ; enfin, le trio final de *Faust*, par madame

Lureau-Escalaïs, Fauro et Talazac. Le programme de musique fut très particulièrement applaudi.

La soirée se terminait par la Cérémonie du *Mariage de Figaro*. Devant la comtesse (Broisat) et devant moi (Almaviva) défilait toute la Comédie. Tous ceux qui m'avaient si largement donné leur concours eurent leur grande part des applaudissements du public. Quant au bénéficiaire, heureux, bien heureux de ces élans d'estime et de sympathie, il put ne pas laisser percer sa compréhensible émotion. A la fin de la représentation, suivant l'usage établi par Molière et continué par Lagrange, je m'avançai, entouré des plus anciens sociétaires, Maubant et Got, et je prononçai, d'une voix ferme, quelques paroles d'adieu : un immense merci, une grande reconnaissance au public qui m'avait soutenu, applaudi et aimé pendant de si longues années... Dans la salle, il y avait des gens plus émus que moi. « Les larmes allaient couler », a écrit Vitu. Quelques-uns ne les retinrent pas ; je me rappellerai toujours mon charmant petit élève Numa (excellent artiste du Vaudeville maintenant) pleurant à chaudes larmes.

— C'est mon maître, c'est mon professeur, je l'aimais ! répétait-il en sanglotant...

J'aimerais finir par ces pleurs d'attendrissement... Des articles parus dans la presse j'entretiendrai peu le lecteur qui m'a jusqu'ici suivi avec une sympathique bienveillance. Que celui-ci ou celui-là ait été plus ou moins « épigrammatique » ou amer pour le vieux comédien dévoué à sa Maison et fidèle aux traditions de son art, je n'en ai cure. Les monceaux de lettres reçues après ma dernière soirée m'auraient été un baume suffisant sur les blessures d'épiderme, si d'ailleurs l'article de Vitu dans le *Figaro* du 17 mai ne s'était pas chargé de répondre d'avance aux petites malices de certains messieurs de lettres... Quelques-uns au reste, suprême consolation, étaient déjà descendus dans la « fosse de l'oubli » que le sociétaire naguère fêté n'était pas encore relégué au musée des Antiquités.

La Providence m'a permis de vivre une vieillesse honorée avec la dévouée compagne de ma vie, environné de sympathies et d'amitiés, et ces sourires d'automne, avec l'avenir de mon fils, sont la plus belle récompense de la carrière de Fortunio !

C'est Musset qui m'a fait sortir de pair, et c'est par des vers du poète aimé, du poète de l'éternelle jeunesse et de l'éternel amour qu'il m'a été donné de dire le dernier des derniers adieux au public. Quand, il y a cinq ans, d'augustes souverains, amis de la France, reçurent un somptueux accueil dans le palais de Louis XIV, à Versailles, on vint chercher dans sa retraite le vieux sociétaire, et on le força à vaincre hésitations et scrupules; une dernière fois, il murmura quelques vers de son poète : *une Soirée perdue*. Mussettiste j'avais été, mussettiste je restais jusqu'à la fin.

FIN

INDEX ALPHABÉTIQUE

DES NOMS DES ADMINISTRATEURS ET ARTISTES
DE LA COMÉDIE-FRANÇAISE

CITÉS DANS CE VOLUME

A

AGAR (M⁰⁰), 161, 214, 215, 224, 286, 294, 295, 296, 297, 298, 299, 300, 301, 302, 303, 304, 305.
ALLAN (M⁰⁰), 73, 79, 86, 91, 96, 99, 100, 102, 103, 104, 116, 120, 124, 125, 127, 128, 138.
ANAÏS (M⁰⁰), 146.
ANGELO (M⁰⁰), 57.
ANSELME, 103, 113, 121.
ANTONINE (M⁰⁰), 161.
ARNOULD-PLESSY (M⁰⁰), 10, 12, 13, 14, 15, 16, 22, 23, 79, 97, 116, 120, 124, 125, 127, 128, 138, 146, 149, 158, 160, 177, 178, 188, 197, 198, 224, 260, 266, 280.

B

B ILLET, 323.
BARRÉ, 65, 138, 152, 168, 225, 268, 281, 313, 331.
BARRETTA (M⁰⁰), 267, 271, 326, 328, 331, 333, 356.
BARTET (M⁰⁰), 79, 151, 316, 317, 319, 324, 327, 328, 336, 344, 351.
BEAUVALLET, 70, 76, 77, 78, 89, 96, 98, 105, 122, 123.
BERTON (P.), 253, 257.
BIGNON, 51.
BOCAGE, 51, 61, 62, 63, 70, 71, 72.
BONVAL, 103.
BRESSANT, 29, 35, 36, 37, 38, 39, 56, 102, 104, 108, 116, 127, 129, 138, 146, 152, 162, 167, 174, 178, 184, 185, 187, 188, 189, 200, 205, 208, 221, 222, 225, 247, 253, 261, 284, 313, 359.
BRINDEAU, 37, 69, 84, 86, 102.
BROHAN (Augustine), 34, 73, 76, 93, 104, 117, 147, 155, 190.

INDEX ALPHABÉTIQUE DES NOMS.

BROHAN (Madeleine), 1, 2, 3, 4, 6, 7, 8, 9, 10, 11, 12, 13, 14, 15, 16, 17, 18, 19, 20, 21, 22, 23, 26, 27, 28, 29, 30, 31, 32, 33, 34, 35, 36, 44, 56, 89, 91, 102, 116, 117, 137, 138, 147, 160, 163, 181, 188, 189, 204, 206, 225, 247, 281, 282, 309, 310, 311, 323.

BROHAN (Suzanne), 1, 4, 18, 20, 33, 35, 36, 39, 40.

BROISAT (Mlle), 14, 31, 281, 293, 313, 328, 355.

BULOZ, 69.

C

CALMETTE, 203.
CÉLINE-MONTALAND (Mlle), 81.
CHAUMONT (Mme Céline), 161.
CHÉRY, 194, 225, 257.
CLARETIE (J.), 30, 149, 356.
COQUELIN (aîné), 25, 56, 152, 161, 162, 163, 181, 182, 184, 188, 189, 191, 195, 197, 200, 205, 214, 225, 236, 242, 252, 253, 255, 261, 265, 266, 267, 286, 293, 305, 313, 322, 316, 362.
COQUELIN (cadet), 139, 161, 224, 238, 326, 328, 331, 346.
CROIZETTE (Mlle), 15, 23, 32, 208, 224, 229, 233, 238, 249, 252, 253, 254, 255, 257, 260, 264, 277, 280, 281, 283, 286, 292, 305, 306, 308, 313, 319, 320, 324.

D

DÉJAZET (Mlle), 135.
DELAPORTE (Mlle), 161.

DELAUNAY, 4, 7, 13, 14, 15, 20, 23, 24, 26, 31, 41, 45, 52, 59, 60, 63, 65, 66, 69, 80, 84, 85, 86, 87, 89, 93, 98, 99, 100, 101, 102, 103, 108, 113, 115, 116, 117, 121, 126, 128, 129, 136, 138, 146, 150, 152, 153, 154, 158, 160, 166, 169, 175, 178, 181, 182, 186, 187, 188, 193, 195, 197, 198, 200, 203, 204, 206, 209, 211, 213, 214, 217, 218, 220, 221, 223, 243, 246, 247, 248, 249, 255, 257, 261, 264, 266, 267, 269, 274, 281, 282, 283, 284, 286, 289, 290, 291, 292, 293, 298, 305, 306, 307, 315, 316, 318, 322, 323, 332, 333, 334, 335, 341, 343, 344, 356, 363, 364, 365, 367, 369.

DENAIN (Mlle), 101.
DESCLÉE (Mlle), 161.
DINAH-FÉLIX, 195.
DORVAL (Mme), 128, 251.
DUBOIS (Émilie), 95, 101, 104, 114, 117, 121, 128, 138, 143, 152, 163, 187, 225.
DUDLAY (Mlle), 265, 299, 309, 319.
DUFLOS, 356.
DUHAMEL (Biana), 284.
DUMÉNY, 203.
DU MINIL (Mlle), 284, 356.
DUPONT-VERNON, 260.

E

ÉDILE-RIQUER (Mlle), 14, 57, 138, 225, 238.
EMMA-FLEURY (Mme), 125, 126, 138, 146, 152, 161, 162, 188, 224.
EMPIS, 74, 118, 127, 138, 142.

INDEX ALPHABÉTIQUE DES NOMS.

F

FAVART (M⁽ˡˡᵉ⁾), 5, 14, 15, 27, 79, 101, 104, 120, 138, 145, 152, 153, 158, 160, 166, 167, 168, 172, 183, 184, 185, 186, 187, 188, 191, 192, 193, 195, 196, 198, 200, 202, 203, 205, 213, 214, 225, 236, 251, 252, 261, 280, 293, 324.
FAYOLLE (M⁽ˡˡᵉ⁾), 326.
FEBVRE, 182, 197, 202, 225, 243, 247, 253, 255, 257, 261, 273, 309, 320, 331, 356.
FÉRAUDY (DE), 331, 355.
FEYGHINE (M⁽ˡˡᵉ⁾), 326.
FIGEAC (M⁽ˡˡᵉ⁾), 117, 137, 138.
FIRMIN, 140, 185.
FIX (M⁽ˡˡᵉ⁾), 5, 91, 101, 102, 103, 108, 116, 129, 137, 145, 188.
FRÉMEAUX (M⁽ˡˡᵉ⁾), 313.

G

GARNIER, 326.
GARRAUD, 225.
GEFFROY, 5, 50, 96, 101, 128, 138, 183.
GEORGES (M⁽ˡˡᵉ⁾), 97, 98, 135.
GOT, 5, 6, 17, 20, 25, 31, 32, 58, 84, 86, 93, 113, 120, 137, 138, 143, 148, 155, 158, 168, 175, 177, 178, 179, 180, 187, 194, 195, 205, 213, 216, 217, 223, 224, 225, 252, 254, 257, 261, 273, 277, 284, 286, 287, 288, 290, 305, 322, 325, 327, 328, 330.
GRANGER (M⁽ᵐᵉ⁾ Pauline), 14, 224, 330, 351.
GUICHARD, 57, 101.
GUYON (M⁽ᵐᵉ⁾), 14, 99, 144, 145.

H

HOUSSAYE (Arsène), 3, 47, 48, 49, 50, 52, 53, 75, 76, 77, 78, 88, 93, 94, 118, 142.

K

KIME, 200, 224, 243.

J

JOLIET, 253.
JOUASSAIN (M⁽ᵐᵉ⁾), 103, 152, 161, 188, 206, 225, 252, 254, 268, 313, 328.
JOUMARD, 256.
JUDITH (M⁽ˡˡᵉ⁾), 49, 50, 84, 99, 101, 103, 104, 128.

L

LAFERRIÈRE, 45.
LAFONTAINE, 126, 127, 166, 167, 169, 173, 177, 181, 189, 195, 203, 204, 225, 299.
LAFONTAINE (M⁽ᵐᵉ⁾ Victoria), 177, 188, 189, 194, 195, 213, 225.
LAMBERT (Albert), 51, 179, 284, 325, 346.
LAMBQUIN (M⁽ᵐᵉ⁾), 101, 114.
LAROCHE, 158, 260, 265, 326, 328.
LAUGIER, 284, 356.
LE BARGY, 249.
LEBRUN (Pauline), 127.
LELOIR, 326.
LEROU (Émilie), 139, 284, 319, 320, 324.
LEROUX, 57, 84, 117, 150, 238.

374 INDEX ALPHABÉTIQUE DES NOMS.

LLOYD (Mme), 57, 238, 326, 331.
LOCKROY, 67, 69, 73.
LUDWIG (Mme), 284, 356.

M

MAILLART, 7, 8, 91, 101, 103, 159, 182.
MARQUET (Delphine), 104.
MARS (Mlle), 2, 101, 185, 202.
MARSY (Mlle), 284, 346.
MAUBANT, 36, 101, 121, 127, 180, 184, 195, 253, 255, 260, 261, 327.
MAZOUDIER, 238.
MICHELOT, 185.
MONROSE, 7, 147, 152, 188.
MONROSE (fils), 137.
MONVAL, 99.
MOREAU-SAINTI (Mme), 84.
MOUNET-SULLY, 139, 186, 218, 219, 251, 260, 265, 283, 324, 327, 360.
MULLER (Mlle), 101, 284, 325, 345, 356.

N

NATHALIE (Mme), 14, 99, 101, 120, 127, 139, 143, 168, 187, 198, 200, 225, 238, 253, 257.

O

OFFENBACH, 87.

P

PERRIN (Émile), 14, 16, 23, 27, 28, 34, 219, 241, 242, 244, 246, 247, 261, 263, 269, 272, 274, 294, 300, 325, 329, 335, 352.
PIERSON (Mlle), 323, 350, 351.
PROVOST, 49, 66, 84, 85, 91, 99, 114, 116, 120, 149, 152, 156, 167, 179, 180, 187, 188.
PROVOST (Eugène), 168.
PROVOST-PONSIN (Mme), 14, 57, 172, 188, 189, 200, 225, 243, 286.
PRUDHON, 25, 57, 243, 322.

R

RACHEL (Mlle), 6, 47, 48, 49, 50, 69, 73, 75, 77, 78, 79, 80, 83, 89, 93, 94, 95, 96, 97, 98, 102, 106, 107, 108, 109, 110, 112, 129, 130, 131, 132, 133, 134, 135, 139, 144, 146, 160.
REBECCA-FÉLIX, 84, 102.
RÉGNIER, 7, 8, 52, 73, 76, 81, 93, 95, 99, 104, 116, 117, 120, 125, 137, 149, 166, 172, 184, 183, 220, 222, 223, 261.
REICHEMBERG (Mlle), 20, 21, 25, 101, 197, 200, 202, 224, 238, 243, 252, 273, 281, 286, 313, 323, 328, 331, 356.
RÉJANE (Mme), 203.
RIMBLOT (Mlle), 97, 98.
RISTORI (Mme A.), 110, 144, 145, 146.
ROSAMOND, 326.
ROUSSEIL (Mme), 161.
ROUVIÈRE, 121, 126.
ROYER (Marie), 138, 162, 195, 225.

S

SAINT-GERMAIN, 104, 114, 161, 180.
SAINT-AULAIRE, 139.
SAMARY, 323.
SAMARY (Jeanne), 24, 25, 306, 328, 346.
SAMSON, 2, 5, 7, 38, 49, 73, 75, 77, 78, 85, 86, 96, 99, 101, 103, 149, 156, 158, 159, 160, 223.
SARAH BERNHARDT, 14, 15, 32, 156, 253, 255, 259, 260, 264, 265, 280, 283, 297, 299, 305, 307, 308, 317, 318.
SEVESTE (Administrateur), 73, 76, 215, 220.
SYLVAIN, 51, 324.

T

TAILLADE, 305.
TALBOT, 121.
THÉNARD (Mme), 103.

THIERRY (Édouard), 140, 142, 151, 152, 153, 155, 173, 175, 183, 185, 194, 195, 196, 213, 215, 220, 221, 229, 236, 237, 241, 296.
THIRON, 7, 20, 21, 200, 206, 224, 238, 243, 244, 245, 246, 247, 252, 254, 267, 281, 286, 292, 293, 320, 330, 331, 355, 356.
THOLER (Mlle), 202, 224, 238, 243, 268, 334, 356.
TRUFFIER, 322, 326.

V

VALÉRIE (Mme), 80, 104, 116, 138.
VERDELLET, 168.
VOLNY, 249, 250, 282, 283.

W

WORMS, 19, 115, 155, 161, 163, 281, 282, 283, 305, 320, 324, 327, 328, 351, 356.

INDEX ALPHABÉTIQUE

DES ŒUVRES MENTIONNÉES DANS CE VOLUME

A

L'ABBÉ DE L'ÉPÉE (1799), 62.
L'ABSENT (1873), 253.
L'ACROBATE (1873), 253.
A DEUX DE JEU (1868), 197.
ADRIENNE LECOUVREUR (1849), 78, 102, 124, 242, 261.
L'AFRICAIN (1860), 147.
AGAMEMNON (1868), 197.
AGNÈS DE MÉRANIE (1846), 45.
L'AMI FRITZ (1876), 271, 287.
AMPHITRYON (1668), 15.
ANDROMAQUE (1667), 102, 111, 162, 219.
ANTOINETTE RIGAUD (1885), 356.
ATHALIE (1691), 123, 144, 320.
L'AVARE (1668), 179.
L'AVENTURIÈRE (1848), 146, 184, 266, 280, 318.

B

LE BAISER ANONYME (1868), 197.
BARBERINE (1882), 326.
LE BARBIER DE SÉVILLE (1775), 129.
BATAILLE DE DAMES (1851), 78, 89, 91, 127, 138, 179, 188, 266.
LES BATONS FLOTTANTS (1851), 89.
LA BELLE-MÈRE ET LE GENDRE (1830), 101.
BERTRAND ET RATON (1833), 158.
LE BONHOMME JADIS (1852), 74, 94, 179.
LE BOUGEOIR (1852), 126, 187.
LE BOURGEOIS GENTILHOMME (1670), 158.
BRITANNICUS (1669), 320.

C

LA CAMARADERIE (1837), 158.
UN CAPRICE (1847), 123, 209.
LES CAPRICES DE MARIANNE (1851), 7, 13, 19, 89, 187, 198, 305.
UN CAS DE CONSCIENCE, (1867), 184.
C'EST LA FAUTE DU MARI (1851), 89.
UNE CHAINE (1841), 39, 126.
LE CHANDELIER (1850), 2, 15, 19, 78, 86, 87, 88, 123, 246, 248, 249, 365.
CHARLES VII CHEZ SES GRANDS VASSAUX (1831), 74.
CHARLOTTE CORDAY (1850), 45, 47, 48, 53, 83.
CHATTERTON (1835), 128, 282.
LE CHEVEU BLANC (1860), 188.
CHEZ L'AVOCAT (1873), 253.
CHRISTIANE (1871), 243, 245, 246.
LE CID (1636), 128.
LA CIGALE CHEZ LES FOURMIS (1876), 267.
CINNA (1639), 109.
LE CŒUR ET LA DOT (1852), 93.
COMME IL VOUS PLAIRA (1856), 120, 121.
LA CONSIDÉRATION (1860), 147.
LA CONTAGION (1866), 57.
CONTES DE LA REINE DE NAVARRE (1850), 3, 7, 19, 83.
LES CORBEAUX (1882), 328.
LA COUPE ENCHANTÉE (1688), 80.
LA CZARINE (1855), 107.

D

DALILA (1870), 39, 209, 212.
DANIEL ROCHAT (1880), 182, 312, 314, 315, 316.
DAVENANT (lord) (1825), 208.
LE DEMI-MONDE (1874), 109, 256, 280, 336, 364.
LES DEMOISELLES DE SAINT-CYR (1843), 7, 9, 117.
DENISE (1885), 351.
LE DÉPART (1870), 214.
LE DÉPUTÉ DE BOMBIGNAC (1884), 346.
LE DERNIER ABENCÉRAGE (1851), 89.
LE DERNIER QUARTIER (1863), 166.
LES DEUX DOULEURS (1866), 212.
LES DEUX MÉNAGES (1843), 229.
LES DEUX VEUVES (1860), 147.
DIANE (1852), 93.
LE DISTRAIT (1697), 69.
LES DOIGTS DE FÉE (1858), 12, 14, 137.
DOLORÈS (1862), 156.
DON JUAN (Molière) (1664), 138.
DON JUAN D'AUTRICHE (1835), 128, 356.
LE DOUBLE VEUVAGE (1854), 103.
LE DUC JOB (1859), 115, 143, 187, 287.
LA DUCHESSE MARTIN (1884), 346.

E

L'ÉCOLE DES FEMMES (1662), 69, 179, 197, 336.

INDEX ALPHABÉTIQUE DES ŒUVRES.

L'ÉCOLE DES MARIS (1661), 69, 336.
LES EFFRONTÉS (1861), 13, 148, 287, 334, 336, 344.
LES ENNEMIS DE LA MAISON (1854), 104.
L'ÉPREUVE (1740), 125, 345.
L'ÉTINCELLE (1879), 23, 24, 280, 306, 344.
L'ÉTOURDI (1653), 242.
L'ÉTRANGÈRE (1876), 19, 32, 264, 280.

F

FAIS CE QUE DOIS (1856), 127.
FANTASIO (1866), 182.
LES FAUSSES CONFIDENCES (1737), 39, 158, 260, 266.
LES FEMMES SAVANTES (1672), 15, 138, 207, 219, 229.
LES FAUX MÉNAGES (1869), 14, 23, 198.
LA FÊTE DE NÉRON (1832), 297.
LE FEU AU COUVENT (1860), 125, 146.
FEU LIONEL (1858), 138.
LA FIAMMINA (1857), 11, 39, 128.
LA FILLE DE ROLAND (1875), 259.
LE FILS (1866), 182.
LE FILS DE GIBOYER (1862), 13, 39, 156, 287.
LA FIN DU ROMAN (1851), 89.
LES FINESSES DU MARI (1864), 188.
LES FOURCHAMBAULT (1878), 280.
LE FRUIT DÉFENDU (1857), 129.

G

GABRIELLE (1849), 80, 123.
GALILÉE (1867), 14, 45, 60, 183.
GARIN (1880), 319.
LE GATEAU DES REINES (1855), 117.
LE GENDRE DE M. POIRIER (1864), 167, 287, 336.
LA GRAND-MAMAN (1875), 260.
GRINGOIRE (1866), 181, 189.
GUILLERY (1856), 119.

H

HAMLET (1886), 220.
HENRIETTE MARÉCHAL (1865), 174, 181.
HERNANI (1830), 84, 184, 186, 219, 319.
HISTOIRE ANCIENNE (1868), 197.
L'HONNEUR ET L'ARGENT (1862), 45, 154.
HORACE ET LYDIE (1850), 197.
LES HORACES (1639), 102, 109.

I

IL FAUT QU'UNE PORTE SOIT OUVERTE OU FERMÉE (1848), 188.
IL NE FAUT JURER DE RIEN (1848), 19, 20, 21, 69, 89, 287, 336.
L'ILOTE (1875), 260.
IPHIGÉNIE (1674), 161.

J

JEAN BAUDRY (1863), 163, 324.
JEAN DACIER (1877), 283.
JEAN DE THOMMERAY (1873), 209, 251.
LE JEU DE L'AMOUR ET DU HASARD (1730), 11, 39, 158.
UN JEUNE HOMME QUI NE FAIT RIEN (1861), 152.
LE JEUNE MARI (1826), 38, 222.
LES JEUNES GENS (1855), 113.
LA JEUNESSE (1863), 162.
LA JOIE FAIT PEUR (1854), 99, 124.
LE JOUEUR (1696), 158.
JUAN STRENNER (1869), 14, 204.
JULIE (1869), 200.

L

LADY TARTUFE (1853), 95, 124.
LE LEGS (1736), 266.
LE LION AMOUREUX (1866), 14, 37, 53, 54, 58, 60, 181, 197, 214.
LIONS ET RENARDS (1869), 205.
UNE LOGE D'OPÉRA (1863), 162, 189.
LA LOI DU CŒUR (1862), 115, 155.
LE LUTHIER DE CRÉMONE (1876), 266.

M

MADAME DESROCHES (1867), 184.
MADEMOISELLE AISSÉ (1854), 103.
MADEMOISELLE DE BELLE-ISLE (1839), 12, 80, 83, 209, 260, 336.
MADEMOISELLE DE LA SEIGLIÈRE (1851), 7, 8, 9, 89, 158, 182.
MADEMOISELLE DU VIGEAN (1883), 344.
LA MAISON DE PENARVAN (1863), 167.
MAITRE GUÉRIN (1864), 13, 168, 287.
LE MALADE IMAGINAIRE (1675), 179, 229.
LE MARIAGE DE FIGARO (1784), 158, 209, 238, 313, 346.
UN MARIAGE SOUS LA RÉGENCE (1850), 83.
MARIE STUART (1820), 102, 111.
MARION DELORME (1873), 84, 251.
LE MARQUIS DE VILLEMER (1877), 19, 281, 336.
LES MAUCROIX (1883), 346.
MAURICE DE SAXE (1870), 213, 214.
LE MENTEUR (1642), 69, 158, 213, 287, 365.
LA MÈRE CONFIDENTE (1735) 163.
LA MÈRE ET LA FILLE (1834), 118.
LA MIGRAINE (1850), 78, 83.
1802 (1886), 363.
MISANTHROPE (1666), 38, 266, 280, 291, 307, 365.
MITHRIDATE (1673) 102, 109.
LE MOINEAU DE LESBIE (1849), 80, 98, 111.
LE MONDE OU L'ON S'ENNUIE (1881), 22, 25, 320.

N

LA NIAISE (1854), 78.
LA NUIT D'OCTOBRE (1868), 186, 198, 222, 336, 342.

O

ŒDIPE ROI (1858), 138, 219, 320, 324.
ON NE BADINE PAS AVEC L'AMOUR (1861), 21, 24, 125, 152, 188, 198, 260, 324, 325, 344.
OSCAR OU LE MARI QUI TROMPE SA FEMME (1842), 139.
LES OUVRIERS (1870), 209.

P

LE PAMPHLET (1857), 129.
LA PAPILLONNE (1862), 155.
PAR DROIT DE CONQUÊTE (1855), 116, 124, 128.
UN PARISIEN (1886), 362.
LA PARVENUE (1869), 204.
LE PASSANT (1888), 297.
LES PATTES DE MOUCHE (1884), 350.
PAUL FORESTIER (1868), 14, 190, 205, 297.
LES PAUVRES D'ESPRIT (1856), 127.
PÉRIL EN LA DEMEURE (1855), 115, 116.
LE PETIT HOTEL (1879), 306.
PETITE PLUIE (1875), 260.
PHÈDRE (1677), 109, 111, 144, 307.
PHILIBERTE (1853), 128.

LES PIEDS D'ARGILE (1856), 128.
POLYEUCTE (1640), 102, 109, 127, 138.
LES PORTRAITS DE LA MARQUISE (1882), 325.
POUR LES PAUVRES (1865), 189.
LA PRINCESSE DE BAGDAD (1881), 277, 280, 320.

Q

LA QUEUE DU CHIEN D'ALCIBIADE (1850), 84.

R

LES RANTZAU (1882), 326.
LA REINE DE LESBOS (1854), 103.
LE RETOUR DU MARI (1858), 11.
LA REVANCHE D'IRIS (1868), 197.
LE ROI S'AMUSE (1832), 327.
ROME VAINCUE (1876), 245.
ROSEMONDE (1854), 102, 104, 106.
LES ROSES JAUNES (1867), 183.
UNE RUPTURE (1885), 355.
RUY-BLAS (1879), 305, 317.

S

SERVICE EN CAMPAGNE (1882), 328.
SMILIS (1884), 346.
LE SONGE D'UNE NUIT D'HIVER (1854), 104.

LE SPHINX (1874), 209, 277, 280, 305.
SULLIVAN (1852), 93.
LE SUPPLICE D'UNE FEMME (1865), 170, 328.

T

TARTUFFE (1664), 15, 179, 266.
UNE TEMPÊTE DANS UN VERRE D'EAU (1849), 104.
LE TESTAMENT DE CÉSAR GIRODOT (1873), 252.
TROP CURIEUX (1863), 162.
TURCARET (1709), 127.

U

ULYSSE (1852), 45, 93, 101.

V

VALÉRIE (1822), 89, 229.
VENCESLAS (1680), 127.
VERRE D'EAU (1840), 7, 38, 102, 208.
LA VIEILLESSE DE RICHELIEU (1848), 70.
LE VILLAGE (1856), 124, 126, 158.

Z

ZAÏRE (1738), 360.

TABLE

PRÉFACE de M. J. Claretie de l'Académie française . . . 1

I

Les débuts de Madeleine Brohan. — *Les Contes de la Reine de Navarre.* — La barbe de Got. — *Mademoiselle de la Seiglière.* — La Beauté fatale de Maillart. — Le sommeil de Changarnier. — Un faux pas légitime. — Fugues en Russie. — *La Fiammina.* — Arnould-Plessy. — *Les Effrontés.* — Grasses et maigres. — Lettres découragées. — Esculape et Thalie. — Madeleine donne sa démission. — *Le Marquis de Villemer.* — *Il ne faut jurer de rien.* — Lettres de Suzanne. — Thiron. 1

II

Le Monde où l'on s'ennuie. — *L'Étincelle* et Samary. — Triomphe de Madeleine. — Maladie de Brohan. — Lettres intimes. — La cérémonie. — Le maréchal Canrobert et Charles Edmond. — *Mon Adorée.* — Mort de Bressant. — Mort de Suzanne. — Dernières années de Madeleine 22

III

Ponsard. — *L'Honneur et l'Argent.* — *Charlotte Corday.* — La Politique et la Pièce. — Le Prince Président et Arsène Houssaye. — Jugement d'Alfred de Musset. — *Le Lion amoureux* 45

IV

Mes premiers directeurs. — Bocage. — Le Théâtre Montmartre. — A l'Odéon. — Propositions de Lockroy. — Débuts à la Comédie-Française. — *La Vieillesse de Richelieu.* — La leçon d'escrime. — Dernières années de Bocage. — Lockroy et Seveste. — Arsène Houssaye. — Rachel et *Adrienne Lecouvreur* 61

V

Classiques et romantiques en 1851. — Le sociétariat. — *Le Chandelier.* — Les vraies larmes. — *Bataille de Dames* et *Diane.* — Représentation du 22 octobre 1852. 83

VI

Lady Tartufe. — Les reprises. — Bénéfice de Samson. — *Andromaque* et *les Fausses Confidences.* — Rentrée de Plessy. — Mademoiselle Georges. — Rachel à la Renaissance. — *La Joie fait peur.* — Débuts de Bressant. — Rentrée de Rachel dans *Rosemonde.* — Madame Ristori. — *Le Moineau de Lesbie* 95

VII

Les Jeunes Gens, de Léon Laya. — Nerfs d'auteurs. — *Péril en la demeure.* — *Par droit de conquête.* — De Kotzebue à Gozlan. — La Marquise de Prie et Augustine Brohan. — Arnould-Plessy. — Belmontet et les troupes de Crimée. — Démission d'Arsène Houssaye. — Les idées d'Empis. — Mort de madame Allan. — Reprises. — Rachel en Amérique. — Sa mort et ses funérailles. — Mort de Déjazet. 113

VIII

Feu Lionel et les Doigts de fée. — *Œdipe roi.* — Geffroy et Mounet-Sully. — *Oscar.* — Saint-Aulaire et Firmin. — Édouard Thierry remplace Empis. — Ristori dans *Phèdre.* — Stances sur Rachel de M. Legouvé. — *Le Feu au couvent.* 136

IX

Les Effrontés. — Mort de Scribe. — *Adrienne Lecouvreur* et mademoiselle Bartet. — *Un Jeune homme qui ne fait rien.* — Reprises et nouveautés. — *On ne badine pas avec l'Amour.* — *L'Honneur et l'Argent.* — *La Papillonne.* Émile Augier et *le Fils de Giboyer.* — Représentation d'adieux de Samson. — Débuts d'Agar. — *Jean Baudry* et *le Dernier quartier.* 148

X

Le Supplice d'une femme. — Girardin et Dumas. — Le manuscrit oublié. — *Henriette Maréchal.* — Distribution des rôles. — Lettres d'Édouard Thierry. — La première. — Mort de Provost. 170

XI

Le Lion amoureux. — *Fantasio.* — *Le Fils et Galilée.* — *Hernani.* — De Firmin à Mounet-Sully. — Les Souverains à Paris. — La Comédie-Française à Compiègne. . 181

XII

Départ d'Augustine Brohan. — *Paul Forestier.* — Une lettre d'Édouard Thierry. — Représentations en province. — Ovations à Marseille. — Reprises et nouveautés. — Le buste d'Alfred de Musset et *la Nuit d'Octobre.* — *Les Faux ménages.* — *Julie* et le bracelet de Favart. — Un Souvenir d'*Amoureuse.* — *Juan Strenner.* — *Lions et Renards.* 190

XIII

Sophie Croizette. — *Dalila.* — Je me démets l'épaule. — Lettre d'Octave Feuillet. — Rentrée dans *le Menteur.* — Représentation du 6 août. — Lettre de Got. — Départ pour Périgueux. — Mounet-Sully. — Lettre d'Édouard Thierry. — La Commune. — Départ pour Londres . . 208

XIV

Représentations à Londres. — Notre succès fort utile à la caisse de la Comédie. — Lettres de Thierry, d'Ernest Coquelin, de Sophie Croizette 226

XV

Retour à Paris. — Débuts directoriaux de M. Perrin. — Reprise d'*Adrienne.* — *Christiane,* de Gondinet. — Thiron veut quitter le théâtre. — Mon intervention. — Lettre de Gondinet. — *Le Chandelier.* — M. Perrin et Volny. — *Marion Delorme.* — *L'Été de la Saint-Martin.* — *Le Sphinx* et *le Demi-Monde.* 240

XVI

Bornier et *la Fille de Roland.* — Les semainiers. — Mardis d'abonnement. — *L'Étrangère* et le *Luthier de Crémone.* — *Rome vaincue.* — Adieux de madame Plessy. — *La Cigale chez les Fourmis.* — Lettre de Perrin. — *L'Ami Fritz.* 259

XVII

Sophie Croizette. — *Le Marquis de Villemer.* — *Chatterton.* — *Hernani.* — Je suis nommé professeur au Conservatoire. — *Les Fourchambault* et *le Fils naturel.* — — Edmond Got. 277

XVIII

Le Misanthrope et la presse. — Montigny. — Lettres d'Agar. — Le baron Taylor. — Mauvaise chance d'une tragédienne. — Lettre de François Coppée. — Voyage de la Comédie à Londres 291

XIX

Daniel Rochat. — Débuts de mademoiselle Bartet. — Départ de Sarah Bernhardt. — Émilie Lerou et *Athalie.* — *La Princesse de Bagdad.* — *Le Monde où l'on s'ennuie.* — *Barberine.* — *Le Roi s'amuse.* — *Les Corbeaux*. . . 315

XX

Démission. — Représentation de retraite. — Vacquerie et la croix d'honneur. — M. Jules Ferry. — A l'Élysée. — Je m'engage pour trois ans. — *Mademoiselle du Vigean et le nez du prince de Condé.* — *Les Pattes de mouche.* — Mort de M. Perrin. — Visite de M. Denormandie. — M. Claretie 333

XXI

Mort de Bressant. — Autographe de M. Claretie sur l'album de Mounet-Sully. — Représentation à mon bénéfice. — Adieux au public. — Mon élève Numa. — La presse et le public. — *La Soirée perdue,* à Versailles. 359

INDEX ALPHABÉTIQUE des noms des administrateurs et des artistes mentionnés 371

INDEX ALPHABÉTIQUE des œuvres mentionnées . . . 377

DERNIÈRES PUBLICATIONS

Format grand in-18 à 3 fr. 50 le volume.

	vol.
AUTEUR DE « AMITIÉ AMOUREUSE » et MAURICE DE WALEFFE	
Mater Dolorosa..................	1
RENÉ BAZIN	
Les Oberlé.......................	1
TH. BENTZON	
Tchelovek........................	1
GUY CHANTEPLEURE	
Ruines en fleurs.................	1
PIERRE DE COULEVAIN	
Ève Victorieuse..................	1
G. D'ANNUNZIO	
Le Feu...........................	1
MARY DUCLAUX	
Grands Écrivains d'Outre-Manche..	1
Mme OCTAVE FEUILLET	
La Jeunesse d'une Marquise.......	1
MARY FLORAN	
Héritier ?.......................	1
ANATOLE FRANCE	
Monsieur Bergeret à Paris........	1
MAXIME GORKI	
Thomas Gordeïeff.................	1
VICTOR HUGO	
Choses vues (Nouvelle série).....	1
HENRI LAVEDAN	
La Valse.........................	1
ANATOLE LE BRAZ	
Le Sang de la Sirène.............	1
MADAME LESCOT	
Mariages d'aujourd'hui...........	1
PIERRE LOTI	
Reflets sur la sombre route......	1
MAX-LYAN	
Comme la plume au vent...........	1
MEILHAC et HALÉVY	
Théâtre (tome V).................	1
DMITRY DE MEREJKOWSKY	
La Mort des Dieux................	1
RICHARD O'MONROY	
La Vie folâtre...................	1
COMTESSE M. DE NOAILLES	
Le Cœur innombrable..............	1
PIERRE DE NOLHAC	
La Reine Marie-Antoinette........	1
MATHILDE SERAO	
Ou Giovannino ou la Mort!........	1
H. SIENKIEWICZ	
Hania............................	1
MARCELLE TINAYRE	
L'Oiseau d'Orage.................	1
LÉON DE TINSEAU	
Au Coin d'une Dot................	1

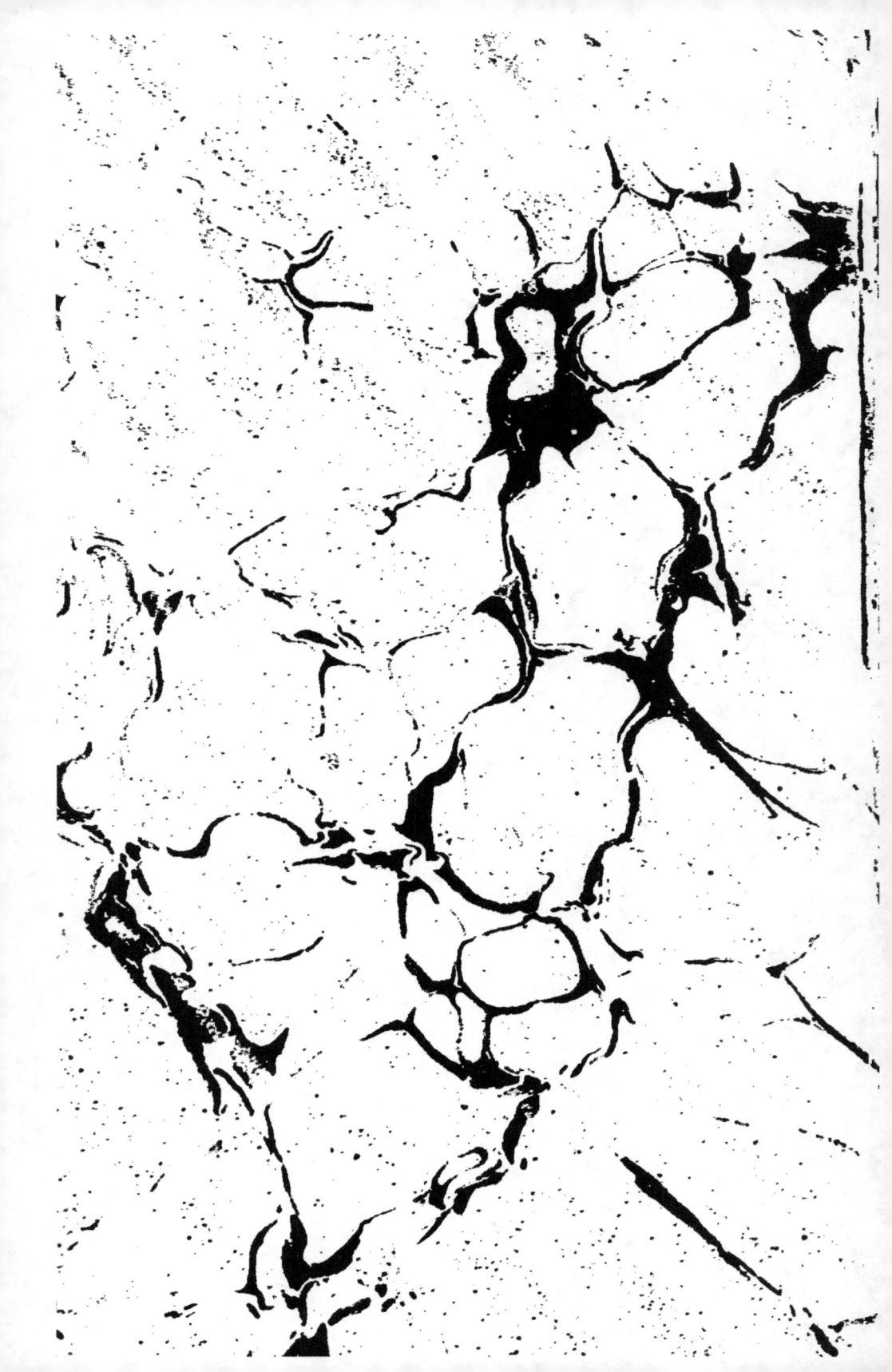

www.ingramcontent.com/pod-product-compliance
Lightning Source LLC
Chambersburg PA
CBHW070931230426
43666CB00011B/2401